sem data venia

Luís Roberto Barroso

desigualdade
impunidade
meio ambiente
corrupção
racismo
educação
sem data venia

um olhar sobre o Brasil e o mundo

R
HISTÓRIA REAL

© 2020 Luís Roberto Barroso

REVISÃO
Ana Lessa

DIAGRAMAÇÃO
Equatorium Design

DESIGN DE CAPA
Angelo Bottino

FOTO DO AUTOR
Mateus Bonomi / AGIF / AP Photo / Glow Images

CIP-BRASIL. CATALOGAÇÃO NA PUBLICAÇÃO
SINDICADO NACIONAL DOS EDITORES DE LIVROS, RJ

B277S
    Barroso, Luís Roberto
        Sem data venia: um olhar sobre o Brasil e o mundo / Luís Roberto Barroso. - 1. ed. - Rio de Janeiro: História Real, 2020.

        272 p.; 23 cm
    ISBN 978-65-87518-05-3

        1. Política e governo - Brasil. 2. Democracia - Brasil. 3. Direitos humanos. 4. Liberdade de expressão. 5. Liberdade de informação. I. Título.

20-64846   CDD: 320.9
                                  CDU: 32(81)

Leandra Felix da Cruz Candido - Bibliotecária - CRB 7/6135

[2020]
Todos os direitos desta edição reservados a
HISTÓRIA REAL, UM SELO DA EDITORA INTRÍNSECA LTDA.
Rua Marquês de São Vicente, 99, 3º andar
22451-041 – Gávea
Rio de Janeiro – RJ
Tel./Fax: (21) 3206-7400
www.historiareal.intrinseca.com.br

*Para minha mãe Judith, que em curta passagem
pela vida encheu-me de afeto e alegria. Para meu pai, Roberto,
que às vésperas dos 90 anos ainda plantava árvores.*

Para Miriam e César, parceiros queridos nessa longa caminhada.

*Para Tereza, Luna e Bernardo, pela vida adorável
que temos vivido juntos.*

Sumário

Introdução
O tempo que nos toca viver 11

Parte I
Uma visita ao passado

1. Breve relato na primeira pessoa
   Vassouras 18
   Rio de Janeiro 20
   Estados Unidos 30
   Brasília 34

2. Os anos de ditadura
   A morte de Vladimir Herzog 45
   O atentado do Riocentro 47
   A campanha pelas Diretas Já 51

3. A redemocratização
   Um pingo de história: de 1808 a 1988 56
   Do regime militar à democracia constitucional 58
   A Constituição de 1988: vícios e virtudes 60

Parte II
UM OLHAR SOBRE O MUNDO

1. ALGUMAS LIÇÕES DO SÉCULO XX
Distopias, desejos e realidade 64
O mundo melhorou muito:
o avanço dos valores iluministas 68
A importância decisiva das instituições 71

2. TRANSFORMAÇÕES E AFLIÇÕES DO SÉCULO XXI
A revolução tecnológica 79
A crise da democracia 85
O aquecimento global 91

Parte III
UM OLHAR SOBRE O BRASIL

POLÍTICA
1. CORRUPÇÃO
As raízes do atraso 97
Nada será como antes 103

2. LIBERDADE DE EXPRESSÃO
Da caverna à internet 110
O cenário no Brasil, no mundo e os novos desafios 115

3. POBREZA E DESIGUALDADE
A causa inacabada da humanidade 123

4. EDUCAÇÃO BÁSICA
O atraso e o futuro 131

5. REFORMA POLÍTICA
Hiperpresidencialismo, fisiologismo e instabilidade 137
Em qual deputado você votou na eleição passada? 140

COSTUMES
1. Jeitinho brasileiro
   Por que a gente é assim? 149

2. Interrupção da gestação
   Por que a criminalização do aborto é uma política errada 156

3. Drogas
   A guerra perdida: como virar o jogo? 162

4. Direitos LGBTI+ e uniões homoafetivas
   O que vale a vida são nossos afetos 168

5. Racismo
   Dívidas históricas, ações afirmativas e os caminhos
   da igualdade 175

DIREITO
1. Vigiar e punir
   Para que serve o direito penal? 183

2. Liberdade religiosa e Estado laico
   O lugar da religião no mundo contemporâneo 190

3. Supremo Tribunal Federal
   A tênue fronteira entre o direito e a política 196

4. A judicialização da vida no Brasil
   Nem tudo pode ser resolvido nos tribunais 203

5. Quinze decisões históricas do Supremo
   Tribunal Federal
   Empurrando a história 210

ECONOMIA
1. A pandemia da Covid-19
   As múltiplas dimensões da crise 220

2. Pós-pandemia
E se fizéssemos diferente? 225

3. AMAZÔNIA, CRIMES AMBIENTAIS E DESPRESTÍGIO GLOBAL
Como mudar a lógica da destruição da floresta 231

4. LIVRE INICIATIVA
Como superar a dependência do Estado 238

5. JUSTIÇA SOCIAL E DESENVOLVIMENTO SUSTENTÁVEL
Reforma tributária, habitação popular
e saneamento básico 245

CONCLUSÃO
Três pactos 253

NOTAS 259

Introdução
O tempo que nos toca viver

> "Creia nos que buscam a verdade.
> Duvide dos que a encontram."
> ANDRÉ GIDE

A atriz Ingrid Bergman declarou, certa vez, que a felicidade consiste em ter boa saúde e má memória. A frase é uma delícia. Não ter problemas físicos ou mentais, assim como não guardar rancor ou maus sentimentos são, de fato, ingredientes relevantes para uma vida boa. Eu acrescentaria mais alguns. Ter amor pelo que se faz e pelas pessoas que nos cercam. Ter ideal para viver além e acima dos proveitos pessoais. Fazer de si próprio a pessoa que você pode e gostaria de ser. E, quando chegar a hora de as cortinas se fecharem, ter no coração a certeza de que, se preciso fosse, começaria tudo outra vez. O convite para que eu escrevesse este livro permitiu-me lançar um olhar sobre a minha própria vida, o Brasil e o mundo. Sou grato a Roberto Feith e à Editora Intrínseca por me proporcionarem essa oportunidade.

A propósito, o livro é dividido em três partes, que podem ser lidas autonomamente. Na primeira, faço uma visita ao passado, reconstituindo brevemente minha trajetória e a maneira como vivenciei fatos históricos importantes. Na segunda, lanço um olhar sobre o mundo, destacando algumas das lições do século XX e refletindo sobre algumas aflições dos tempos atuais, da revolução tecnológica à mudança climática. E na terceira e última parte, compartilho minhas ideias acerca de alguns dos principais temas da vida brasileira contemporânea, na política, nos costumes, no direito e na economia.

A vida, generosamente, permitiu-me concretizar muitos dos meus sonhos de juventude. Os de natureza estritamente privada — família amorosa, amigos queridos e realizações profissionais — me trouxeram a felicidade possível, mas deixo-os de fora do livro. No espaço público, meus dois grandes sonhos eram os de ser professor — sobretudo um professor — e de contribuir para fazer um país melhor e maior. Também fui advogado, no tempo que sobrou. Atuei em causas de interesse público e, igualmente, em causas privadas, que me proporcionaram uma vida materialmente confortável. Não gosto de minimizar, demagogicamente, esse fato. Quando já me preparava para uma fase de mais introspecção, espiritualidade e poesia, fui parar no Supremo Tribunal Federal. Não têm sido tempos banais. Mas a gente deve cumprir com alegria as missões que a vida nos dá.

Meu sonho de ser professor realizou-se em toda a extensão imaginável. Ainda hoje dou aulas regularmente na graduação e na pós-graduação, oriento teses, participo de bancas de seleção de professores, dou palestras pelo Brasil e pelo mundo, bem como mantenho vínculo acadêmico com uma importante instituição no exterior. E, mais gratificante que tudo, tenho gerações de ex-alunos que fazem sucesso em áreas diversas da vida brasileira, da magistratura ao Itamaraty. Quanto a fazer um país melhor e maior, a realização é parcial, mas não menos importante.

Para se ter uma ideia da trajetória que percorremos como país e como consciência cívica, gosto de lembrar as preocupações que me afligiam naquela segunda metade dos anos 70 do século passado, quando ingressei na Faculdade de Direito da Universidade do Estado do Rio de Janeiro. Eram elas: como acabar com a tortura, que manchava de desonra a história do país; como acabar com a censura, que limitava a capacidade crítica das pessoas; como criar instituições democráticas, em um país e em um continente de tradição de quebras da legalidade constitucional. Basta fazer o contraste com os dias atuais para constatar que a qualidade das nossas preocupações melhorou muito. E, apesar das aflições e frustrações do nosso tempo, gosto de lembrar, não sem uma ponta de orgulho, que a nossa geração derrotou a ditadura militar, a hiperinflação e obteve resultados expressivos sobre a pobreza extrema. É preciso não se deixar hipnotizar pelo que aconteceu de ruim: as conquistas dessas décadas de democracia foram muito expressivas. Temos andado na direção certa, ainda quando não na velocidade desejada.

Por evidente, não me passa despercebido o fato de que o país foi alcançado, já faz alguns anos, por uma tempestade perfeita. Há um prolongado mal-estar na *política*, que tem como um dos seus marcos o trauma do *impeachment* de 2016, que gerou ressentimento e foi acompanhado por uma polarização exacerbada. No plano *econômico-social*, desde o final de 2014, temos vivido recessão, desinvestimento, desemprego e crescimento inexpressivo. Sem mencionar o desencontro ético do país, que se evidenciou no Mensalão e explodiu com a Operação Lava Jato. Uma espantosa naturalização das coisas erradas, que se materializavam em desvios de dinheiro público, propinas e achaques. Em meio a tudo isso, nos primeiros meses de 2020, sobreveio a crise multidimensional representada pela pandemia da Covid-19.

Sem fugir do lugar comum, crises são pontos de partida dos grandes projetos de transformação. Ao descobrir-se aquém do seu destino, devastado por uma corrupção desmoralizante, por um setor público contaminado pela mediocridade e um setor privado repleto de vícios civilizatórios, a sociedade brasileira, entre perplexa, indignada e cheia de autocrítica, vai desenvolvendo uma nova consciência. O Brasil vive um momento de refundação. Há uma velha ordem sendo empurrada para a margem da história e uma nova ordem chegando como luz ao final da madrugada. Não me refiro a governos, sejam eles quais forem, mas à cidadania e suas novas atitudes. O dia começa a nascer quando a noite é mais profunda. A claridade, porém, não é imediata. A elevação da ética pública e da ética privada no Brasil é trabalho para mais de uma geração. A notícia boa é que já começou. Mas a história tem seu próprio tempo.

O processo de transformação envolve um choque de iluminismo, idealismo e pragmatismo. Historicamente, *iluminismo* designa um abrangente movimento filosófico que revolucionou o mundo das ideias ao longo do século XVIII. Foi o ponto culminante de um ciclo iniciado com o Renascimento, no século XIV, e que teve como marcos a Reforma Protestante, a formação dos Estados nacionais, a chegada dos europeus à América e a Revolução Científica. Os ideais do Iluminismo são, desde então, razão, ciência, humanismo e progresso.[1] Iluminismo é um antídoto contra muitos dos males do nosso tempo: autoritarismo, fanatismo religioso, tribalismo, radicalismo, intolerância política, entre outros. O Iluminismo mudou o patamar da condição humana e da convivência entre pessoas e entre os povos. Em relação a isso, cabe uma advertência importante: parte das nossas aflições contemporâneas não se devem a sinais de decadência, mas sim ao fato de que nossos padrões de exigência se elevaram.

Idealismo significa a capacidade de imaginar uma realidade diferente, maior e melhor, estabelecendo objetivos que estejam além do interesse imediato e dos projetos próprios de cada um.[2] Pensar o mundo como deve ser. O ideal está para a vida pública como o amor está para a vida privada. Ambos significam dar à vida uma dimensão transcendente, que faz com que ela seja mais do que a mera sobrevivência física, o acúmulo de bens, a satisfação de prazeres sensoriais ou conquistas pessoais. A vitória sobre o despotismo, a abolição da escravatura, a liberdade religiosa, bem como a igualdade entre raças ou entre homens e mulheres já foram ideais remotos, antes de percorrerem a longa trajetória que paulatinamente os foi transformando em realidade. Para deixar claro: idealismo não é moralismo, nem perfeccionismo. Ao contrário, é um projeto emancipatório, para que cada pessoa seja o melhor que de fato pode ser.

Por fim, *pragmatismo* significa, em essência, que o mérito de uma ideia, de uma política pública ou das ações em geral se mede pelos resultados práticos que são capazes de produzir. O significado das coisas e a verdade de qualquer proposição são determinados pela experiência e pelas consequências sobre o mundo real e a vida das pessoas, e não por dogmas ou teorias. O pragmatismo deve ser visto com cautela e temperamentos, mas é preciso superar o padrão de retórica vazia e descompromissada da realidade que ainda caracteriza a atuação estatal no Brasil, onde políticas públicas são praticadas por anos a fio sem qualquer monitoramento ou avaliação de resultados. Há muitas sutilezas e complexidades que não poderão ser exploradas aqui. Porém, não estando em jogo valores ou direitos fundamentais, o papel de qualquer agente público — seja o juiz, o legislador ou o administrador — é adotar o curso de ação que produza os melhores resultados para a sociedade, aferidos com base em pesquisa séria, dados concretos e informações.

Iluminismo, idealismo e pragmatismo contêm em si os valores de que o país precisa para furar o cerco, romper círculos viciosos e encontrar o seu destino. Reitero, ao concluir essa Introdução, a minha confiança nas potencialidades do Brasil e nas instituições democráticas. E compartilho uma de minhas convicções mais profundas: a de que a história é um fluxo contínuo na direção do bem, da justiça e do avanço civilizatório. E mesmo quando, olhando da superfície, tudo pareça cinzento e desanimador, ela flui como um rio subterrâneo no curso que lhe cabe seguir. Os países, como as pessoas, passam pelo que têm que passar, no aprendizado constante que leva ao aprimoramento existencial e ao progresso social.

Parte I
Uma visita ao passado

Capítulo 1
Breve relato na primeira pessoa

Vassouras

Nasci em Vassouras, uma adorável cidade na serra, a duas horas do Rio de Janeiro. Era a terra da família de meu pai, Roberto. A família de minha mãe, Judith, era de origem judaica e veio de longe. Meu avô Elias era de Salônica, na Grécia, e minha avó Zafira, de Esmirna, à época Grécia, hoje Turquia. Minha mãe foi criada em Montevidéu, no Uruguai, até os 17 anos, quando veio para o Brasil, onde já se encontrava uma parte da família. Aqui cursou a Faculdade Nacional de Direito, e lá conheceu meu pai. Casaram-se e tiveram a mim e a minha irmã, Miriam.

    Vassouras foi um marco na minha vida. Até hoje acho a Praça Barão de Campo Belo, no centro da cidade, uma das mais bonitas do mundo — e olha que já rodei um bocado —, com o gramado bem tratado, os bancos e o chafariz, cercados de um casario colonial bonito e preservado. O cine Centenário, da minha infância, virou Igreja Universal. Cheguei a frequentar o jardim de infância na cidade, no Ginásio de Vassouras, de propriedade da vovó Maria. Ela não era minha avó de verdade, mas, sim, do Cazuza, meu conterrâneo e contemporâneo, que viria a se tornar um cantor e poeta popular de sucesso. Nossas famílias eram amigas. Algum tempo atrás, o colunista Ancelmo Gois publicou uma foto minha e dele, aos 4 ou 5 anos, ambos numa inominável fantasia de tirolês. O que as mães não fazem com os filhos.

Saí de Vassouras aos cinco anos, em 1963, quando meu pai passou em um concurso para Promotor de Justiça. Fomos então morar no Rio, na rua Duvivier, em Copacabana. Chegamos a tempo de ver o Flamengo ser campeão carioca, na minha primeira ida ao Maracanã. Bom, *ver* talvez seja exagero. Fomos toda a família para o estádio, de Vemaguet. Marinheiros de primeira viagem, chegamos em cima da hora do jogo. Compramos ingresso e subimos a rampa, surpreendentemente vazia. Ao chegarmos às arquibancadas, no entanto, deparamo-nos com uma parede humana intransponível. Havia mais de 100 mil pessoas no estádio. Mal consegui ver o gramado, sentado sobre os ombros do meu pai. Tivemos que desistir e voltar para casa com ligeiro sabor de derrota, apesar da vitória.

Até o final da adolescência, minha vida ainda era vivida predominantemente em Vassouras, para onde ia com frequência nos finais de semana. Eu ficava na casa da vizinha, Tetê, uma pessoa amada por todos nós, cujos filhos são amigos queridos até hoje. Era uma vida com liberdade de brincar na rua, andar a cavalo, de charrete e farra com os amigos. Jogar bola era uma de nossas atividades principais. Aliás, nos primeiros anos da minha vida, joguei futebol em todo o tipo de terreno: no paralelepípedo da minha rua, na quadra do SENAI, no campinho de terra do Dr. Mário, na praia, em frente à Duvivier, e no campo de grama da escolinha do Flamengo, na Gávea. Só não me tornei um craque da pelota por falta de talento. Tentei de tudo.

Vassouras foi, também, o cenário de todos os meus ritos de passagem da infância para a adolescência. Carnavais memoráveis nos bailes do Fluminense, onde toda a cidade e os veranistas do

Rio se reuniam. Fazíamos um "esquenta" na varanda da minha casa, antes de sairmos para o clube. Baldes de cuba-libre tomados em casa, num tempo em que ninguém dava bola para jovens bebendo aos 15 ou 16 anos. Lembro-me de muitos parceiros da época. Tomei horror de rum com Coca-Cola pelo resto da vida. Mas o baile era uma alegria só. Não tenho certeza se lança-perfume já estava proibido ou não. Mas rolava no salão.

Fora do carnaval, ao longo do ano, havia as festas de sábado no Country Clube, com música ao vivo. Foi lá por Vassouras que vivenciei os primeiros namoros, os primeiros "foras", fossas e angústias existenciais da iniciação no mundo masculino. Aliás, era um universo incrivelmente machista, no qual os meninos eram incentivados a descobrirem a vida, enquanto as meninas viviam reprimidas para permanecer em um recato de convento. Bom, mas sempre se escapava, aqui e ali.

Só deixei de frequentar regularmente Vassouras, durante os finais de semana, quando passei no vestibular, no final de 1975. Estava com 17 anos. Fui aprovado em Direito, para a Universidade do Estado do Rio de Janeiro (UERJ), minha primeira opção no vestibular unificado; e, também, para o curso de Economia, na Pontifícia Universidade Católica (PUC-Rio), que cursei à noite, com a turma de Administração. Ali começava a minha vida adulta, com novas responsabilidades, muitas certezas — que o tempo desfaria — e a descoberta do país e do mundo.

Rio de Janeiro

A vinda para o Rio de Janeiro, em 1963, foi sofrida para mim. A saída do ambiente com o qual estava acostumado, os amigos distantes e, sobretudo, a perda da liberdade. Trânsito, barulho e perigos diversos me mantinham meio que confinado em casa. Fiz um ano de jardim de infância na escola Cícero Pena, na avenida Atlântica, e o primário na Escola Roma, na Praça do Lido. Nunca me esqueci do nome de uma extraordinária professora que tive, uma senhora de nome Zoraide, competente e encantadora. No texto inicial que apresentei na minha sabatina no Senado, quando indicado para o Supremo, prestei uma homenagem a ela.

Ao final do curso primário, o fato de eu ser filho de mãe judia — e, portanto, tecnicamente judeu — teve um papel decisivo na minha vida. É que, à época, os principais colégios do Rio eram escolas católicas: Santo Inácio, Santo Agostinho, São Bento, São Vicente... Eu não podia estudar nelas: não me aceitariam, porque eu não era batizado; nem minha mãe quereria. A alternativa é que havia duas escolas públicas modelo na cidade: o Colégio Pedro II, que era federal; e o Colégio Pedro Álvares Cabral, da rede estadual. Para ingressar nelas, era preciso ser aprovado em uma prova dificílima chamada de Admissão.

Funcionava assim: após concluir o 4º ano primário, muitos alunos que queriam ingressar nos melhores colégios faziam um curso privado preparatório para a prova de admissão. A preparação foi boa, e consegui passar tanto para o Pedro II quanto para o Pedro Álvares Cabral. Aprovado em primeiro lugar, fui estudar no Cabral, que ficava em Copacabana, na República do Peru, relativamente perto da minha casa. Apesar de ter achado o ginásio um dos períodos mais aborrecidos da vida estudantil, devo reconhecer que o colégio era muito bom. Sou convencido, por experiência própria, que educação básica de qualidade é a melhor coisa que um país pode fazer por seus cidadãos.

Foi por essa época do ginásio que comecei a jogar voleibol no Clube Israelita Brasileiro — CIB, convidado por alguns colegas da minha turma. Renunciei finalmente aos meus projetos futebolísticos e ao sonho de ser um astro da bola, que alimentavam os meus devaneios infantis. Joguei vôlei dos 12 aos 18, treinando regularmente. Carlos Reinaldo Souto era nosso técnico. Continuamos amigos pela vida afora. Fui da geração do Bernard Rajzman (do saque "Jornada nas Estrelas") e do Bernardinho Rezende (o técnico vitorioso da seleção brasileira), com quem cheguei a jogar na seleção carioca. Fomos vice-campeões brasileiros, em Maceió. Isso deve ter sido aí por 1974. Cheguei a ser um bom jogador, sem ser um virtuose. Mesmo assim, o CIB foi bicampeão carioca infanto-juvenil ou juvenil, naqueles dias. O craque do nosso time era o Luís Roimicher, meu amigo até hoje, um conceituado médico reumatologista no Rio. Há pouco tempo fiquei sabendo que o Marcelo "Ventarola", nosso 4ª rede — os apelidos eram cruéis — é o hoje renomado Marcelo Gleizer, que fez carreira nos Estados Unidos como físico e pensador espiritual. O livro dele, *Criação imperfeita*, é uma joia. Espero cruzar com ele qualquer dia.

Quando nos mudamos para o Rio, minha mãe teve a sábia ideia de me matricular num curso de inglês. Meu pai era um homem simples, de sofisticada simplicidade, eu diria, que gostava da vida no interior. Mas minha mãe tinha essa característica marcante do povo judeu: a de que você tem que estar preparado para viver em qualquer lugar do mundo. E, para isso, tem que saber línguas. Aprendi inglês no curso Oxford, ali na rua Duvivier, e espanhol com ela mesmo. Francês eu estudei por conta própria, bem mais à frente. Minha mãe, como disse, era judia e, meu pai, católico, de família do interior. Como ninguém se converteu, casaram só no civil. Contrariando a regra mundial, foi a família católica do meu pai que reagiu mal ao fato de ele se casar com uma judia, fora da Igreja. Coisas do Brasil.

Meu pai e minha mãe tinham uma relação afetuosa e profunda, tanto quanto eu era capaz de avaliar. E de grande respeito pelos valores do outro. E, embora minha mãe não fosse religiosa, ela carregava na alma o orgulho judaico, bem como todos os traumas da perseguição histórica que sofremos. Em razão desses fatores, meus pais decidiram que minha irmã e eu não teríamos a religião escolhida por eles, mas faríamos nossa própria opção ao amadurecermos. Crescemos, assim, frequentando igrejas e sinagogas nas festas da família de cada lado: batizados, circuncisões, primeira comunhão, *bar mitzvah* e casamentos. *Mazel tov*.

Sem ser religioso, sinto-me antropologicamente judeu, apesar de achar os Evangelhos mais inspiradores do que o Velho Testamento. Hoje em dia, tenho uma ligação com uma instituição de espiritualidade oriental chamada Brahma Kumaris, cujos escritos leio com frequência. A sede do grupo, na Europa, fica em Oxford, na Inglaterra. Já me encontrei duas vezes com a líder espiritual do grupo, Sister Jayanti. Trata-se mais de uma filosofia espiritual do que uma religião. Gosto de contar uma *boutade* a propósito da minha origem judaica. Em 1972, ao tempo em que eu jogava vôlei pelo CIB, houve o pavoroso atentado terrorista de Munique contra a delegação olímpica israelense. Nós íamos para os nossos jogos numa Kombi que tinha uma imensa estrela de David. Preocupada, minha mãe me disse: "Meu filho, não quero você naquela Kombi. Toma esse dinheiro e vai de táxi." Porém, como bom judeu, eu guardava o dinheiro e ia de Kombi, mesmo, que era muito mais divertido.

Aos poucos, fui me apaixonando pelo Rio. Jogava bola e vôlei na praia, pegava onda em Copacabana (de peito ou de prancha de isopor, pois o surfe chegou um pouquinho depois) e comecei a fazer bons amigos. A propósito, um estudo feito em Harvard e divulgado em uma TED Talk bastante popular constatou que a principal fonte de felicidade é ter amizades e boas relações pessoais. Eu poderia ter adivinhado isso. No cursinho pré-vestibular, lá pelos 16, início dos 17 anos, comecei a namorar e a conhecer um pouco mais do mundo. Os costumes já tinham se flexibilizado um bocado, e a vida ficara mais livre e colorida. Aos poucos, comecei a conhecer o Brasil real e a me apaixonar pelo país. Desde o início da faculdade, minha obsessão passou a ser fazer um país melhor e maior.

Ingressei na faculdade em 1976. Estávamos no Governo Geisel, sucessor do Presidente Médici, que conduziu o país durante os anos de chumbo. Um período triste da história do Brasil, marcado pelo recrudescimento da ditadura, a reação de grupos armados, a censura, a tortura e a intolerância campeando por toda parte. Geisel iniciou seu governo sob a promessa da abertura política, que se dizia "lenta, gradual e segura". O Movimento Estudantil havia sido dizimado, e estavam em vigor o Ato Institucional n. 5, que institucionalizava a ditadura, e o Decreto-lei 477, que proscrevera as organizações estudantis no meio universitário.

Quando cheguei à universidade, tanto na UERJ quanto na PUC, havia uma certa inquietação contra o regime militar e um início de organização da resistência democrática, com a reconstituição dos centros acadêmicos e diretórios acadêmicos. Alinhei-me à visão duramente crítica ao governo. Aos poucos, começamos a nos reorganizar na UERJ — na PUC, o movimento era mais articulado — com o propósito de recriar o Centro Acadêmico e de aglutinar o movimento estudantil contra a ditadura. Em abril de 1977, no entanto, a abertura política sofreu o duro golpe do "Pacote de Abril", quando Geisel fechou o Congresso Nacional e outorgou as Emendas Constitucionais 7 e 8 à Constituição. A Emenda 7 era uma Reforma do Judiciário bem mixuruca, que funcionara como pretexto para a Emenda 8, que instituía uma série de medidas casuísticas no processo eleitoral e político, de modo a prolongar a duração do regime militar.

Interessante e paradoxalmente, o ato de força de Geisel, em lugar de intimidar, motivou e acendeu a chama do Movimento Estudantil. Na UERJ, pouco após, reabrimos o centro acadêmico. Era um grupo pequeno e heterogêneo, que ia da esquerda liberal aos defensores da luta armada. Saco de gatos. Éramos eu, Rita Cortez, André Felice, Wadih Damous, Vivalde Brandão, Luiz Otávio Azevedo Soares e alguns outros. Criamos uma comissão, fizemos um "chapão" e refundamos o Centro Acadêmico Luiz Carpenter — Livre (CALC-Livre). "Livre" significava que não era nem autorizado nem reconhecido. Muitos anos depois, a Rita veio a se tornar presidente do Instituto dos Advogados Brasileiros. André Felice é um respeitado defensor público no Rio. Wadih Damous foi deputado federal pelo PT. Luiz Otávio não tornei a encontrar. Éramos muito amigos. As convicções políticas, por vezes, separam as pessoas.

Aos poucos, começamos a fazer eventos e a trazer pessoas para participarem de debates de conscientização. Tudo era muito difícil, com restrições impostas pela universidade. Vivíamos à beira da transgressão. Ainda assim, conseguimos levar juristas, parlamentares e membros da Ordem dos Advogados do Brasil para concorridos encontros. Por esse período, participei da criação do jornal universitário *Andaime*, com um conselho editorial composto por mim, o André Felice, já citado, Ricardo Martins Rodrigues, José Muiños Piñeiro e Edson Damasceno de Souza. Ricardo é hoje advogado do Banco do Brasil e Piñeiro é desembargador no Rio de Janeiro. Edson é advogado da Comissão Nacional de Energia Nuclear (CNen). Tinha também um *outsider*, que ninguém conhecia bem, o Mané Moreira. Mas ele era o único que entendia de diagramação, gráfica, charges. Juntou-se ao grupo. Nunca mais soube dele. O jornal, que era de esquerda liberal, enfrentou dura oposição de outros membros do Movimento Estudantil, que defendiam posições mais radicais.

Nas primeiras eleições para o Centro Acadêmico, final de 1978, talvez já 1979, nossa chapa Construção perdeu por três votos para a Participação, ligada a um movimento mais radical. Foi uma frustração enorme. Ainda assim, continuamos o processo de mobilização com o *Andaime*, que rodávamos de madrugada, na gráfica do jornal *Tribuna da Imprensa*, ali na rua do Lavradio, no bairro da Lapa. A *Tribuna* estava sob censura. A dinâmica era a seguinte: depois que os censores saíam da redação e as máquinas rodavam a *Tribuna da Imprensa*, nós entrávamos e rodávamos o nosso. Houve um dia em que, por alguma razão, os censores voltaram. Aí, apreenderam nosso jornal e fomos todos levados à Superintendência da Polícia Federal.

Ainda hoje me lembro do diálogo travado com o coronel que dirigia o órgão: "Vocês dizem que no Brasil existe censura!". Ele se referia a um artigo meu intitulado "Censura: um tema censurável", publicado naquela edição. "Quero dizer a vocês que no Brasil não existe censura." Lembro-me de ter feito força para perguntar, sem petulância ou ironia: "Coronel, então o que exatamente estamos fazendo aqui?". Ele respondeu: "Não quis perder a oportunidade de conversar com vocês e esclarecer que estão servindo como inocentes úteis do comunismo internacional." Fomos liberados sãos e salvos, sem violência ou constrangimento. O coronel era um homem de bem. As ditaduras é que têm os seus inocentes úteis.

Pouco tempo depois de recriarmos o CALC-Livre, começaram as intimações para comparecer ao Departamento de Polícia Política e Social (DPPS). Os primeiros a serem chamados foram o Luiz Otávio e uma moça chamada Mônica. Fomos então ao diretor da faculdade para pedir que ele interviesse. Ele se recusou. Apreensivos com o que poderia acontecer, fomos bater na porta do Conselho Federal da Ordem dos Advogados do Brasil, à época ainda no Rio. Estávamos entre final de 1978 e início de 1979. Fomos recebidos por dona Lyda Monteiro e, em seguida, pelo próprio presidente, Raymundo Faoro. Contamos nossa história e pedimos que ele ligasse para o delegado que havia feito a intimação, e cujo nome e telefone nós tínhamos. Faoro fez a ligação, e o depoimento dos colegas transcorreu sem violência, apesar de altamente intimidatório. A polícia tinha fotos de todos nós, inclusive das nossas reuniões, bem como cópia dos panfletos e cartazes que usávamos.

Voltei à OAB algumas outras vezes. Li *Os donos do poder*, obra clássica de Faoro, e conversava eventualmente com ele, um intelectual de primeira linha. Nos tornamos algo próximo a amigos. Muitos anos depois, em 2003, ele mandou uma carta ao Presidente Lula dizendo que eu deveria ser um dos nomes indicados por ele para o Supremo Tribunal Federal, nas três vagas que se abriram logo no início do governo. José Paulo Sepúlveda Pertence levou a carta, junto com o Luiz Carlos Sigmaringa Seixas, o Sig. Não era a minha hora. Anos depois, Sigmaringa teve um papel decisivo na minha nomeação pela presidente Dilma Rousseff. Sig foi embora dessa vida cedo e faz muita falta. Bom caráter, bom amigo, um sujeito exemplar.

De 1976 a 1978, eu estudava de manhã na UERJ e à noite na PUC. À tarde, procurava ler tudo o que podia, e não apenas direito. Lia história, ciências sociais, poesia, marxismo. E implicava com filosofia, psicologia, psicanálise. Obcecado pela transformação social, na fase juvenil do esquerdismo, eu achava que elas eram dispersões que desviavam o foco. Ah, a ignorância! Anos depois, tirei o atraso, lendo, com particular atenção e interesse, Aristóteles, Kant e Freud. Eu também era apaixonado por música popular brasileira. Tinha um grupo de amigos que tocava instrumentos e compunha. Eu tocava violão, mas com pouco talento. Mas cometi algumas letras naquele tempo. Nosso grupo chegou a ganhar o 1º e o 2º prêmio no festival sul-fluminense da canção. Uma das letras era minha: "Bons amigos", se chamava.

Em 1978, tranquei o curso de Economia/Administração. Depois de ter estudado Cálculo I, Cálculo II, Estatística I, Estatística II, Matemática Financeira, Análise de Balanços e coisas parecidas, comecei a achar que não era feito daquele material. Por outro lado, eu gostava do direito e já estava na hora de começar a estagiar. E, assim, no início de 1979, comecei meu estágio num escritório de advocacia. Trabalhei com Miguel Seabra Fagundes, um dos grandes juristas brasileiros da época, e com Eduardo, seu filho, um excelente advogado. Aprendi muito com ambos. Eduardo veio a ser eleito presidente da OAB, ainda em 1979, e, em 1980, sofreu um atentado. Uma carta-bomba foi enviada ao seu gabinete, tendo vitimado dona Lyda Monteiro, a atenciosa senhora que nos atendia quando visitávamos Faoro. Eram os estertores do regime militar: os militantes do porão da ditadura reagiam à abertura política. Adiante se voltará ao tema.

Eu me formei no final de 1980, com 21 anos. Perdi a eleição para orador da minha turma, numa época de polarizações políticas extremas. O vencedor foi o André Felice, conceituado defensor público no Rio, com um discurso inspirado e suave, em contraste com o meu, duro e politizado. André e eu somos amigos de toda a vida e participamos de um grupo da faculdade que se reúne até hoje, a cada dois ou três meses, para colocar a conversa em dia. Mas a vida tem lá as suas compensações. No último ano de curso, eu havia participado de um prêmio jurídico da OAB — Seção do Rio de Janeiro e meu trabalho tirou o primeiro lugar. Ganhei o valor correspondente a 3 mil dólares. Considerei-me rico por um tempo e usei o dinheiro para viajar pelo mundo: Roma, Florença, Veneza, Paris, Londres, Amsterdam, Nova York, Michigan e Toronto. Voltei quando acabou a grana, no início de 1981. Hora de trabalhar.

Comecei, então, a advogar. Eduardo Seabra Fagundes me passava uma ou outra causa que ele não tivesse interesse, mas na verdade o que eu tinha mesmo era uma sala e uma mesa. Quanto a clientes, eu tinha que me virar sozinho. Não é fácil no início da carreira. Fiz um pouco de tudo: júri, *habeas corpus*, reclamação trabalhista, divórcio. Em 1982, fui contratado para ser coordenador da área de direito de família do Escritório Modelo da Faculdade Cândido Mendes, que era uma espécie de linha auxiliar da defensoria pública. Atendia algumas dezenas de pessoas por dia, geralmente mulheres, muitas delas vítimas de agressão pelo companheiro. Uma experiência marcante, cheia de angústias: famílias que se desfaziam em meio à pobreza, violência doméstica e disputas por pensão e posse e guarda de filhos. Fiquei um ano e, depois, aceitei um convite para ser advogado da Rede Ferroviária Federal. Entre 1984 e 1985, prestei concurso para ser procurador do Estado do Rio de Janeiro e passei em primeiro lugar. Procuradores do Estado são advogados concursados que fazem a defesa judicial e a consultoria do Estado, e que não são impedidos, no Rio, de advogarem privadamente.

Com tranquilidade financeira, passei a me dedicar à Procuradoria e à minha verdadeira paixão, que sempre foi a vida acadêmica. Já afirmei antes que sempre quis ser professor. Sobretudo, professor. Ainda no segundo semestre de 1981 eu passara a dar algumas aulas de direito constitucional, no turno da noite, a convite do professor titular da época. Era assim que as coisas funcionavam naquele tempo. Após algumas sessões, o professor me procurou muito constrangido para comunicar-me que teríamos que adiar o nosso projeto. O motivo não era tão imprevisível: ele havia recebido um recado dos "órgãos de informação", que haviam dito a ele que a minha presença em sala de aula era "inconveniente". O motivo era a militância que eu tivera no movimento estudantil, em oposição ao regime militar. Os organismos de segurança travavam uma luta surda contra a abertura democrática e ainda eram muito influentes. Mas não por muito tempo.

Minha carreira acadêmica, assim, parecia morrer no nascedouro. Devo a Jacob Dolinger a superação do episódio e, consequentemente, meu ingresso no magistério, pouco tempo depois. Dolinger era professor titular de direito internacional privado, judeu ortodoxo e homem conservador em matéria de política e de costumes (embora não sempre, nem para tudo). Tínhamos visões bastante diferentes acerca de muitos temas. Mas a vida acadêmica tem a sua magia. Dolinger era um professor admirável, eu era um aluno aplicado e, por implausível que pudesse ser, tornamo-nos amigos e interlocutores constantes. Ainda estudante, passei a frequentar o grupo de estudos de direito internacional que ele coordenava. Pois bem: ao saber do tal veto, Dolinger indignou-se e disse que iria me ajudar. Lembro-me até hoje de quando falei a ele, com humor amargo: "Professor, é o SNI. Não tem uma porta para o senhor bater." Foi por essa época que me deparei pela primeira vez com uma frase que se banalizaria depois, mas que na época me pareceu muito expressiva: *não sabendo que era impossível, ele foi lá e fez.*

Para tornar uma longa história curta, Dolinger conseguiu apoio de alguns ex-professores meus, gente de primeira e insuspeita de arroubos esquerdistas, como Flávio Bauer Novelli e José Carlos Barbosa Moreira, que desejavam o meu ingresso na faculdade. Em seguida, conseguiu a ajuda — impensável para mim — do então professor Oscar Dias Corrêa, que viria a ser Ministro do Supremo Tribunal Federal mais à frente. O professor Oscar havia sido diretor da faculdade ao tempo em que eu estava no Centro Acadêmico e tivemos, por mais de uma vez, discussões acaloradas. Pois ele, com grandeza, não cobrou a conta. Antigo político da UDN e bem relacionado no regime militar, ele disse a Dolinger: "Se o menino é bom, vamos ajudá-lo." E, de fato, eles conseguiram levantar o veto, mas com uma penosa ressalva: eu podia dar aula, mas não poderia ser de direito constitucional. Estávamos no início de 1982. Na sequência, o professor Jacob Dolinger mandou-me uma caixa de livros da sua disciplina, para que eu estudasse e me preparasse para dar o curso no semestre seguinte, em uma das turmas da noite. Descobri, ali, que a amizade podia ser mais poderosa que a ideologia. E assim, por cinco anos, empenhei-me em ser professor de direito internacional privado, uma matéria rica e interessante, apesar de um pouco estranha. Em 1987, quando abriu uma vaga em direito constitucional, e a ditadura já ficara para trás, voltei às origens.

Estados Unidos

Tive parte da minha formação ligada aos Estados Unidos, em momentos diferentes minha vida. Em 1973, após uma longa campanha de convencimento junto a meus pais, fui passar um semestre por lá, como estudante de intercâmbio. Eu ainda ia completar 15 anos e eles relutaram muito em aceitar a ideia. Venci pelo cansaço. Assim, em janeiro de 1973, embarquei em um avião 707 da Varig — sem autonomia para ir direto, lembro-me bem —, fretado pelo programa, que se chamava *Youth for Understanding*. Desembarcamos em Detroit, no estado de Michigan, onde fiquei dois dias à espera da família que viria me buscar. Inverno alto. Foi a primeira vez que vi neve, mas não precisava tanta.

Tive sorte em muitas coisas na vida, e esse foi mais um desses momentos. Fui parar numa família adorável — *the Brady's* —, que morava numa área quase rural, numa cidade chamada Saginaw. O lugar não tinha muitos atrativos, mas a casa em que fui morar, sim: uma pequena fazenda, com cavalos e uma ampla área de treinamento para *horse shows*, prática tradicional do interior norte-americano. Estudei numa escola que me parecia enorme — não confirmei a impressão quando voltei lá, já adulto —, tinha uma relação carinhosa com minhas "irmãs" americanas e um pouco mais formal, porém amistosa, com meu "irmão". Na verdade, ele gostava de atividades como caça, pesca, acampamentos, e eu não era um bom parceiro para essas coisas. *Mea culpa.* Um estrangeiro naquele meio-oeste americano era uma raridade, e todo mundo queria me conhecer. Fiz muitos amigos. Foi uma das épocas mais felizes da minha vida. Retornei ao Brasil com o inglês aprimorado e continuei amigo da minha família. Até hoje nos escrevemos sempre e nos visitamos quando possível.

Entre 1988 e 1990, voltei a morar nos Estados Unidos. Por insistência do meu mestre e amigo querido Jacob Dolinger, concorri a uma vaga para o mestrado em diversas faculdades de direito americanas. Fui admitido e tive que fazer a opção mais cobiçada por qualquer estudante no mundo: escolher entre Harvard e Yale. Para surpresa dos meus amigos, escolhi Yale, que é considerada, desde aquela época, a faculdade de Direito número 1 dos Estados Unidos. O programa de mestrado é um clube bem fechado, com apenas 25 estudantes, recrutados em todo o mundo. Minha vida nunca foi a mesma depois dessa experiência. Vi o que é ter obsessão pela excelência e mudei minha perspectiva sobre muitas coisas. Além disso, à distância, apaixonei-me mais ainda pelo Brasil e aumentou a minha vontade de fazer um país maior e melhor.

Não foi um período fácil. Não era comum brasileiros irem estudar fora naquela época. Havia pouca informação. Ao chegar lá, constatei que todos os trabalhos eram feitos em computador. A faculdade tinha um laboratório com dezenas deles. Eu nunca sequer tinha visto um computador pessoal. No Brasil, vigorava uma famigerada lei de informática que proibia a importação, mas não conseguiu que se produzissem os computadores aqui. Portanto, além dos estudos, que eram uma avalanche de leituras, ainda tinha que tirar tempo para aprender o programa do computador, que na época era Wordperfect. Anos depois, o Word, da Microsoft, tomou conta. Além de tudo isso, era uma época pré-internet, em que a comunicação e a informação eram bem mais lentas. Tudo o que fosse à distância era feito por carta. Uma semana para ir, outra para voltar. Eu me lembro de estudar de manhã, de tarde e de noite, sábado e domingo. E, ainda assim, sempre com a sensação de que estava devendo. Embora estudar na Yale Law School tenha sido uma das minhas melhores experiências, o durante foi dureza.

Uma das lições que mais me marcaram nesse período foi a seguinte: vi professores renomados, consagrados nacional e internacionalmente, que estudavam todos os dias, escrevendo coisas novas. Ninguém se deitava sobre os louros. A cada sucesso, mais esforço. Tomei como exemplo para toda a minha vida. Depois que fui para o Supremo, volto a Yale uma vez por ano, para um encontro de juízes de supremas cortes de diferentes partes do mundo, chamado Global Constitutionalism Seminar.

Após concluir o mestrado, em meados de 1989, fui trabalhar no Arnold & Porter, um grande escritório de advocacia cuja sede principal era em Washington, D.C., com filiais em diferentes partes dos Estados Unidos e do mundo. Também foi uma experiência marcante, que ajudou a definir os rumos do meu futuro. Ainda em 1989, registrei-me na Embaixada do Brasil para poder votar nas primeiras eleições diretas da minha geração. Votei em Brizola, no primeiro turno, e em Lula, no segundo. Esses são os únicos votos que vou revelar aqui. Na medida em que o tempo passava, foi me dando uma vontade crescente de voltar ao Brasil. Lembrava-me sempre de um verso do Neruda em que ele dizia algo assim: "Mil vezes tivera de nascer e eu queria nascer aqui; mil vezes tivera de morrer, e eu queria morrer aqui." A verdade é que a gente não é totalmente feliz longe de onde tem o coração. E o meu sempre morou aqui.

Regressei em 1990, em meio à confusão do Plano Collor, já começando a fazer água. E retomei a rotina na UERJ e na Procuradoria Geral do Estado. Porém, em 1991, segundo governo Brizola no Rio, as coisas não andaram bem, a grana no serviço público ficou bem apertada e eu comecei a advogar privadamente. Adiante volto a esse assunto.

Com o tempo, passei a frequentar universidades pelo mundo, repetidas vezes nos Estados Unidos, mas não apenas lá. Ia em janeiro, em julho e nos feriados prolongados, para estudar e escrever. Em 1994, me casei com Tereza, uma paixão fulminante, e tivemos dois filhos, Luna e Bernardo. Viajávamos a família inteira. Eu fazia contato com algum professor conhecido, que me conseguia o acesso à biblioteca, ao banco de dados e, geralmente, também a uma sala. Eu alugava uma casa ou um apartamento e íamos todos. De dia eu trabalhava e no final do expediente saíamos para passear com as crianças e para jantar. Fizemos isso por anos a fio, em Paris (Sorbonne e Bibliotecque François Mitterrand), São Francisco (University of San Francisco), Miami (University of Miami), Haia (Palais de la Paix), Washington (Georgetown e George Washington) e Cambridge (Harvard Kennedy School). Tempo bom, em que a gente levava os filhos para onde queria.

Em 2011, fiz um ano sabático e fui Visiting Scholar na Faculdade de Direito de Harvard. Foram meses de leituras intensas, em que consegui percorrer boa parte do que eu jurava que um dia leria, inclusive Max Weber e alguns dos clássicos do pensamento jurídico americano. Escrevi, nesse período, um longo trabalho sobre dignidade da pessoa humana, que publiquei lá e depois foi traduzido para o português. A verdade é que me apaixonara por Cambridge — cidade da Universidade de Harvard, ao lado de Boston — já naquela primeira vez, em 2009. Tenho um amigo querido lá, Paulo Barrozo. Não é meu parente, mas deveria ser. Fiz do lugar meu refúgio acadêmico, onde me escondo para escrever e estudar. Continuei a fazer isso mesmo depois de ir para o Supremo. Hoje, tenho uma posição na Harvard Kennedy School, de Senior Fellow. Dou palestras para os professores, para estudantes e para o *board* do Carr Center for Humans Rights Policy, ao qual sou afiliado. Considero que a universidade americana, em geral, é uma das principais instituições do país. Frequentemente copiamos dos Estados Unidos as coisas erradas.

Brasília

Brasília foi uma descoberta apaixonante. Na verdade, eu quase já tinha ido parar lá, ainda bem menino. Meus pais chegaram a alimentar a ideia de começar a vida na nova capital, que fora fundada em 1960. Iriam de Vassouras para lá. Isso só não aconteceu porque meu pai foi aprovado no concurso para promotor de justiça a que já me referi, o que nos levou para o Rio de Janeiro. Houve uma geração de grandes nomes que foram para Brasília na primeira hora.

A primeira vez que fui à capital federal foi no início dos anos 80. Eu era assessor do saudoso e querido Hélio Saboya na presidência do OAB do Rio e, a pedido dele, havia preparado uma Representação de Inconstitucionalidade contra uma Emenda Constitucional proposta pelo governo João Figueiredo. Era um gesto puramente simbólico. Funcionava assim: a representação era dirigida ao Procurador-Geral da República (PGR), a quem cabia decidir acerca de apresentá-la ou não ao Supremo Tribunal Federal. Só que o PGR era nomeado pelo próprio Presidente da República e podia ser demitido sumariamente. Como consequência, a regra geral era que ele só entrava com a ação se fosse do interesse do Presidente, o que não era o caso.

Formado de pouco tempo, viajei a Brasília para a audiência com o então PGR, Inocêncio Mártires Coelho. Sentia-me, ao mesmo tempo, importante e nervoso. Expliquei o caso a ele, que foi extremamente cordial, mas não me enganou quanto às suas intenções. De fato, em 48 horas, o pedido já estava arquivado. Sem surpresa. Anos depois, quando me mudei para Brasília, fui apresentado socialmente ao Inocêncio por uma amiga de faculdade, Raquel Coutinho Bastos, que era vizinha dele. Inocêncio é a cortesia em pessoa. Tornamo-nos colegas e amigos quando passei a dar aulas no Centro Universitário de Brasília, onde ele é um reputado professor.

Ao longo dos anos, minha atuação profissional foi me levando progressivamente para Brasília. Não gostaria de soar pretensioso, mas aos poucos fui abrindo um novo campo na advocacia: a do advogado constitucionalista. Eu havia me apaixonado pelo direito constitucional ainda na faculdade e este era o tema dos meus escritos acadêmicos. Meu primeiro trabalho de repercussão se chamava "A efetividade das normas constitucionais: por que não uma Constituição para valer?". Publicado em 1986, procurava demonstrar que se as normas constitucionais fossem efetivamente cumpridas — mesmo naquela Constituição de 1969, do regime militar — seria possível o avanço em muitas áreas, inclusive na dos direitos fundamentais.

O trabalho foi recebido com certo ceticismo nos dois congressos em que o apresentei. Mas, naquele momento, eu transformei a ideia de fazer a Constituição funcionar e ser cumprida na missão da minha vida. Isso, na academia. Na advocacia, também começaram a se abrir portas. Um típico advogado, naquele início da minha vida profissional, seria *civilista* — e aí ele tinha o Código Civil e o Código de Processo Civil — ou *criminalista* — e tinha o Código Penal e o Código de Processo Penal — ou *trabalhista* — e tinha a Consolidação das Leis do Trabalho. Ninguém tinha sequer Constituição no escritório. Pois comecei, então, a advogar fazendo diferente: usava a Constituição.

Meu primeiro caso, nessa área, foi de um conhecido astrônomo, Ronaldo Mourão, que me procurou com a seguinte questão: ele tinha acesso próprio às cúpulas do Observatório Nacional no Rio de Janeiro. Porém, um novo diretor mudara as fechaduras e passara a exigir requerimento prévio de 48 horas para o acesso. Segundo Mourão, isso era um empecilho à sua pesquisa, porque ele não tinha como adivinhar com antecedência as condições meteorológicas. Pelo conhecimento convencional, esta era uma questão administrativa a ser decidida livremente pelo diretor (*competência discricionária*). Porém, a Constituição tinha um dispositivo que previa: "O Poder Público incentivará a pesquisa científica e tecnológica." Propus, então, uma ação em nome de Mourão com o seguinte fundamento: embora essa norma (chamada de *programática*) não me possibilite exigir do Poder Público um comportamento positivo, proativo — como, por exemplo, um financiamento para minha pesquisa —, eu posso, no entanto, exigir que ele se abstenha de ações que "desincentivem" a pesquisa, criando-lhe embaraços. O diretor tomou um susto e rapidamente fez um acordo, resolvendo o problema.

Algum tempo depois, já no início dos anos 90, Carlos Eugênio Lopes, diretor jurídico da Confederação Brasileira de Futebol (CBF), procurou-me com um problema interessante. À CBF cabia organizar o campeonato brasileiro de futebol, selecionando os clubes que iriam participar, com base em critérios previamente estabelecidos, que levavam em conta o desempenho em torneios anteriores. Acontece que os clubes que ficavam de fora vinham recorrendo ao Poder Judiciário para serem incluídos no campeonato nacional. E, assim, o juiz de cada Estado ia determinando a inclusão do time da região. Como intuitivo, não havia como estruturar um certame se cada juiz mandasse incluir um clube. Diante desse quadro, fomos à Justiça invocando o artigo da Constituição que assegurava "autonomia às entidades desportivas quanto à sua organização e funcionamento". Autonomia significa o poder de decidir dentro da sua esfera de competência. Se as entidades tinham autonomia, não cabia ao Judiciário intervir, a menos que houvesse violação a algum direito constitucional, o que não era o caso. Vitória para a CBF.

Pensei: "Esse troço tem futuro." Minha carreira como advogado constitucionalista começava a dar certo. Com uma Constituição analítica, abrangente e detalhista como a brasileira, a judicialização de questões constitucionais se tornou um campo de trabalho no qual atuei com pouca concorrência por longo tempo. Porém, havia um mercado ainda mais aquecido que procurava evitar a judicialização, que era o de pareceres jurídicos. Pareceres são estudos que o cliente solicita para pautar a sua conduta, reivindicar direitos perante o Poder Público ou particulares ou para evitar litígios. Essa foi uma das minhas principais atividades por muitos anos, uma combinação entre vida acadêmica e advocacia. Adotei como princípio só dar parecer quando estava totalmente convencido do acerto da tese. Com isso, recusava muitos pedidos. Por outro lado, valorizava os que eu aceitava dar.

Fiz essa longa volta narrativa para explicar por que a minha advocacia se desenrolava predominantemente em Brasília, perante o Supremo Tribunal Federal. À medida em que me tornava mais conhecido, também recebia muitas solicitações para atuar junto ao Superior Tribunal de Justiça, elaborando memoriais (um resumo das teses em discussão e os argumentos em favor da parte que os apresentava) e fazendo sustentações orais dos casos. Por essa razão, minha semana de trabalho envolvia dois a três dias em Brasília, regularmente. Comecei a fazer parceria e amizade com advogados locais, entre eles Eduardo Roriz, Kakay, Luiz Carlos Sturzenegger e Anna Maria Reis, entre outros. Fui aos poucos me apegando à cidade e às pessoas.

Houve um momento, aí por 2005, em que três pessoas próximas à nossa família foram vítimas de assalto à mão armada, com violência ou ameaça de violência no Rio, inclusive com ingresso nas residências. Disse à minha mulher que esses episódios estavam chegando muito perto de nós. Que talvez fosse o momento de pensarmos em criar nossos filhos em um lugar mais tranquilo. Luna estava com 11 anos e Bernardo com 8, idades em que ainda era relativamente fácil deslocá-los. Em breve, com o início da adolescência, tudo ficaria mais difícil. Tereza relutava, pois éramos próximos das nossas famílias, mas começou a levar o assunto a sério. Chegamos a considerar a alternativa de ir para Florianópolis, uma linda cidade, e fomos passar um fim de semana lá. Mas concluímos que haveria muitas dificuldades logísticas para eu me deslocar semanalmente para o Rio e para Brasília.

Convenci Tereza, assim, a passarmos um fim de semana em Brasília e visitarmos algumas casas. De novo, veio um sopro da sorte: na nossa primeira ida à cidade, encontramos uma casa que ficava num bonito terreno à beira do Lago Paranoá, que ela amou. O imóvel cabia no nosso orçamento e ela adorou o lugar. Pois então: fizemos a visita no sábado e fechamos negócio na segunda-feira, sem pestanejar. Decisão tomada. Começamos, então, os preparativos para a mudança. Estávamos no segundo semestre de 2005. Explicamos a ideia para nossos filhos, tivemos a preocupação envolvê-los no planejamento e combinamos de irmos todos a Brasília conhecer a cidade e mostrar onde iríamos morar. Também visitamos o colégio no qual estudariam. Optamos por construir uma casa nova no imóvel que adquirimos e alugamos uma outra para morar enquanto aguardávamos a obra. Chegamos em Brasília, para ficar, em meados de julho de 2006. O Rio continuava no nosso coração e eu voltava toda semana, por dois dias, para trabalhar no escritório e dar aula na UERJ.

Não é comum alguém criado no Rio, carioca na alma, gostar tanto de Brasília como eu. Mas foi o que de fato aconteceu. Abri a filial do escritório em Brasília. Mais ou menos por essa época, o Eduardo Mendonça, que tinha sido meu aluno brilhante na UERJ e trabalhava no escritório do Rio, decidiu se casar. Ofereci a ele, então, começar a vida conjugal em Brasília, com um *upgrade* na sua posição na sociedade. Eduardo aceitou e decolou para uma fulgurante carreira, no início ao meu lado e, após minha ida para o Supremo, por conta própria. Também se juntou a nós em Brasília, desde o começo, a Renata Saraiva, que havia trabalhado no escritório que era nosso correspondente na cidade e era querida por todos. Quando fui para o Supremo, Eduardo veio comigo por um ano, para me ajudar a arrumar a casa, o que fez com o brilho de sempre. Renata veio ser minha chefe de gabinete, onde permaneceu por seis anos fazendo um trabalho admirável. Em agosto de 2019, ela voltou para o escritório. Até hoje brinco com ela que vivo em síndrome de abstinência. Mas a verdade é que a impermanência é a única constante nessa vida.

Foi em Brasília que, em agosto de 2012, vivi as angústias de um diagnóstico de adenocarcinoma no esôfago, grau III. A confirmação foi feita pelo Dr. Paulo Hoff, em São Paulo, um médico totalmente diferenciado, que à época trabalhava no hospital Sírio Libanês. O prognóstico era muito ruim: um ano de vida, talvez um pouco menos. Recebi a notícia com serenidade. Tinha dado meu tempo. Ainda assim, fiz todos os tratamentos possíveis: quimioterapia, homeopatia, fitoterapia e acupuntura. Também fiz terapia com um bom psiquiatra. Além disso, recebi em minha casa a visita do João de Deus, trazido por meu querido amigo Carlos Ayres, à época presidente do STF. Apenas lembrando, eu era advogado, e não ministro. Depois disso, estive com João diversas vezes em Abadiânia e sempre quis muito bem a ele. Fiquei devastado com o que aconteceu depois. Acho, sinceramente, que as pessoas a quem ele fez bem devem ser agradecidas. Foram muitas, eu vi. E, naturalmente, as pessoas a quem ele possa ter feito mal, essas têm o direito à justiça. A mim, já me bastam os casos que tenho que julgar por dever de ofício.

Por ocasião da minha doença, da qual não fiz segredo, recebi de toda parte mensagens de carinho e de solidariedade, bem como muitos livros: católicos, evangélicos, espíritas, judaicos, cabalistas, budistas e muitos de espiritualidade oriental, inclusive material da Brahma Kumaris. Decidi fazer um retiro espiritual por conta própria e li tudo o que me enviaram. Embora não tenha escolhido uma religião específica, criado entre o judaísmo e o catolicismo, sempre fui uma pessoa de muita fé, mas distante desses temas. A partir desse episódio, vivi um processo profundo de espiritualização e incluí a meditação na minha rotina diária. Organizei mentalmente a minha sucessão, planejando o futuro da família, e me preparei para morrer sem nenhuma amargura. Salvo a tristeza por serem meus filhos ainda muito jovens, vivi um momento de profunda paz e harmonia com o universo. A vida tinha sido muito boa e eu era grato.

Após os ciclos próprios de quimioterapia no Sírio Libanês de Brasília, aos cuidados do Gustavo Fernandes, outro grande médico, voltei a São Paulo para um novo *pet-scan*, que é o exame que detecta os tumores. Fiz o exame pela manhã e fui à consulta com Paulo Hoff no final da tarde. Quando entrei no consultório, ele estava com um ar de espanto e me disse: "Tenho boas notícias: a doença sumiu! Vamos ter que aprender com o seu caso. Se não tivesse sido eu a fazer o diagnóstico, diria que tinha havido erro." Tereza estava comigo na consulta e um sopro de esperança nos alcançou. "Resposta completa" não era cura, mas pelo menos o desfecho estava adiado. Daria para ficar mais tempo com as crianças, pelo menos até Bernardo concluir o ensino médio e entrar para a faculdade. Continuei a quimioterapia até dezembro daquele ano e passei a fazer o tal *pet-scan* a cada três meses. Sempre com "resposta completa".

Acostumei-me a não fazer planos mais do que três meses à frente. Mas minha vida ganhou um sabor diferente, uma leveza extrema. Passei a dar atenção somente ao que tinha verdadeira importância, com muito menos peso para o ego e seu pequeno cortejo de vaidades. Aos poucos a vida foi voltando ao normal. No começo de 2013, ratifiquei a aceitação de um convite para passar um ano no Instituto de Altos Estudos de Berlim, na Alemanha. Era um convite bastante prestigioso: o Instituto contrata trinta professores de diferentes partes do mundo, em áreas diversas de conhecimento, pagando a eles um salário digno. O compromisso é produzir um trabalho de relevância e se reunir periodicamente com os demais. Enfim, ia para mais um período sabático. Eu já fazia uma advocacia bastante seletiva e o escritório funcionava bem, tocado por Ana Paula de Barcellos, Eduardo Mendonça e Rafael Fontelles. Fiz algumas causas *pro bono*, isto é, sem cobrar honorários, em razão do interesse público, social ou ético envolvido. Na Semana Santa de 2013, Tereza e eu fomos a Berlim para escolher onde iríamos morar a partir de setembro. O trabalho que pretendia desenvolver lá chamava-se "On Law and Life". Sobre o direito e a vida. Ficou para depois.

Uma vaga se abriu no Supremo Tribunal Federal no final de 2012, com a aposentadoria de Carlos Ayres Britto. Após muitos meses, houve uma aparente definição por um eminente professor da Universidade de São Paulo. Tirando o período em que estive fora ou em que estive doente, sempre que se abria uma vaga o meu nome era lembrado, para honra minha. Mas não havia chances de fato. A indicação, como regra, envolve algum grau de articulação de apoios políticos, e isso eu não tinha. Mais de uma vez recebi oferta nesse sentido, mas nunca aceitei. Embora a ideia de ir para o Supremo fosse lisonjeira, eu sempre a tratei com um certo fatalismo: se tiver que ser, será. Aliás, a vez que eu chegara mais próximo, antes da minha nomeação, foi em 2009. Telefonou-me Pedro Abramovay, hoje diretor para a América Latina da Open Society Foundations, à época Secretário de Assuntos Legislativos do Ministério da Justiça. Ele havia sido levado para lá por Márcio Thomaz Bastos e foi mantido no cargo na gestão de Tarso Genro. Eu havia participado da banca examinadora de uma prova de seleção de trabalhos conduzida pela Secretaria e tínhamos estabelecido uma relação bacana.

Pedro me perguntou ao telefone, sem rodeios: "Professor, se o Presidente o convidasse para o Supremo, o senhor aceitaria?" Eu respondi: "Pedro, se o Presidente me convidar, eu aceito com muita honra. Mas de onde vem isso?" Ele me respondeu: "Estamos vivendo um certo impasse. O Advogado Geral da União, Ministro Toffoli, tem uma relação pessoal com o Presidente. O Presidente Sarney apoia o Ministro do Superior Tribunal de Justiça, César Asfor Rocha. O Ministro Nelson Jobim apoia outro Ministro do STJ, Teori Zavascki. E o Ministro da Justiça, Tarso Genro, apoia o advogado trabalhista Roberto Caldas." Fiz então a pergunta fatídica, antevendo a resposta: "E quem me apoia, Pedro?" Ele respondeu: "Ninguém. (Risos). Mas também não tem nenhuma rejeição." Não se voltou mais ao assunto e o escolhido foi o Toffoli.

Voltando a 2013: ocorreu um vazamento do nome que supostamente já estaria definido para a vaga no Supremo e a Presidente desistiu da indicação. Então, aparentemente, caiu-se num vácuo. Eu tinha um amigo no segundo escalão do governo, na Secretaria-Executiva da Casa Civil, que era o Beto Vasconcellos. Havíamos nos conhecido em eventos de interesse público e ficamos próximos. Ele me dissera, anos atrás, após um seminário em que se discutia modelos de negócio para o pré-sal (e, a propósito, eu criticara o modelo de partilha): "Se algum dia houver chance para uma vaga técnica, eu vou sugerir ao Presidente que o conheça." Nunca aconteceu. Dessa vez, porém, diante da oportunidade que se abria, Beto acionou o personagem que tinha verdadeira influência no processo, que era o Sigmaringa Seixas, muito ouvido pela Presidente. Sig era um ex-político, que fora do PSDB e do PT, e atuamos juntos em um ou outro caso na advocacia. Éramos amigos, sem intimidade. Decente, afável e carismático, todo mundo gostava dele.

Sig achou boa a ideia do meu nome e a levou à Presidente. Eu tinha, também, uma relação cordial com o José Eduardo Cardozo, a quem conhecia da vida acadêmica. José Eduardo é um professor reconhecido e um excelente expositor. Ele não tinha objeção ao meu nome e, assim, ficou marcado de a Presidente me receber em audiência. Compareci ao Palácio do Planalto, entrei por uma sala reservada e a Presidente e eu falamos por mais de uma hora. Conversamos sobre temas diversos: judicialização da política, guerra fiscal, planos econômicos (dei-me por impedido nesse julgamento), os três volumes do Lira Neto sobre Getúlio Vargas e temas gerais. A bem da verdade e da justiça, a Presidente Dilma não me pediu, seja direta ou indiretamente, absolutamente nada, inclusive em relação ao julgamento do Mensalão, que estava em curso e do qual eu ainda viria a participar. Ao me levar até à porta, a Presidente me disse: "Vou nomeá-lo semana que vem." Meu coração disparou! Mas não contei nem para minha mulher. Contei apenas que estive com a Presidente.

Na semana seguinte, a Presidente formalizou o convite, depois de uma breve conversa. E assinou o ato na mesma tarde. Disse a ela: "Falo amanhã em um congresso em Salvador. A senhora vê algum problema de eu ir?" Ela respondeu: "Não. Mas a imprensa já vai estar atrás de você." Nem demorou tanto: quando cheguei no aeroporto, naquela tarde, para embarcar para a Bahia, lá já estava o Gerson Camarotti, da Globonews. Ao desembarcar em Salvador, uma pequena multidão de repórteres me esperava. Disse a todos: "É só uma indicação. Ainda dependo de aprovação do Senado. Temos que aguardar."

Aliás, em Salvador, após escapar dos repórteres, a esposa do meu anfitrião, Mônica Modesto, me disse: "Você vai ter tempos difíceis pela frente. Não quer passar na Igreja do Bonfim?" Eu sou do tipo que aceita ajuda, venha de onde vier. Lá fomos nós. Comprei a tradicional fitinha e amarrei no pulso. O problema é que eles mudaram o material com o qual essas fitinhas são feitas. Não eram mais de algodão, mas de algum tipo de nylon. Levou mais de três anos para arrebentar, tendo ficado desbotada e enrolada. Feia mesmo. Quando finalmente ela se desfez, eu já não me lembrava nem sequer do que havia pedido. Mas acho que fui atendido.

Quando fui indicado pela Presidente, eu tinha um blog na internet que se chamava "Direito, Música e Poesia". Geralmente no final do dia, aos domingos, eu o alimentava, às vezes com palestras ou vídeos, outras com músicas ou com poesias com as quais cruzasse. Na parte de música, tinha uma canção feita para mim por um amigo, a quem eu fizera um favor. Era um agradecimento e, como compreensível, era elogiosa. No *post* ainda disse: a música diz mais sobre o autor do que sobre mim. Pois logo após a minha indicação, o Elio Gaspari, de quem eu era fã — sobretudo pela extraordinária coleção de cinco volumes que ele escreveu sobre o período militar, quase a história da minha geração — faz uma nota na sua coluna, publicada pelo *Globo* e pela *Folha*: "Agora que o doutorzão já chegou onde queria, podia apagar do seu blog as músicas de autoelogio." Estou citando de memória. Mas ao ler aquilo, descobri que minha vida havia mudado. Eu passara a ser um símbolo de poder. Se antes era estilingue, agora passara a vidraça. Extingui o blog e criei um, muito menos interessante, só sobre direito, chamado "Jurisdição Constitucional e Debate Público". Mesmo as conquistas veem com perdas.

No rito da sabatina, visitei as principais lideranças do Senado Federal. Fui levado, nessas reuniões, pelas mãos do chefe da assessoria parlamentear do STJ — não do STF —, chamado Sebastião Jorge. Ele havia ajudado o Teori e era indicação do ex-Presidente Sarney, que de Senado entendia tudo. Sebastião era um sujeito adorável, dedicado, que me abriu todas as portas. Ficamos amigos. Quando tudo acabou bem, quis dar-lhe um presente, que ele não aceitou. Entregou-me nas mãos um terço e me disse: "Guarda para lhe proteger. Ah, uma coisa: não esqueça dos pobres." E me pediu que desse uma palestra num colégio de meninas órfãs que ajudava. Assim fiz. E guardei bem guardado o terço, ao lado da Estrela de David. Sebastião se foi, de um câncer de pâncreas fulminante. Fui visitá-lo dias antes de sua morte. Mostrei a ele o terço e nos emocionamos.

Minha sabatina foi longa, mas sem sobressaltos. Fui aprovado na Comissão de Constituição e Justiça do Senado por 26 votos a 1. E, no Plenário, por 59 votos a 6. Tomei posse no dia 26 de junho de 2013. Uma nova vida. Ao lado do privilégio de servir ao país veio o fim da privacidade, com enorme exposição pública. Acordo todos os dias pensando: "O que será que estão dizendo de mim hoje?"

Capítulo 2
Os anos de ditadura

Este não é, como se percebe de pronto, um livro de história, mas de alguns registros pessoais de como vi e vivi a história que se desenrolava. Como narrado nas páginas anteriores, ingressei na vida adulta em pleno regime militar. Destaco, a seguir, três episódios que marcaram de forma indelével a minha formação e a minha visão do Brasil.[3]

A morte de Vladimir Herzog

Descobri o Brasil não oficial em outubro de 1975, com uns 17 anos, por ocasião da morte do jornalista Vladimir Herzog, assassinado nas dependências do II Exército, em São Paulo. Herzog não era uma pessoa conhecida fora de um círculo mais limitado. Era diretor da TV Cultura e professor da Universidade de São Paulo (USP). Mal poderia antever que sua tragédia pessoal o transformaria em símbolo de uma era. Retrato de um país que se tornara feio e truculento.

Os jornais do dia seguinte à sua morte traziam a notícia de que ele havia se suicidado após se apresentar espontaneamente ao DOI-CODI, acusado de integrar o Partido Comunista Brasileiro. Para os mais jovens, vale o registro de que era um tempo, no Brasil, em que ideias eram proscritas e professá-las era considerado crime. Um tempo de cassações de mandatos, aposentadorias compulsórias e prisões políticas. O Ato Institucional nº 5 vigorava desde 13 de dezembro de 1968, dando poderes ditatoriais ao general-presidente. Em 1975, Geisel se encontrava no poder, tendo sucedido Garrastazu Médici, no início de 1974.

Ao ler os jornais, algumas informações me intrigaram. Uma delas era a de que Herzog, sendo judeu, não fora enterrado na ala do cemitério israelita reservada aos suicidas. A segunda notícia que despertou minha curiosidade foi o fato de que D. Paulo Evaristo Arns, cardeal arcebispo de São Paulo, celebrara, na Catedral da Sé, um concorrido culto ecumênico em memória do jornalista morto, com a presença do rabino Henry Sobel e de D. Hélder Câmara. Muitas peças me pareciam fora do lugar. Por qual razão a mais alta autoridade local da Igreja Católica conduziria uma cerimônia pública para um jornalista judeu relativamente desconhecido? O que justificaria a presença de alguns milhares de pessoas na Catedral?

Fui montando o quebra-cabeças, saí em busca de mais informações e descobri coisas inimagináveis. A repulsa geral ao episódio derrotou a censura e a notícia circulou amplamente. Herzog fora barbaramente torturado por toda a noite e morrera pela manhã, provavelmente esganado. A simulação desonrosa de um suicídio — devidamente fotografada — era prática relativamente comum naqueles dias e, no caso concreto, revelava um enforcamento implausível. A roupa de prisioneiro sequer tinha o cinto com o qual ele teria se enforcado e seus pés tocavam o chão, ou seja, não havia altura suficiente para a forca. Por aquela ocasião, descobri os jornais alternativos: os escrachados, como *O Pasquim*, de grande sucesso, e os mais circunspectos e doutrinários, como *Opinião*, *Movimento* e *Ex*. Abriram-se, para mim, novos pontos de observação da vida.

O episódio me fez despertar para um país no qual, por trás da retórica do "milagre brasileiro", faltavam liberdades essenciais, a censura à imprensa e às artes era onipresente e se torturavam adversários em quartéis e casas destinadas a esse propósito específico. A descoberta desses fatos me encheu de indignação e horror. A morte de Herzog, e tudo o que ela envolvia e representava, me tornou, imediatamente, um militante contra a ditadura militar. Um militante pacífico, não clandestino, mas muito determinado. Guardei por muito tempo o sabor amargo de um país em que agentes públicos faziam aquilo tudo impunemente. Era preciso mudá-lo.

O martírio de Vladimir Herzog acendeu a chama do movimento pela redemocratização. Três meses depois, em janeiro de 1976, o operário Manoel Fiel Filho também foi "suicidado" no mesmo DOI-CODI do II Exército em São Paulo, após comparecer para prestar depoimento, igualmente acusado de pertencer ao Partido Comunista Brasileiro (PCB). Até mesmo o Presidente Geisel ficou contrariado com a prática rotineira de violência e dissimulação, vindo a exonerar o comandante do II Exército. Detalhe histórico: o PCB ou Partidão era a oposição de esquerda mais moderada ao regime militar, contrário à luta armada e a favor da volta à democracia. Em 1978, ainda sob o regime militar, uma sentença histórica do juiz Márcio Moraes declarou a responsabilidade da União Federal pela prisão ilegal, tortura e morte de Herzog. Em 2018, a Corte Interamericana de Direitos Humanos reconheceu o episódio como crime contra a humanidade e condenou o Brasil pela "falta de investigação, de julgamento e de punição pela tortura e pelo assassinato do jornalista".

O atentado do Riocentro

A revogação do Ato Institucional n. 5, em outubro de 1978, a lei de anistia, de outubro de 1979, e o fim do bipartidarismo de Arena e MDB, em novembro de 1979, produziram mudanças relevantes no tabuleiro político nacional. Diversas lideranças que haviam se exilado durante o regime militar começaram a voltar ao país. Miguel Arraes, ex-governador de Pernambuco, foi um dos primeiros, filiando-se ao PMDB (Partido do Movimento Democrático Brasileiro), novo nome do MDB, que pretendia ser uma frente de oposição ao regime militar. Leonel Brizola, ex-governador do Rio Grande do Sul, também retorna e começa a rearticular um novo partido. Luís Carlos Prestes, que fora a liderança maior do Partido Comunista Brasileiro por muitas décadas, regressa igualmente ao Brasil em final de 1979, mas entra em desavença com a direção do partido, passando a apoiar Brizola. O movimento sindical começa a se rearticular a partir do ABC paulista.

A liberdade partidária divide a oposição e os militantes de esquerda entre agremiações diversas: parte se aloca no PMDB, que aglutinou a oposição durante o período militar. Outra parte se junta a Brizola na criação do PDT (Partido Democrático Trabalhista), depois de perdida a sigla PTB (Partido Trabalhista Brasileiro) para outro grupo político. E o PT (Partido dos Trabalhadores) é criado no início de 1980, já sob a liderança de Luiz Inácio da Silva, o Lula. Estávamos, ainda, sob o governo do General João Batista Figueiredo, sucessor de Geisel, escolhido em eleições indiretas nas quais o alto comando pesava mais que o colégio eleitoral. Mas a abertura política seguia o seu lento curso, com o exaurimento progressivo do regime militar.

O porão do sistema, porém, articulava sua reação. O inconformismo com a distensão democrática já fora manifestado com o envio de uma carta-bomba ao Conselho Federal da OAB, em 1980, bem como com o incêndio criminoso de bancas de jornais que vendiam publicações da imprensa alternativa. Agora, porém, a reação vinha sob forma mais odiosa: o plano era a colocação de bombas em um show de música popular que se realizava no Riocentro, no Rio de Janeiro, na noite do dia 30 de abril de 1981, em comemoração ao dia do trabalhador. Não se sabe ao certo a extensão do dano que pretendiam causar, mas pelo menos três bombas foram constatadas, como se verificou à época. A fatalidade, felizmente, evitou a tragédia.

Em um veículo Puma ocupado por um capitão e um sargento do Exército ligados ao DOI-CODI, uma das bombas explodiu no colo do sargento, matando-o no local. O capitão se feriu gravemente. O artefato teria explodido quando estava sendo preparado para detonar, provavelmente dentro do centro de convenções onde se realizava o espetáculo musical. Ao que se noticiou, Elba Ramalho estava no palco naquele momento. Apurou-se que a maior parte das portas de saída haviam sido deliberadamente fechadas. Era possível prever pânico e pisoteamentos. Após a explosão, circunstantes e a imprensa chegaram ao local, documentando a cena. Soube-se que havia uma outra bomba e granadas no porta-malas. E uma terceira bomba havia sido detonada junto a uma das casas de força do Riocentro. No dia seguinte, o sargento que armava a bomba foi enterrado com honras militares determinadas pelo Comando do I Exército. Vale dizer: estava em missão oficial!

Já liberada da censura, a imprensa noticiou amplamente o episódio. Existiam poucas dúvidas sobre o que havia acontecido: um atentado terrorista organizado nas entranhas do Estado brasileiro. O Presidente da República, General Figueiredo, assegurou à nação que iria até o fim na apuração. Não pôde, não soube ou não quis fazê-lo. Eis a sequência dos fatos. Instaurado o Inquérito Policial-Militar (IPM), foi nomeado um tenente-coronel para conduzi-lo, que acreditou que a investigação fosse para valer. Começou, então, a puxar o fio da meada. Aparentemente, as responsabilidades subiam alto na cadeia de comando. Figueiredo não bancou a apuração. Golbery do Couto e Silva, chefe da Casa Civil e articulador da abertura política, pediu exoneração e foi substituído pelo Ministro aposentado do Supremo Tribunal Federal, Leitão de Abreu. O tenente-coronel que pensou que sua missão fosse a sério foi sumariamente afastado do comando do IPM. Em seu lugar, nomeou-se outro oficial, que desempenhou o papel que lhe atribuíram e que se prestou a fazer: um inquérito destinado a encobrir a verdade, não a revelá-la.

O ato final do IPM foi constrangedor, desses que enchem a audiência de vergonha alheia. Em rede nacional, o responsável pelo inquérito, utilizando imagens e argumentos implausíveis, narrou a versão inverossímil de que um grupo de esquerda teria colocado a bomba no carro dos militares, entre a porta e o banco. A desfaçatez da mentira falava por si, como mil desmentidos. Affonso Romano de Sant'Anna publicou à época, no *Jornal do Brasil*, um poema antológico:

> Mentiram-me. Mentiram-me ontem
> e hoje mentem novamente. Mentem
> de corpo e alma, completamente.
> E mentem de maneira tão pungente
> que acho que mentem sinceramente.
>
> Mentem, sobretudo, impune/mente.
> Não mentem tristes. Alegremente
> mentem. Mentem tão nacional/mente
> que acham que mentindo história afora
> vão enganar a morte eterna/mente.
>
> Mentem. Mentem e calam. Mas suas frases
> falam. E desfilam de tal modo nuas
> que mesmo um cego pode ver
> a verdade em trapos pelas ruas.
>
> Sei que a verdade é difícil
> e para alguns é cara e escura.
> Mas não se chega à verdade
> pela mentira, nem à democracia
> pela ditadura.

Ali, naquele triste episódio, se deu a morte moral do regime militar. O governo Figueiredo ainda se arrastaria até o início de 1985, quando o Presidente saiu pela porta dos fundos, sem passar a faixa a José Sarney, que assumiria no lugar de Tancredo Neves, Presidente eleito caído doente dias antes da posse. O inquérito do Riocentro ainda chegou a ser reaberto mais de uma vez ao longo dos anos, até que em 4 de maio de 1999, foi definitivamente arquivado pelo Superior Tribunal Militar.[4]

A campanha pelas Diretas Já

Em 1982, nas primeiras eleições diretas para Governador desde o AI 3, de 1966, a oposição saiu vitoriosa em diversos Estados, inclusive São Paulo (Franco Montoro), Rio de Janeiro (Leonel Brizola) e Minas Gerais (Tancredo Neves). Na medida em que se avançava nos anos 80 — a chamada "década perdida" —, o desgaste do regime militar e a insatisfação da sociedade se intensificavam. Já não havia números vistosos para exibir na economia, como na década anterior. O período era marcado por inflação elevada, crise cambial e dificuldades em pagar a dívida externa. O Presidente João Figueiredo não tinha carisma, empatia ou liderança. Nem saúde. O longo mandato de seis anos, que lhe dera o "Pacote de Abril" de 1977, parecia interminável. Restava, a seu crédito, tão somente, não ter retroagido na lenta abertura. Porém, voto popular para Presidente da República não estava entre as opções que considerava.

Foi nesse cenário que o Deputado Federal pelo PMDB de Mato Grosso, Dante de Oliveira, apresentou uma proposta de emenda constitucional que instituía eleições diretas para Presidente da República. Não era possível antever, naquele momento, que este seria o estopim das maiores manifestações populares da história do Brasil até então. Na verdade, essa tentativa de acelerar a abertura política se tornara inevitável. Com a ampliação da liberdade de expressão e da liberdade partidária e com o retorno de políticos perseguidos durante o regime militar, os acontecimentos ganhavam um novo ritmo. Votar para Presidente da República passou a ser o novo mantra, as palavras de ordem que unificavam concorrentes viscerais, como Ulysses Guimarães, Leonel Brizola e Lula. Anteriormente à campanha pelas Diretas Já, outros movimentos de resistência ao regime militar haviam mobilizado a cidadania. Um deles foi a luta pela anistia, entre 1977 e 1978. Outro foi a reivindicação de uma Assembleia Nacional Constituinte, iniciado em 1978, endossado pela Ordem dos Advogados do Brasil na sua conferência nacional de 1980, em Manaus.

O fato, porém, é que a campanha pelas Diretas Já acendeu um rastilho de pólvora como nunca visto. Começou com pequenas e médias manifestações, em diferentes partes do país, a partir de Goiânia, em maio de 1983. Aos poucos, o movimento foi catalisando o sentimento popular, atraindo o descontentamento social causado por motivos diversos, como a limitação da liberdade, a falta de participação política e a desigualdade estrutural. Pequenas multidões começaram a se organizar em passeatas e comícios, que reuniam políticos, lideranças da sociedade civil, intelectuais, artistas e atletas renomados. Subitamente, todos estavam do mesmo lado, contra o regime militar, que definhava, mas, ainda assim, era forte o suficiente para impor o cronograma da sua própria saída.

A campanha das Diretas Já ganhou tração a partir do início de 1984, com a multiplicação e adensamento das manifestações. Salvador, Olinda, Belém. Cada vez mais gente na rua. Em fevereiro, na cidade de Belo Horizonte, mais de 300 mil pessoas ocuparam na Praça da Rodoviária. O movimento mudara de patamar. Depois viriam Rio e São Paulo, com mais de um milhão de pessoas. Lembro-me bem do grande comício da Candelária, no Rio de Janeiro, em 10 de abril. Eu já era professor na UERJ e ia comparecer à manifestação com velhos companheiros do centro acadêmico e com boa parte dos meus alunos, que também queriam ir. Na véspera, à noite, recebo uma ligação surpreendente. Minha irmã querida, que sempre me chamara de "esquerda festiva", me pergunta, à queima-roupa: "Beto, você vai a esse comício?" Respondi: "Claro." E ela me perguntou: "Posso ir com você?" Pensei com meus botões: acabou o regime militar. A classe média desembarcou. Foram horas de concentração cívica, no meio da rua, com gente vindo de toda parte.

No palanque estava todo mundo que contava naquela época. Logo no início, o advogado Sobral Pinto levantou a multidão recitando passagem do Artigo 1º da Constituição: "Todo o poder emana do povo e em seu nome será exercido." Os políticos estavam todos lá: Brizola, Montoro, Tancredo, Lula, Ulisses, Arraes e Fernando Henrique, em meio aos demais. Representando a classe artística, Chico Buarque, Fernanda Montenegro e Cristiane Torloni, entre muitos. Lembro-me que Xuxa, que à época despontava para a fama, num gesto de graciosa humildade, limitou-se a um assobio. Ao todo, foram mais de cinquenta oradores. O animador do evento era o popular narrador esportivo Osmar Santos. A imprensa cobria largamente o movimento, com tratamento favorável. A Rede Globo, que até então reportava as Diretas Já com grande parcimônia — e, em sua defesa, sempre alegou as pressões do regime militar e a ameaça velada de perda da concessão — deu ampla cobertura ao comício. A história andava. No final da noite, Fafá de Belém entoou sua versão do hino nacional que emocionava a multidão.

A última eleição direta no Brasil, antes do golpe militar de 64, havia sido em 3 de outubro de1960, com a vitória de Jânio Quadros sobre o Marechal Lott. A volta das eleições diretas, 25 anos depois, seria o marco simbólico do fim da ditadura, desejado por todos os que apoiavam a campanha. Porém, para ser aprovada, a Emenda Dante de Oliveira dependia do voto de dois terços do Congresso Nacional. Apesar do apoio maciço da sociedade, a proposta não tinha o número necessário de votos no Legislativo, onde o partido do governo, o Partido Democrático Social — PDS, sucessor da Arena —, ainda era maioria.

A votação da emenda estava prevista para o dia 25 de abril. Diante da convocação que partidos e organizações da sociedade civil faziam para uma "Marcha a Brasília", o Governo reagiu. Para impedir a entrada na capital federal de caravanas vindas de diversas partes do Brasil, Figueiredo recorreu a um instrumento que o próprio regime militar havia incluído na Constituição, que eram as Medidas de Emergência. Assim, entre 20 e 30 de abril, houve limitação de acesso ao Distrito Federal e a proibição de manifestações políticas dentro dos seus limites. Houve extensa desobediência civil. Uma das imagens da decadência, do fim de uma era, foi o comandante militar do Planalto, na noite da votação, montado em um cavalo na Esplanada dos Ministérios, chicoteando os carros que rompiam o toque de silêncio e faziam um buzinaço em favor das diretas e da democracia.

A Emenda Dante de Oliveira obteve 298 votos a favor e 65 contrários. Faltaram 22 votos, 113 parlamentares deixaram de comparecer. Embora previsível, a derrota trouxe imensa frustração social. Ainda assim, as forças políticas e a sociedade civil começaram a se organizar para jogar o jogo pelas regras que prevaleceram: eleição indireta do Presidente e do Vice no dia 15 de janeiro de 1985. Se Ulisses Guimarães parecia ser o nome da vez em uma eleição direta, o mesmo não acontecia numa articulação para o pleito indireto, que exigia uma composição com os dissidentes do partido do Governo.

De fato, no âmbito do PDS, três candidatos se apresentaram: Aureliano Chaves, Vice-Presidente da República; Mário Andreazza, que era ministro de Figueiredo, tendo servido, igualmente, a Costa e Silva e Médici; e Paulo Maluf, ex-Governador de São Paulo. Aureliano desistiu e Maluf derrotou Andreazza na convenção do PDS, por 493 a 350. A vitória de Maluf, que não tinha a simpatia de Figueiredo, rachou o partido de sustentação do governo, gerando a dissidência denominada Frente Liberal, que pouco mais à frente se transformaria em partido político.

A oposição se articulou em torno de Tancredo Neves, que havia sido um líder moderado da resistência parlamentar ao regime militar. Sem a contundência e a verve de Ulisses, Tancredo, no entanto, se movia entre grupos diversos, com habilidade e sabedoria mineiras. Seria uma transição delicada, com muitas lideranças militares ainda relutantes quanto à volta à democracia e preocupadas com o revanchismo. O regime militar sairia de cena deixando um elevado passivo emocional. Nada parecido, em extensão e profundidade, com o que acontecera na Argentina ou no Chile, deve-se reconhecer. Mas, ainda assim, havia uma conta aberta de desconfianças e ressentimentos.

Tancredo soube se colocar como o nome de transição e, em composição com os dissidentes do PDS — a Frente Liberal —, formou a Aliança Liberal, para disputa das eleições indiretas. Encabeçou a chapa, tendo como vice José Sarney. Receberam 480 votos, contra 180 dados a Maluf e 26 abstenções. O PT não apoiou a chapa de oposição e expulsou dos seus quadros os três parlamentares que votaram em Tancredo-Sarney.

A vida, no entanto, foi caprichosa. Na véspera da posse, o presidente eleito foi internado no Hospital de Base de Brasília com fortes dores abdominais. De lá não sairia com vida. Divulgou-se, falsamente, tratar-se de uma diverticulite, quando de fato era um tumor, embora benigno. Ao que se apurou posteriormente, o presidente teria sido vítima de uma sucessão de erros médicos. Seja como for, em 15 de março de 1985, José Sarney foi empossado como Presidente da República em exercício. Como dito, João Figueiredo, deselegantemente, não lhe passou a faixa presidencial. Sarney estava onde a história o colocou. Mas a ironia era cruel: o primeiro presidente civil, ao fim da ditadura, havia sido um dos próceres do regime militar.

Capítulo 3
A redemocratização

Um pingo de história: de 1808 a 1988

Começamos tarde. Somente em 1808 — trezentos anos após o descobrimento —, com a chegada da família real, teve início verdadeiramente o Brasil. Até então, os portos eram fechados ao comércio com qualquer país, salvo Portugal. Era proibida a existência de manufaturas na colônia, assim como a abertura de estradas. Inexistia qualquer instituição de ensino médio ou superior: a educação resumia-se ao nível básico, ministrada por religiosos. Mais de 98% da população era analfabeta. Não havia dinheiro e as trocas eram feitas por escambo. O regime escravocrata subjugava um em cada três brasileiros e ainda duraria mais oitenta anos, como uma chaga moral e uma bomba-relógio social. Pior que tudo: éramos colônia de uma metrópole que atravessava vertiginosa decadência, onde a ciência e a medicina eram tolhidas por injunções religiosas e a economia permaneceu extrativista e mercantilista quando já ia avançada a revolução industrial. Portugal foi o último país da Europa a abolir a inquisição, o tráfico de escravos e o absolutismo. Um Império conservador e autoritário, avesso às ideias libertárias que vicejavam na América e na Europa.[5]

Começamos mal. Em 12 de novembro de 1823, D. Pedro I dissolveu a Assembleia Geral Constituinte e Legislativa que havia sido convocada para elaborar a primeira Constituição do Brasil. Já na abertura dos trabalhos constituintes, o Imperador procurara estabelecer sua supremacia, na célebre "Fala" de 3 de maio de 1823. Nela manifestou sua expectativa de que se elaborasse uma Constituição que fosse digna dele e merecesse sua imperial aceitação. Não mereceu. O Projeto relatado por Antônio Carlos de Andrada, de corte moderadamente liberal, limitava os poderes do rei, restringindo seu direito de veto, vedando-lhe a dissolução da Câmara e subordinando as Forças Armadas ao Parlamento. A constituinte foi dissolvida pelo Imperador em momento de refluxo do movimento liberal na Europa e de restauração da monarquia absoluta em Portugal. Embora no decreto se previsse a convocação de uma nova constituinte, isso não aconteceu. A primeira Constituição brasileira — a Carta Imperial de 1824 — viria a ser elaborada pelo Conselho de Estado, tendo sido outorgada em 25 de março de 1824.

Percorremos um longo caminho. Pouco mais de duzentos anos separam a vinda da família real para o Brasil e a chegada da Constituição de 1988 à sua terceira década. Nesse intervalo, a colônia exótica e semiabandonada tornou-se a quarta maior democracia de massas do mundo, atrás da Índia, dos Estados Unidos e da Indonésia, e uma das dez maiores economias do planeta. Do regime escravocrata, restou-nos a diversidade racial e cultural, capaz de enfrentar — não sem percalços, é certo — o preconceito e a discriminação persistentes. Não foi uma história de poucos acidentes. Da Independência até hoje, tivemos oito Constituições: 1824, 1891, 1934, 1937, 1946, 1967, 1969 e 1988, em um melancólico estigma de instabilidade e de falta de continuidade das instituições. A Constituição de 1988 representa o ponto culminante dessa trajetória, catalisando o esforço de inúmeras gerações de brasileiros contra o autoritarismo, a exclusão social e a apropriação privada do Estado por elites extrativistas (patrimonialismo), estigmas da formação nacional. Nem tudo foram flores, mas há muitas razões para celebrá-la.

Do regime militar à democracia constitucional

O golpe militar deflagrado em 31 de março de 1964, que derrubou o presidente João Goulart, tinha o compromisso declarado de manter as eleições presidenciais do ano seguinte. Não o cumpriu. Após seguidas cassações de direitos políticos, inclusive os de Juscelino Kubitschek, candidato favorito no pleito que não houve, atos institucionais dissolveram os partidos políticos (AI 2) e prorrogaram o mandato do Marechal Castelo Branco, primeiro Presidente do regime militar (AI 3). Em 1967, sob a imposição de prazos fatais e grande pressão do Poder Executivo (AI 4), foi aprovada uma nova Constituição, votada por um Congresso privado de suas principais lideranças, cujos direitos políticos haviam sido compulsoriamente retirados. A Constituição de 1967 não resistiu à ascensão da linha dura nas Forças Armadas e ao curso ditatorial inexorável, cuja força se impôs sobre a resistência democrática esboçada em diferentes capitais. No Brasil, 1968 foi o ano do embate ideológico entre a ditadura e as forças que defendiam a volta à legalidade.[6] Venceu a ditadura, com data certa: em 13 de dezembro de 1968 foi baixado o Ato Institucional nº 5, que dava poderes praticamente absolutos ao Presidente da República.

O Marechal Artur da Costa e Silva, que assumira a presidência da República em 15 de março de 1967, afastou-se por motivo de doença em 31 de agosto de 1969, morrendo meses depois. Em golpe dentro do golpe, o poder foi arrebatado por uma Junta Militar, que impediu a posse do Vice-Presidente Pedro Aleixo e outorgou a Constituição de 1969. Após acirrada disputa interna entre os militares, o General Emílio Garrastazu Médici foi indicado Presidente da República, cargo que exerceu de 30 de outubro de 1969 até 15 de março de 1974. Seu período de governo ficou conhecido pela designação sugestiva de "anos de chumbo". A censura à imprensa e às artes, a proscrição da atividade política e a violenta perseguição aos opositores do regime criaram o ambiente de desesperança no qual vicejou a reação armada à ditadura, manifestada na guerrilha urbana e rural. A tortura praticada contra presos políticos imprimiu na história brasileira uma mancha moral indelével e perene.[7] A abertura política, "lenta, gradual e segura", como já referido, teve seu início sob a presidência do General Ernesto Geisel, que tomou posse em 15 de março de 1974.

Apesar de se ter valido mais de uma vez de instrumentos ditatoriais, Geisel impôs sua autoridade e derrotou resistências diversas à liberalização do regime, que vinham dos porões da repressão e dos bolsões de anticomunismo radical nas Forças Armadas. A posse do General João Baptista Figueiredo, em 15 de março de 1979, deu-se já após a revogação dos atos institucionais, que representavam a legalidade paralela e supraconstitucional do regime militar. Figueiredo deu continuidade ao processo de descompressão política, tendo se dado em seu governo a anistia e a volta da liberdade partidária. Centenas de brasileiros retornaram ao país e inúmeros partidos políticos foram criados ou saíram da clandestinidade. As forças ditatoriais ainda se manifestariam em espasmos de violência, sequestrando personalidades civis e religiosas, enviando cartas-bomba a instituições representativas da luta pela redemocratização ou cometendo atentados, como o estarrecedor episódio da bomba no Riocentro, em 1981, relatado em tópico anterior.

A despeito da incapacidade ou inapetência do governo para punir os envolvidos em atos de terrorismo de Estado, a verdade é que tais grupos se tornavam cada vez mais isolados, e o apoio a suas ações definhava. A derrota do movimento pela convocação imediata de eleições presidenciais — as Diretas Já —, em 1984, após ter levado centenas de milhares de pessoas às ruas de diversas capitais, foi a última vitória do governo e o penúltimo capítulo do regime militar. Como já relembrado, em 15 de janeiro de 1985, o Colégio Eleitoral elegeu, para a presidência da República, a chapa contrária à situação, encabeçada por Tancredo Neves, que tinha como vice José Sarney. O regime militar chegava ao fim e tinha início a Nova República, com a volta à primazia do poder civil.

A Constituição de 1988: vícios e virtudes

Cumprindo compromisso de campanha assumido por Tancredo Neves, o Presidente José Sarney convocou, pela via de emenda constitucional aprovada pelo Congresso Nacional, uma Assembleia Nacional Constituinte para elaborar uma nova Constituição para o Brasil. Não prevaleceu a tese, que teve amplo apoio na sociedade civil, da constituinte exclusiva, que se dissolveria após a conclusão dos seus trabalhos. Optou-se, ao contrário, por atribuir poderes constituintes aos Deputados e Senadores eleitos em 1986, e também aos Senadores que já estavam no Senado e que ainda possuíam mandato. As consequências dessa opção manifestaram-se muito nitidamente no trabalho elaborado, que trouxe para o texto constitucional inúmeras matérias que teriam melhor lugar na legislação comum.

Após a eleição e antes da posse que não viria a ocorrer, Tancredo Neves anunciara o propósito de constituir uma "comissão de notáveis" para elaborar um anteprojeto de Constituição a ser encaminhado à Assembleia Constituinte. Sarney manteve a ideia e a *Comissão Arinos* elaborou um texto que teria sido um bom ponto de partida. A proposta acabou sendo desconsiderada, vítima de rejeição tanto pelo Presidente como por Ulisses Guimarães. O resultado foi que a Constituinte acabou iniciando seus trabalhos sem um texto-base, fato que trouxe enormes problemas de funcionamento, assim como dificuldades de racionalização e sistematização. A primeira versão, elaborada por nove comissões temáticas que trabalharam separadamente, tinha mais de mil artigos. Após muitas idas e vindas, com embates e desgastes diversos, a nova Constituição foi aprovada em 5 de outubro de 1988. Aclamada como "Constituição cidadã" e precedida de um incisivo Preâmbulo, foi promulgada com 245 artigos e dezenas de disposições transitórias. Uma das mais longas do mundo.

A Assembleia Nacional Constituinte, que se reuniu entre 1987 e 1988 sob a presidência de Ulisses Guimarães, foi palco de ampla participação popular, por parte de uma sociedade civil mais consciente e extremamente mobilizada, após duas décadas e meia alijada do processo decisório. Como intuitivo, também foram atuantes os *lobbies* mais diversos, públicos e privados, assim como os defensores de *interesses especiais*. O texto final expressou uma complexa mistura de direitos legítimos com interesses cartoriais, corporativos, ambições pessoais e algo mais. O produto final foi heterogêneo. Ao lado de avanços importantes — a ênfase na educação, a criação do sistema único de saúde e a equiparação de direitos entre homem e mulher merecem destaque —, que legitimam o título de *cidadã*, também se instituíram privilégios de ordens diversas, de vantagens remuneratórias a reservas de mercado.

A despeito da crítica de que a Constituição cuida de temas demais e com detalhamento excessivo, deve-se reconhecer a ela, no entanto, um mérito inegável: o da transição bem-sucedida de um regime autoritário, intolerante e muitas vezes violento para um Estado democrático de direito. Sob sua vigência, temos três grandes sucessos a celebrar. O primeiro deles é a *estabilidade institucional*: num país com tradição de golpes, contragolpes e quarteladas, temos mais de 30 anos de respeito às regras do jogo. E não foram tempos banais: tivemos escândalos, como Mensalão e Petrolão, crises econômicas diversas e dois *impeachments* de presidentes da República eleitos pelo voto popular. Em nenhuma dessas ocasiões se cogitou qualquer solução que não fosse o respeito à legalidade constitucional. Só quem não soube a sombra é que não reconhece a luz que é viver numa democracia. Apesar de tudo.

A segunda conquista que merece ser celebrada é a *estabilidade monetária*. Após anos de inflação descontrolada e sucessivos planos econômicos fracassados — Cruzado I, Cruzado II, Bresser, Verão, Collor I, Collor II —, finalmente se conseguiu domesticar a moeda, com o Plano Real. Sempre lembrando que a inflação tem como vítimas prioritárias os pobres, que não podem se proteger no mercado financeiro. A outra conquista expressiva foi a *inclusão social* de mais de 20 milhões de pessoas, que deixaram a linha de pobreza absoluta. Apesar de a recessão dos últimos anos ter revertido expectativas, o Brasil teve, nas últimas três décadas, a maior elevação percentual do Índice de Desenvolvimento Humano (IDH) entre os países da América Latina. Não são números desprezíveis. O IDH mede renda, escolaridade e expectativa de vida. Adiante se falará de outras realizações importantes, sob a Constituição de 1988, envolvendo direito de mulheres, negros, população LGBT e povos nativos.

Parte II

Um olhar sobre o mundo

Capítulo I
Algumas lições do século XX

Após essa breve retrospectiva sobre o Brasil, faço agora uma reflexão sobre as lições, transformações e aflições que nos vieram do século XX, e a maneira como impactaram a compreensão da nossa realidade. Um século de tragédias anunciadas, progresso vertiginoso e renovação de valores. Destaco, neste capítulo, alguns dos temores que nos assombraram, avanços históricos que modificaram velhos paradigmas e o papel vital das instituições. Sempre lembrando, como na passagem clássica de Heráclito, que o universo é um fluxo permanente e que ninguém se banha duas vezes nas águas do mesmo rio.

Distopias, desejos e realidade

Utopia identifica uma organização política e social idealizada, próxima da perfeição. Distopia é o seu oposto: um sistema opressivo, que controla autoritariamente os cidadãos por mecanismos diversos. Duas distopias totalitárias marcaram época no século XX. A primeira delas foi *Admirável mundo novo*, livro de Aldous Huxley publicado em 1932, entre a Primeira e a Segunda Guerra Mundiais, um período caracterizado pelo otimismo tecnológico. A segunda foi *1984*, de autoria de George Orwell, publicada em 1949, após a Segunda Guerra, um momento em que se vivia o crescente poderio da União Soviética e o apelo político do comunismo. Um terceiro texto assinalou os anos finais do século passado: *O fim da história*, de Francis Fukuyama, publicado em 1989 e, depois, expandido em um livro lançado em 1992. O texto foi contemporâneo do fim da Guerra Fria e refletiu a empolgação daquele momento.

Em *Admirável mundo novo*, Huxley retrata uma organização política futurística, denominada Estado Mundial, na qual inexistem guerras, revoluções ou conflitos sociais. A sociedade é dividida em cinco classes, cada uma delas destinada a cumprir uma função: desde os Alfas, criados para serem líderes, até os Epsilons, que desempenharão os trabalhos manuais. Os embriões eram concebidos em laboratório, numa linha de produção na qual, por manipulação genética e tecnologias de condicionamento, eram desenvolvidos para realizar, com satisfação, o papel social que lhes seria atribuído. Nesse universo, inexistiam figuras como pai, mãe ou gestação. A ordem política e social era organizada para o fim utilitário de maximizar a felicidade de todos e de cada um. Para tanto, foram suprimidos, desde a origem, emoções fortes, desejos afetivos e relações pessoais mais intensas. Na eventualidade de alguma frustração ou tristeza, consumia-se uma droga capaz de eliminar sentimentos negativos, denominada *Soma*. Todo o sistema era baseado no prazer, sendo o sexo livre e não monogâmico. Os não conformistas eram exilados. A sociedade, como a conhecemos hoje, subsistia apenas em uma *Reserva Selvagem*, que as pessoas podiam visitar para ver os horrores de outra época — a nossa! — com violência, rituais religiosos estranhos e sofrimentos. O único personagem que se rebela contra o modelo do Estado Mundial acaba sucumbindo ao sistema e se suicida. O aparente paraíso hedonista de Huxley é, na verdade, totalitário e desumanizador.

No livro *1984*, Orwell narra o contexto assustador e deprimente de um Estado totalitário, fundado no controle social opressivo dos cidadãos, com censura, vigilância, propaganda e brutal repressão. A história se passa em Oceânia, um dos três super-Estados em que se dividiu o mundo na sequência de guerras e revoluções internas que se seguiram à Segunda Grande Guerra. Os outros dois Estados "intercontinentais" são Eurásia e Lestásia. Todos vivem em guerra permanente. O governo é conduzido por um partido único, no qual se cultua a personalidade de um líder cuja existência real é incerta, conhecido como *Big Brother*. A sociedade é dividida em três classes: a alta, que abriga a reduzida elite partidária, a média e o proletariado. Os Ministérios são designados por nomes que representam o seu oposto: o da Paz cuida da guerra, o da Abundância administra o racionamento, o do Amor promove tortura e lavagem cerebral e o da Verdade trata da propaganda e da revisão da história. O personagem principal, Winston Smith, trabalha no Ministério da Verdade, reescrevendo a história de acordo com as demandas do partido. Winston é inconformado com o sistema opressivo, em que além de não haver liberdade de pensamento, até mesmo seu relacionamento amoroso tem que ser clandestino. Ele procura se juntar ao movimento de resistência, mas é vítima de uma armadilha, sendo preso, longamente torturado e submetido a lavagem cerebral. No final melancólico do livro, Winston passa a apoiar o partido e a amar *Big Brother*.

Diferentemente dos dois primeiros, o texto de Fukuyama não é ficção futurista, mas, ao contrário, teve a pretensão de retratar a realidade histórica, corrente e futura. Dois meses após o discurso de Mikhail Gorbachev, nas Nações Unidas, anunciando que a União Soviética não mais interferiria nos assuntos dos seus então satélites do leste europeu, o autor proferiu, em fevereiro de 1989, a palestra que lançaria as bases do seu artigo *O fim da história*, publicado meses depois, e do livro que aprofundaria o tema. Seu argumento era simples: com o fim da guerra fria e a iminente derrocada do comunismo, o embate ideológico que marcara o século XX, entre capitalismo e comunismo, assim como a guerra fria que lhe servia de pano de fundo, haviam chegado ao fim. A democracia liberal, fundada no Estado de direito, no livre mercado, nas liberdades individuais e no direito de participação política, consagrou-se como o ponto culminante da evolução ideológica da humanidade. Segundo ele, Marx estava errado: o capitalismo, e não o comunismo, prevaleceu no final. Hegel, por sua vez, estava certo quando previu que uma forma perfeitamente racional de sociedade e de Estado um dia se tornaria vitoriosa. Poucos meses após a publicação do artigo, a queda do muro de Berlim, em 9 de novembro de 1989 e, mais à frente, a dissolução da União Soviética, em 26 de dezembro de 1991, pareciam dar razão a Fukuyama. O tempo demonstraria, todavia, que o vaticínio do fim da história era mais um desejo — *wishful thinking* — do que uma realidade.

Nenhuma das duas distopias se tornou realidade, seja no próprio século XX, seja nesse quarto inicial do século XXI. É certo que *1984* tinha seu enredo baseado em riscos históricos mais próximos, à vista das experiências do nazismo e do stalinismo. Já o *Admirável mundo novo*, como obra de ficção científica, mirava um futuro mais remoto. Nada obstante, ambas trazem alertas importantes, que vêm do século XX, para os riscos reais da combinação entre política, autoritarismo, tecnologia e engenharia genética. Profecias assustadoras, como as dessas duas obras, nem sempre são formuladas como antecipação do que vai efetivamente acontecer, mas, justamente ao contrário, servem para despertar as consciências para perigos que podem germinar na sociedade. Quanto à democracia constitucional, é correta a constatação de que ela foi a ideologia vitoriosa do século XX. Sem embargo, nesse primeiro quarto do novo século, ela enfrenta contestações e desafios relevantes. Em suma: as distopias não se realizaram, mas a história não acabou.

O mundo melhorou muito: o avanço dos valores iluministas

O século XX talvez não tenha sido tão breve, mas certamente foi uma era de extremos:[8] teve, simultaneamente, a marca de guerras e genocídios, de um lado, e a consagração dos direitos humanos e a expansão da democracia, de outro. Guerras foram muitas: *mundiais*, como a Primeira, de 1914 a 1917, e a Segunda, de 1939 a 1945; e *localizadas*, como as da Coreia (1950-1953), do Vietnam (1955-1975) e do Golfo (1990-1991), entre outras. Além de uma prolongada guerra fria, com o risco de conflito nuclear. Foram dois os holocaustos: o de mais de 1,5 milhão de armênios pelo Império Otomano, entre 1915 e 1923, e o de mais de 6 milhões de judeus pelos nazistas, entre 1941 e 1945. Alguns incluiriam nessa lista, também, o massacre de mais de 500 mil Tutsi, em Ruanda, em 1994. O século foi igualmente palco da Revolução Russa, de 1917, e da grande depressão do mundo capitalista, a partir de 1929. Também foi o cenário da ascensão e da queda do fascismo, do nazismo e do comunismo, bem como da eclosão do fundamentalismo islâmico.

Após a Segunda Guerra Mundial, houve a criação das Nações Unidas e a aprovação de diversas declarações de direitos humanos. Da metade para o quarto final do século, ocorreram inovações importantes nos costumes e na cultura, que incluíram o desenvolvimento da pílula anticoncepcional, a emancipação feminina, a conquista de direitos civis pelos negros e o início do reconhecimento de igualdade para os grupos LGBT. Mesmo após a dissolução da União Soviética, o século ainda continuou acelerado, com o desenvolvimento e difusão dos computadores pessoais, dos telefones celulares e, sobretudo, a revolução trazida pela internet, conectando quase todo o mundo em tempo real. Foi, igualmente, a era do rádio, da televisão, do jazz, do rock'n'roll, dos Beatles e da bossa nova. De Pablo Picasso, Frida Kahlo e Andy Warhol. E, também, de Villa-Lobos e Caetano Veloso. A pluralidade, intensidade e velocidade dos eventos, interpretados sob pontos de vista ideológicos e existenciais diversos, levaram a avaliações contrapostas acerca do impacto que o período produziu na história da humanidade em geral e no século XXI, que se iniciou em seguida.

Uma visão geral negativa e até pessimista do século XX é exposta pelo historiador inglês Eric Hobsbawm, em aclamado livro publicado em 1994.[9] A obra se inicia com declarações de doze intelectuais relevantes, começando por Isaiah Berlin, que se referem ao "breve século XX" — período que vai do início da Primeira Guerra à dissolução da União Soviética — como "o mais terrível", "o mais violento", "século de massacres e guerras". O próprio Hobsbawm afirmou que o século começou com catástrofe e terminou em crise, com uma curta "época de ouro" de crescimento econômico e transformação social, que vai do final da Segunda Guerra ao início dos anos 70". Na visão do autor, tanto o comunismo quanto o capitalismo fracassaram, e o futuro não é promissor. Para ele, o mundo do terceiro milênio certamente continuará a ser marcado pela violência política. O livro foi concluído imediatamente após o fim da guerra fria e do desmoronamento do projeto socialista. Tendo sido um ativo intelectual marxista, Hobsbawm não viu ali o triunfo da democracia liberal e do livre mercado, mas a prevalência de um sistema que considerava incapaz de trazer justiça social e estabilidade. Para ele, "o velho século terminou mal".

Não se devem minimizar as vicissitudes do século XX, relatadas com maestria por Eric Hobsbawm, nem os riscos de um capitalismo sem competidores ideológicos. Porém, não é possível, tampouco, fechar os olhos para um fato inegável: a humanidade iniciou o século XXI em condições melhores do que jamais esteve. Olhando em perspectiva histórica, o mundo que se desenvolveu sob o signo das ideias do Iluminismo, consagradas ao final do século XVIII — razão, ciência, humanismo e progresso[10] —, é de evolução contínua em múltiplos domínios: vivemos mais e melhor, num planeta com menos guerras, menos desnutrição, menos pobreza, maior acesso ao conhecimento, mais direitos, inclusive para minorias secularmente discriminadas, como mulheres, negros e *gays*. Mesmo a ética animal entrou no radar da sociedade. O século XX, com seus avanços na ciência, na medicina, na tecnologia digital e na democracia não simboliza, por isso mesmo, um período de decadência da condição humana. Justamente ao revés, foi o século que desfez ilusões e nos tornou mais exigentes, mais realistas e livres de narrativas abrangentes imaginárias. Parte do romantismo foi trocada pela exigência de comprovação empírica do que funciona e do que não funciona.

Em um livro repleto de dados reconfortantes, Steven Pinker documenta essa evolução, com fartura de dados e de informações.[11] A *expectativa de vida*, em meados do século XVIII, na Europa e nas Américas, era em torno de 35 anos. No início do século XXI, era superior a 70. A *desnutrição* ainda afeta, tragicamente, 13% da população mundial. Mas, em 1947, esse percentual era de 50%. A *pobreza extrema* caiu de 90% para 10% em 200 anos, tendo o salto na curva ocorrido no quarto final do século XX. Ademais, a tecnologia e a globalização modificaram o significado do que é ser pobre. Apesar das muitas nuances envolvendo a *desigualdade* persistente, o fato objetivo é que o coeficiente Gini — índice internacional utilizado para medir a desigualdade social — revela que ela está em declínio. A *educação* ainda enfrenta graves deficiências em toda parte, e há metas específicas em relação ao tema fixadas em documentos internacionais.[12] Porém, o avanço é crescente. A alfabetização, que era privilégio de poucos, mesmo quando já avançado o século XIX, hoje alcança 87% da população mundial. Quanto à paz, a guerra permanente deixou de ser o estado natural das relações entre os países. E, embora, tristemente, ainda existam guerras geograficamente limitadas, a quase totalidade das nações do mundo tem o compromisso de não entrar em conflito bélico, salvo em legítima defesa ou com a aprovação da ONU.[13]

Esses avanços civilizatórios são confirmados pelo já mencionado Índice de Desenvolvimento Humano (IDH), adotado pelo Programa de Desenvolvimento das Nações Unidas, que mede a qualidade de vida das pessoas com base na expectativa de vida, educação e renda *per capita*.[14] Os progressos referidos acima sugerem uma marcha na direção certa, embora não na velocidade desejada. A superação da pobreza extrema e a redução das desigualdades continuam a ser causas inacabadas da humanidade. Ainda assim, é bom desfazer a crença de que o mundo está em declínio, prestes a cair no domínio caótico de miséria, guerras, revoluções, terrorismo, tráfico de drogas, intolerâncias diversas e epidemias. Há momentos em que a fotografia parece assustadora, mas é sempre necessário olhar o filme inteiro.

A importância decisiva das instituições

Uma das lições do século XX é o papel decisivo das instituições no desempenho político e econômico dos países. Instituições são as "regras do jogo" e os mecanismos necessários ao seu cumprimento. Tais regras, formais e informais, instituem limites e incentivos na interação humana. São padrões de comportamento e de relacionamento à vista da Constituição, leis, regulamentos e normas éticas, bem como de costumes e práticas sociais nas áreas mais diversas. Também permeiam o conceito atitudes sociais relativamente a valores como trabalho, justiça, confiança, integridade e cooperação, entre outros. Uma constatação essencial é a de que, quando as instituições formais não funcionam adequadamente, institucionalizam-se práticas informais, muitas vezes *contra legem*.[15] O que explica as diferenças no nível de realizações das diferentes sociedades? O papel das instituições políticas e econômicas na construção das nações, determinando seu sucesso ou fracasso, é objeto de vasta literatura acadêmica. Um dos autores mais relevantes sobre o tema foi Douglass C. North, um dos vencedores do Prêmio Nobel de Economia do ano de 1993, cujas ideias permeiam as reflexões que se seguem.[16]

No plano político, instituições existem para criar uma ordem estável, que diminua o nível de incerteza nas interações humanas.[17] No plano econômico, as instituições são responsáveis, em última análise, pelas oportunidades existentes numa dada sociedade, já que são fatores decisivos para o comportamento humano e para a formação dos custos de produção e de transação.[18] Elas definem e limitam as escolhas que as pessoas podem fazer. Os incentivos decorrentes do arranjo institucional vigente são determinantes na definição de quais habilidades e conhecimentos serão mais valiosos e quais comportamentos recompensarão melhor os indivíduos e as empresas. A seguir, alguns exemplos de como a maior ou menor eficiência das instituições traça o destino das nações.

O papel das instituições políticas e econômicas foi o marco divisor da trajetória de países como Espanha e Inglaterra. No início do século XVII, a Espanha era a grande potência mundial e a Inglaterra uma ilha relativamente secundária no contexto da Europa. Todavia, ao longo do século, as instituições inglesas evoluíram na direção da afirmação do Parlamento, com maior garantia dos direitos de propriedade, um sistema de justiça imparcial, ampliação da liberdade política e, sobretudo, da liberdade econômica. A Espanha, por sua vez, enfrentou a crise fiscal trazida por guerras sucessivas exacerbando o poder monárquico, aumentando tributos, realizando confiscos de propriedades e desenvolvendo uma burocracia centralizadora e monopolista, voltada para os interesses da Coroa. Quando o século XVII chegou ao fim, a Espanha vivia um processo de estagnação que duraria até o quarto final do século XX, enquanto a Inglaterra preparara o caminho para a Revolução Industrial e para tornar-se a maior potência mundial.

Outro contraste relevante que comprova o papel das instituições é o que opõe os Estados Unidos e a América Latina. Nos Estados Unidos, não tendo sido possível a exploração do trabalho indígena, restou aos colonos a necessidade do trabalho próprio. Além disso, a ideia inglesa de limitação do poder e de algum grau de participação política da cidadania, o pluralismo religioso e a garantia dos direitos de propriedade definiram uma trajetória que desaguaria em uma Constituição escrita, separação de Poderes, declaração de direitos, autonomia dos Estados e pujança econômica. O quadro institucional ofereceu os incentivos adequados para estímulo da atividade econômica produtiva e nem mesmo uma das piores guerras civis da história alterou essa realidade. Já na maior parte da América Latina, impôs-se o trabalho forçado às populações nativas, bem como sua conversão ao cristianismo. Além disso, o continente foi herdeiro de um modelo autoritário, centralizador, em que a Igreja não era separada do Estado e no qual a Coroa controlava todas as atividades econômicas, delegadas a particulares por diferentes métodos de favoritismo.

O papel fundamental das instituições foi retomado no livro merecidamente aclamado de Daron Acemoglu e James A. Robinson, *Why Nations Fail*,[19] cujas ideias são o fio condutor dos parágrafos a seguir. A tese central da obra é a de que as origens do poder, da prosperidade e da pobreza das nações não se encontram — ao menos na sua parcela mais relevante — na geografia, na cultura ou na ignorância acerca de qual seja a coisa certa a se fazer. A real razão do sucesso ou do fracasso dos países está na existência ou não de instituições políticas e econômicas inclusivas. As instituições políticas estabelecem a distribuição de poder na sociedade e os fins para os quais esse poder será empregado. Por essa razão, embora sejam as instituições econômicas as determinantes da riqueza ou da penúria dos países, elas são produto das decisões políticas tomadas pelas elites governantes. Como consequência, existe intensa sinergia entre ambas: como regra geral, instituições políticas inclusivas geram instituições econômicas inclusivas e, inversamente, instituições políticas extrativistas geram instituições econômicas extrativistas.

A demonstração de que a geografia e a cultura não desempenham o papel que tradicionalmente se supôs no destino das nações é feita com casos reais e emblemáticos. Como o de Nogales, cidade que é cortada ao meio por uma cerca, ficando metade no Arizona, nos Estados Unidos, e metade em Sonora, no México. Em Nogales, Arizona, a renda média anual por domicílio é de 30 mil dólares e a cidade tem bons serviços de eletricidade, telefonia, saúde e transportes, além de lei e ordem. Em Nogales, Sonora, a situação é bem pior: a renda média anual por domicílio é um terço da que foi apurada do outro lado da fronteira, os serviços públicos são bastante deficientes, a criminalidade é alta e abrir um negócio é bastante arriscado. A fotografia de cada um dos lados da cerca exibe mundos distintos. Paralelo semelhante, mas ainda mais dramático, pode ser traçado na comparação entre Coreia do Sul e Coreia do Norte. O padrão de vida no Sul é similar ao de Portugal e Espanha. No Norte, é próximo do da África subsaariana, sendo um décimo do padrão da Coreia do Sul. A fotografia noturna, tirada por satélite, documenta de forma desconcertante a realidade desigual: enquanto a Coreia do Sul aparece iluminada em toda a sua extensão, a Coreia do Norte é uma mancha escura, com alguns poucos pontos de luz na capital. Na mesma linha comparativa, os indicadores da Alemanha Ocidental e da Oriental eram significativamente discrepantes. Em todos esses casos, geografia e cultura eram as mesmas.

Mas o que vêm a ser, exatamente, instituições políticas e econômicas inclusivas? Vejamos as instituições políticas, em primeiro lugar. As Revoluções Inglesa, Americana e Francesa afastaram do poder as elites que historicamente o ocupavam (absolutistas, colonialistas, nobreza e clero) e cuidaram, progressivamente, de conferir direitos políticos aos cidadãos. O poder político foi sendo limitado, os direitos fundamentais foram sendo ampliados e os governos se tornaram mais responsivos à vontade popular. Terras foram distribuídas de forma relativamente justa[20] e os direitos de propriedade, inclusive intelectual, passaram a ser valorizados e respeitados. Um Judiciário independente e eficiente arbitrava os conflitos entre particulares ou destes com o Estado. Deve-se anotar que a democracia liberal não é, por si, garantia de que as instituições políticas serão inclusivas. É certo, porém, que eleições regulares, com competição política livre e plural, têm a tendência natural de produzir esse resultado.

As instituições econômicas, por sua vez, começaram a se tornar inclusivas ao longo do processo histórico que conduziu à Revolução Inglesa, apelidada de Revolução Gloriosa (1689). Ali se deu a limitação definitiva dos poderes do rei e a afirmação do Parlamento, que passou, inclusive, a deter competências relativamente às instituições econômicas. Deu-se sequência, então, à política de abolição dos monopólios domésticos e internacionais, com expressiva abertura da economia a diferentes segmentos da sociedade, o que serviu como incentivo para investimentos, comércio e inovação. Também se pôs fim à tributação arbitrária e confiscatória. Tais transformações fomentaram o empreendedorismo e pavimentaram o caminho para a Revolução Industrial, que foi o marco inicial das experiências de desenvolvimento sustentável no mundo. A primeira beneficiária foi, naturalmente, a Grã-Bretanha, seguida de outros países da Europa Ocidental que embarcaram no trem histórico da liberdade econômica e da inovação tecnológica. Ficaram para trás os modelos absolutistas extrativistas, como o Império Austro-Húngaro, o Império Otomano, a Rússia e a China, para citar alguns.

O ambiente natural das instituições econômicas inclusivas é o da economia de mercado, em que indivíduos e empresas podem produzir, comprar e vender quaisquer produtos e serviços que desejem. No reverso da medalha estão as instituições políticas extrativistas, geradoras de instituições econômicas igualmente extrativistas, que transferem riqueza e poder para as elites. As nações fracassam, nos dias de hoje, quando não conseguem dar a todos segurança jurídica, confiança e igualdade de oportunidades para pouparem, investirem, empreenderem e inovarem. Países que se atrasaram na história foram conduzidos por elites extrativistas e autorreferentes, que controlam um Estado apropriado privadamente e distribuem por poucos os frutos do progresso econômico limitado que ele é capaz de produzir. Os mecanismos para tanto incluem monopólios, concessões, licenças, liberação de empréstimos públicos, empresas estatais e uma profusão de cargos públicos de livre nomeação. Ao longo da história, instituições extrativistas têm prevalecido na América Latina, na África, na Ásia e em países do leste europeu.

Seriam, então, a pobreza e o atraso uma irreversibilidade, um determinismo histórico? A resposta é negativa. Pode não ser fácil, mas é sempre possível transformar instituições extrativistas em inclusivas, tomando a rota da prosperidade. A história é um caminho que se escolhe e não um destino que se cumpre. Instituições inclusivas, como visto, favorecem o crescimento econômico e o avanço tecnológico. As inovações que se produzem nesse ambiente são acompanhadas pelo que o célebre economista austríaco Joseph Schumpeter denominou de "destruição criativa", que é a substituição do velho pelo novo.[21] Novas tecnologias e novas empresas passam a atrair os investimentos, promovendo a redistribuição de poder e riqueza. Esse processo, como intuitivo, produz vencedores e perdedores.[22] Porque assim é, onde prevalecem instituições extrativistas, as elites dominantes não apenas não incentivam a destruição criativa como, mais que isso, empenham-se para impedir as transformações. O fato, porém, é que não há crescimento sem destruição criativa e verdadeira inovação.

Por essa razão, mudanças institucionais relevantes são, em regra, produzidas por *conjunturas críticas* que as coloquem em xeque, abalando o equilíbrio político e econômico existente.[23] Quando essas viradas históricas ocorrem, abre-se uma janela de oportunidade para a substituição ou transformação das instituições políticas e econômicas. Eventos como a Peste Negra, a Revolução Industrial, a Grande Depressão, o término da Segunda Guerra Mundial, o fim do colonialismo africano, a superação das ditaduras militares na América Latina e a queda do Muro de Berlim são alguns exemplos desses momentos catalisadores de transformações. As conjunturas críticas são o cenário provável da mudança institucional, mas, naturalmente, não há garantia de que ela vá ocorrer.[24] Note-se, também, que mesmo quando um evento drástico quebra os pilares da velha ordem, o processo de mudança e sua consolidação se dão de maneira incremental, e não como um fato datado.[25]

Capítulo 2

Transformações e aflições do século XXI

Procuro analisar a seguir, com a objetividade que se impõe, três fenômenos que moldam de forma emblemática a vida contemporânea em todos os continentes. O primeiro desses fenômenos é a *revolução tecnológica ou digital* e o limiar da Quarta Revolução Industrial. A conjugação da tecnologia da informação, da inteligência artificial e da biotecnologia produzirá impacto cada vez maior sobre os comportamentos individuais, os relacionamentos humanos e o mercado de trabalho, desafiando soluções em múltiplas dimensões.

Em segundo lugar, a *crise da democracia*, que ronda países de diferentes continentes. Mesmo nas democracias mais maduras, um número expressivo de cidadãos tem abandonado visões políticas moderadas para apoiar minorias radicais, com aumento preocupante da tolerância para com soluções autoritárias. Por fim, afetando de maneira transversal todas as nações do globo, está a *questão ambiental*. Apesar da persistência de algumas posições contrárias, a maioria esmagadora dos cientistas adverte sobre os perigos de se retardarem as providências prementes exigidas para conter a mudança climática,[26] que a longo prazo ameaça a própria sobrevivência da vida na Terra.

A revolução tecnológica

Tudo começou há cerca de 13,5 bilhões de anos, quando ocorreu o *Big Bang* e surgiu o universo, com seus elementos fundamentais: matéria, energia, tempo e espaço. Pouco mais de 9 bilhões de anos depois, formou-se o Sistema Solar. E, com ele, a Terra, onde os primeiros sinais de vida orgânica remontam a 4 bilhões de anos. Os antepassados mais remotos dos humanos teriam aparecido há 2,5 milhões de anos. Nosso ancestral direto, o *Homo sapiens*, tem sua linhagem reconduzida a mais ou menos 70 mil anos. Somos crianças no universo. A escrita foi inventada entre 3.500 e 3.000 a.C. Até então, obras emblemáticas da história da humanidade, como a Bíblia Hebraica, a Ilíada grega, o Mahabharata indiano e as primeiras escrituras budistas passaram de geração a geração como narrativas orais. Três grandes revoluções moldaram a história da humanidade: a Revolução Cognitiva, a Revolução Agrícola e a Revolução Científica.[27]

A *Revolução Cognitiva* deu-se por volta de 70 mil anos atrás, marcando verdadeiramente o início da história. A partir desse momento, desenvolve-se o traço distintivo essencial que singulariza a condição humana, que é a comunicação, a linguagem, a capacidade de transmitir informação, conhecimento e ideias. Registros que passam de uma geração para a outra, sem que a transmissão se dê geneticamente, via DNA.[28] A *Revolução Agrícola* teve lugar há cerca de 10 mil anos, com o domínio de técnicas de plantio e a domesticação de animais. A possibilidade de produzir alimentos em vez de ir buscá-los ou caçá-los fixou os grupos humanos em lugares determinados, fazendo com que passassem de nômades a sedentários.

Começam a surgir as cidades, os Estados e os Impérios. Por fim, veio a *Revolução Científica*, que tem início ao fim do Renascimento, na virada do século XV para o XVI, e se estende até os dias de hoje. Um rico período da história da humanidade, que incluiu a publicação da obra revolucionária de Nicolau Copérnico e a conquista da lua, o Iluminismo e a Revolução Industrial, até chegar ao mundo interligado por computadores. Éramos 500 milhões de pessoas em 1500, ao final da Idade Média. Somos 7 bilhões hoje.[29]

O conhecimento convencional se firmou no sentido de que ocorreram, historicamente, três Revoluções Industriais. A primeira teve início na segunda metade do século XVIII e prolongou-se pelo século XIX, sendo seus marcos principais o desenvolvimento de novos equipamentos na indústria têxtil, o avanço nas técnicas de produção do ferro, a construção de estradas de ferro, o emprego da água e, sobretudo, do vapor como fonte de energia para a mecanização da produção em geral. A Segunda Revolução Industrial situou-se entre o final do século XIX e as primeiras décadas do século XX, com a expansão de indústrias como aço, petróleo e tendo como símbolos o telefone, a lâmpada elétrica, o motor de combustão interna, o carro, o avião e, notadamente, o uso da energia elétrica para massificação da produção.

A Terceira Revolução Industrial aconteceu da metade para o final do século XX, estendendo-se até os dias de hoje. Caracterizou-se pelo avanço da indústria eletrônica, dos grandes computadores (*mainframe computers*) e pela substituição da tecnologia analógica pela digital. Também conhecida, por isso mesmo, como Revolução Digital, a nova tecnologia permitiu a massificação do computador pessoal, do telefone celular inteligente e, conectando bilhões de pessoas em todo o mundo, a *internet*. Quem quiser eleger um protagonista para cada uma das três revoluções poderia arriscar o vapor, a eletricidade e a rede mundial de computadores.

A Revolução Digital de fato transformou profundamente a maneira como se realiza uma pesquisa, fazem-se compras de mercadorias, reserva-se um voo ou ouve-se música, para citar alguns exemplos. No Supremo Tribunal, hoje, a maior parte dos processos é eletrônica. O interessado faz o *upload* da sua petição onde estiver. O Ministro pode despachar acessando o sistema de onde estiver. E pode assinar eletronicamente a decisão por meio de um *app*, esteja em Brasília, Londres ou Vassouras. A sociedade contemporânea vive sob um novo vocabulário, que identifica utilidades que até ontem não existiam e sem as quais já não saberíamos viver. Como exemplo: Google, Windows, Mac, WhatsApp, Telegram, Uber, Dropbox, Skype, Facetime, Facebook, Twitter, Instagram, Waze, Spotify, Amazon, iTunes, Netflix e YouTube. Para os solteiros, tem o Tinder, também.

Não há setor da economia tradicional que não tenha sido afetado. Indivíduos e empresas estão em busca de adaptação, inovação e novos modelos de negócio. Como bússola desse caminho, procura-se, também, uma nova ética, que consiga combinar criatividade, ousadia, liberdade e, ao mesmo tempo, privacidade, veracidade, proteção contra *hackers* e contra a criminalidade *on-line*.

A velha economia não morreu. Ainda há gente que frequenta supermercados, livrarias e lojas em *shopping centers*. Mas o fato insuperável é que a economia baseada nas interações pessoais, bem como na produção agrícola e industrial, na transformação de matérias primas e na elaboração de bens materiais — ouro, petróleo, fábricas, trigo — cede espaço à nova economia, cuja principal fonte de riqueza é a propriedade intelectual, o conhecimento e a informação. Como observou Tom Goodwin, Uber, a maior empresa de táxis do mundo, não é dona de veículos. Facebook, o proprietário da rede de comunicação social mais popular do mundo, não cria conteúdo. Alibaba, o varejista mais valioso, não tem estoque. E o Airbnb, o maior provedor de acomodações do mundo, não possui imóveis. Algo interessante está acontecendo.[30]

Há um século, uma *commodity* era responsável pelo crescimento exponencial de uma indústria: o petróleo. Reguladores antitruste tiveram de intervir para evitar a excessiva concentração de poder econômico. Nos dias de hoje, as preocupações que no início do século eram despertadas pelas empresas petrolíferas transferiram-se para uma nova indústria: a que lida com dados. Há inquietações diversas, que incluem concorrência, tributação, privacidade e desemprego. As empresas mais valiosas do mundo já não são mais as que exploram petróleo — como a Shell, a Exxon — ou que fabricam carros — como a General Motors e a Ford — ou equipamentos e utilidades — como a General Electric. Entre as mais valiosas estão Amazon, Apple, Facebook, Microsoft e Google. Empresas que vivem de tecnologia e de dados.[31]

Três ideias científicas se tornaram especialmente proeminentes ao longo do século XX: o átomo, o *byte* e o gene. Cada uma delas constitui a unidade irredutível de um todo: o átomo, da matéria; o *byte*, da informação digital; o gene, da hereditariedade e da informação biológica.[32] O conjunto de transformações que essas ideias produziram abriram caminho para o que se tem denominado de Quarta Revolução Industrial. De acordo com Klaus Schwab, fundador do Fórum Econômico Mundial, a Quarta Revolução Industrial é produto da fusão de tecnologias, que está misturando as linhas entre as esferas física, digital e biológica e, em alguma medida, redefinindo o que significa ser humano.

Comparada às Revoluções anteriores, esta se desenvolve em velocidade exponencial, em vez de linear.[33] Inovações e avanços tecnológicos constroem esse admirável mundo novo da tecnologia da informação, da biotecnologia, da nanotecnologia, da inteligência artificial, da robótica, da impressão em 3-D, da computação quântica, de carros autônomos e da internet das coisas. É a seleção natural sendo substituída pelo desenho inteligente. Algoritmo vai se tornando o conceito mais importante do nosso tempo.[34] O futuro é imprevisível.[35] Tudo isso testa os limites da ética, do direito e da política. A seguir, algumas reflexões sobre os novos desafios e riscos trazidos por essas transformações.

A *internet* e as mídias sociais deram lugar a desvios inquietantes. Um deles diz respeito ao desvirtuamento da comunicação social, mediante discursos de ódio, campanhas de desinformação (*fake news*) e o assustador *deep fake*, no qual vídeos falsos reproduzem imagem e voz de pessoas reais em situações inusitadas e inverídicas. Outra preocupação que marca a nossa época é o risco para a privacidade, isto é, para a esfera na vida das pessoas que deve estar protegida contra a invasão por outros indivíduos, por empresas ou pelo Estado.

As plataformas tecnológicas têm grande potencial de violação desse direito de privacidade, por possuírem: a identificação pessoal do usuário, que inclui informações como nome, endereço, estado civil, ocupação, dados financeiros, declarações ao fisco etc., e informações sobre comportamentos, preferências, interesses e preocupações de cada pessoa, obtidas a partir da navegação *on-line*. Escândalos diversos, como o da Cambridge Analytica,[36] têm levado países no mundo inteiro a aprovar leis para a proteção de dados. Também se tem procurado equacionar os riscos da concentração econômica nas empresas de tecnologia e a forma mais justa de cobrar tributos sobre suas atividades.

Os avanços na *biotecnologia* trazem aflições diversas, que vão da clonagem humana ao comércio de órgãos. Especialmente delicado é o tema da *engenharia genética*, expressão que identifica diferentes métodos de manipulação ou modificação dos genes de um determinado organismo, com o fim de aprimorá-lo ou de criar novos organismos. A biotecnologia tem o potencial de remodelar a vida e alterar a própria natureza do humano, fato que, naturalmente, mexe com os valores éticos e as crenças religiosas das pessoas. Há quem preveja que o próprio *Homo sapiens*, com suas características essenciais, vai desaparecer.[37]

Cientistas, em geral, consideram inevitáveis as experiências com a engenharia genética. Em primeiro lugar, pelo apelo óbvio do seu uso para o tratamento de doenças que possam ser curadas pela correção de mutações de genes. Porém, e muito mais perigoso, pela tentação de aprimorar características humanas, como o tamanho da memória, a resistência a doenças e o prolongamento da vida. Daí surgiriam super-homens empoderados pela biotecnologia e pelos algoritmos, que constituiriam uma elite, com todos os riscos de incremento da desigualdade e do exercício de opressão sobre os humanos comuns.[38]

Por fim, o avanço vertiginoso da *inteligência artificial* vai permitindo a transferência de atividades e capacidades decisórias tipicamente humanas para máquinas que são alimentadas com dados, estatísticas e informações. No estágio atual, máquinas não têm ideias próprias nem discernimento do que seja certo ou errado.[39] Vale dizer: não têm consciência. As utilidades da inteligência artificial são imensuráveis e vão desde robôs que realizam com maior precisão cirurgias delicadas até carros autônomos que causam muito menos acidentes do que os dirigidos por seres humanos. Os riscos também são elevados, alguns imediatos e outros de longo prazo.

Entre os que já representam uma ameaça contemporânea está o desaparecimento de empregos, com a substituição de trabalhadores humanos por máquinas, com a exclusão social dos que já não têm mais condições de se adaptar às novas demandas do mercado. Em segundo lugar, num momento em que a inteligência artificial já está sendo utilizada por diversos tribunais no mundo, há o temor de que possa reforçar preconceitos e discriminações, na medida em que os computadores sejam alimentados com os valores, sentimentos e impressões dominantes na sociedade.[40]

A inteligência artificial desperta entusiasmo, ceticismo e cautela. Sem desperdiçar seu potencial para enfrentar males como miséria, doenças e calamidades, é preciso não descuidar de alguns perigos de longo prazo. Um deles diz respeito à própria democracia liberal, que se funda na liberdade individual e na autonomia da vontade. De fato, a partir do momento em que as grandes decisões para a vida de cada um (ou para a sociedade como um todo) forem mais eficientemente tomadas por uma vontade externa, heterônoma, o livre-arbítrio, um dos pilares do liberalismo, estará comprometido.[41]

Ademais, é preciso considerar a ameaça de que, no futuro, computadores possam efetivamente desenvolver inteligência própria — que seria, segundo Stephen Hawking, "o maior evento da história humana" — e passar a ter vontade autônoma, saindo do controle humano.[42] O temor parece enredo de filme de ficção científica, mas a advertência vem de cientistas reconhecidos mundialmente.[43] No fundo, tudo se resumirá a saber quem controlará quem.[44]

A crise da democracia

> "A democracia é feita de promessas, decepções e administração da decepção."
> STEPHEN HOLMES[45]

O século XX foi cenário de ditaduras diversas, de um lado e de outro do espectro político. Algumas foram ferozes e genocidas, fundadas em ideologias abrangentes e de dominação, como a Alemanha de Hitler e a União Soviética de Stalin. Outras foram subprodutos da guerra fria e da instabilidade política, como os regimes militares da América Latina, da África e da Ásia. E houve, também, ditaduras teológicas, erigidas sobre o fundamentalismo religioso, como o Irã dos aiatolás.

A redenção democrática veio em duas ondas diversas:[46] uma após a Segunda Guerra Mundial, com a reconstitucionalização de países como Alemanha, Itália e Japão; e a outra numa faixa de tempo que vai dos anos 70 aos anos 90, começando com a Revolução dos Cravos de 1974, em Portugal, passando pela redemocratização de diversos países da América Latina, na década de 1980, como Brasil, Argentina e Uruguai, e chegando aos países da Europa Central e Oriental, como Hungria, Polônia e Romênia, após a dissolução da União Soviética, na década de 1990, e também à África do Sul. Tendo disputado a primazia com diversos projetos alternativos — fascismo, comunismo, regimes militares, fundamentalismo islâmico — é legítimo afirmar que a democracia constitucional foi a ideologia vitoriosa do século XX.

Nos últimos tempos, porém, algo parece não estar indo bem. Ao comentarem o período que se inicia em meados da primeira década do século XXI e vem até os dias de hoje, autores têm se referido a uma *recessão democrática* ou *retrocesso democrático*.[47] Os exemplos foram se acumulando ao longo dos anos: Hungria, Polônia, Turquia, Rússia, Geórgia, Ucrânia, Filipinas, Venezuela, Nicarágua. Em todos esses casos, a erosão da democracia não se deu por golpe de Estado, sob as armas de algum general e seus comandados. Nos exemplos acima, o processo de subversão democrática se deu pelas mãos de presidentes e primeiros-ministros devidamente eleitos pelo voto popular.[48]

Em seguida, paulatinamente, vêm as medidas que pavimentam o caminho para o autoritarismo: concentração de poderes no Executivo, perseguição a líderes de oposição, mudanças nas regras eleitorais, cerceamento da liberdade de expressão, novas constituições ou emendas constitucionais com abuso de poder pelas maiorias, esvaziamento ou *empacotamento* das cortes supremas com juízes submissos, entre outras. O grande problema com a construção dessas democracias *iliberais*[49] é que cada tijolo, individualmente, é colocado sem violação direta à ordem vigente. O conjunto final, porém, resulta em supressão de liberdades e de eleições verdadeiramente livres e competitivas. Esse processo tem sido caracterizado como *legalismo autocrático*.[50]

Há três fenômenos diversos em curso no mundo, que se tornam mais problemáticos quando ocorrem simultaneamente: populismo, conservadorismo radical e autoritarismo. O *populismo* se identifica pela manipulação dos medos e necessidades da população por líderes carismáticos. Vem com a promessa de soluções simplistas e imediatas, que cobram um preço alto no futuro. Suas estratégias mais comuns incluem o uso das redes sociais para comunicação direta com o povo; o *by-pass* das instituições intermediárias de mediação da vontade popular, como o Legislativo, a imprensa e entidades da sociedade civil; e ataques às supremas cortes ou a quaisquer instituições que exerçam efetivo controle do poder.

O *conservadorismo radical*, frequentemente raivoso, não se confunde com o conservadorismo, uma legítima visão de mundo em meio a muitas que a democracia oferece. O radicalismo se manifesta em comportamentos de intolerância e agressividade, pelos quais se procura negar ou retirar direitos daqueles que pensam de maneira diferente. E o *autoritarismo*, o ímpeto da concentração arbitrária do poder no Executivo, é um fantasma que assombra, desde sempre, países na América Latina, na Europa oriental, na África e na Ásia. Como a história demonstra, trata-se de uma tentação permanente daqueles que chegam ao poder nessas partes do mundo.

As situações mais graves ocorrem quando esses três fenômenos se juntam e têm lugar ao mesmo tempo. Por trás do avanço do populismo autoritário, banhado em conservadorismo radical, está um conjunto de eventos e de circunstâncias que assinalam o mundo contemporâneo: a globalização e seu impacto sobre o emprego e o nível salarial, as ondas de imigração, o terrorismo, as mudanças climáticas, o racismo, a debilidade e baixa representatividade dos partidos políticos, o fundamentalismo religioso, o movimento feminista, as conquistas dos grupos LGBT, em meio a muitos outros. A reação à soma desses componentes heterogêneos explica o avanço do populismo conservador na política de diferentes países do mundo, incluindo os Estados Unidos (Trump), a Grã-Bretanha (Brexit), a Europa Continental (Victor Orbán) e o Brasil (Bolsonaro).

É possível sistematizar esses diferentes fatores em três categorias: políticas, econômico-sociais e culturais-identitárias.[51] As causas *políticas* estão na crise de representatividade das democracias contemporâneas, em que o processo eleitoral não consegue dar voz e relevância à cidadania. "Não nos representam", é o bordão da hora. Em parte, porque a classe política se tornou um mundo estanque, descolado da sociedade civil, e em parte pelo sentimento de que o poder econômico-financeiro globalizado é que verdadeiramente dá as cartas.[52] Daí a ascensão dos que fazem o discurso anti-*establishment*, antiglobalização e "contra tudo isso que está aí".

As causas *econômico-sociais* estão no grande contingente de trabalhadores e profissionais que perderam seus empregos ou viram reduzidas as suas perspectivas de ascensão social, tornando-se pouco relevantes no mundo da globalização, da nova economia do conhecimento e da automação, que enfraquecem as indústrias e atividades mais tradicionais. Sem mencionar as políticas de austeridade pregadas por organizações internacionais e países com liderança econômica mundial, que reduzem as redes de proteção social.

Por fim, as causas *culturais-identitárias*, decorrentes do fato de que há um contingente de pessoas que não professam o credo cosmopolita, igualitário e multicultural que impulsiona a agenda progressista de direitos humanos, igualdade racial, políticas feministas, casamento gay, defesa de populações nativas, proteção ambiental e descriminalização de drogas, entre outras modernidades. Estas pessoas, que se sentem desfavorecidas ou excluídas no mundo do "politicamente correto", apegam-se a valores tradicionais que lhes dão segurança e o sonho da recuperação de uma hegemonia perdida.

Em alguns países, como foi o caso do Brasil — e, também, de outros da América Latina, da Ásia e mesmo da Europa —, adiciona-se a essa mistura já complexa a reação contra a corrupção estrutural e sistêmica, que frustrou as expectativas que recaíram sobre partidos tidos por progressistas, mas que não conseguiram escapar da força de gravidade dos velhos hábitos da velha política. Em suma, as democracias contemporâneas enfrentam problemas que resultam de causas variadas, decorrentes de inovações tecnológicas, transformações sociais e mudanças nos costumes. Os três Poderes do Estado — Legislativo, Executivo e Judiciário — enfrentam juízos e sentimentos que incluem desconfiança, disfuncionalidade e ineficiência. Pesquisas em diferentes partes do mundo documentam a perda de prestígio dos governos fundados na soberania popular.[53]

A democracia já viveu dias mais efusivos. A propósito, para os fins dessa reflexão, democracia significa poder limitado pelo direito, respeito aos direitos e liberdades fundamentais, eleições livres e periódicas, bem como livre iniciativa, que é um conceito que não se limita ao plano econômico. Entre os direitos fundamentais, encontra-se a ideia de mínimo existencial, significando que todo indivíduo deve ter assegurada a satisfação de suas necessidades básicas, para que possa participar da vida em sociedade como uma pessoa verdadeiramente livre e igual.

A difusão do acesso à internet gerou a expectativa de mais participação política, melhor governança e maior *accountability* dos governantes em geral. Imaginou-se que no mundo interconectado por computadores seria possível a criação de uma abrangente esfera pública digital capaz de viabilizar o exercício da democracia deliberativa, fundada num debate público amplo entre pessoas livres e iguais, com oferecimento de razões e prevalência do melhor argumento.[54] Na vida real, porém, verificou-se certa frustração dessas expectativas: até aqui, a internet não encorajou um diálogo racional sobre matérias de interesse coletivo, mas, ao revés, fomentou a *tribalização*, em que grupos com opinião formada — e muitas vezes radicais — falam para si.[55] Sem mencionar as campanhas de desinformação, com circulação deliberada de notícias falsas, assim como discursos de ódio. Não se deve, todavia, generalizar essa percepção da internet como um espaço de inexorável polarização de grupos incapazes de interagir construtivamente. É possível acreditar em um avanço civilizatório paulatino rumo a uma maior racionalidade e tolerância. Não se deve abandonar as possibilidades positivas que ela oferece.

É cedo para concluir que a democracia esteja verdadeiramente decadente. Num mundo em transformação acelerada, é inevitável que ela passe por sobressaltos e adaptações. Os dois pilares das democracias liberais, tal como assentados pela Declaração dos Direitos do Homem e do Cidadão, de 1789,[56] já não são mais o que foram: a separação de Poderes convive com a ascensão institucional das cortes constitucionais e do Poder Judiciário em geral; e os direitos fundamentais se expandiram para abrigar sufrágio universal, privacidade, igualdade de gênero e racial, liberdade de orientação sexual e, em muitas partes do mundo, direitos sociais.

Há, ainda, nos dias atuais, o fator China: um modelo alternativo autoritário, tisnado pela corrupção, mas de vertiginoso sucesso econômico e social. Enfim, um tempo de complexidades e perplexidades. Mas cabe aqui relembrar passagem célebre de Alexis de Tocqueville, referindo-se à Revolução Francesa, mas com reflexão atemporal e universalizável: só se derruba um regime se ele já estiver corroído por dentro.[57]

Embora preocupante, é possível que o refluxo temporário do vigor democrático seja apenas o movimento pendular da vida e da história. E, também, não se deve descartar tratar-se de um momento de certa amargura do pensamento progressista devido à prevalência, na quadra atual, em muitas partes do mundo, de ideias conservadoras, pouco simpáticas às bandeiras ambientais, de gênero, cosmopolitas, multiculturais, feministas, pró-*gays* e populações indígenas. Mas assim é a democracia, mesmo: às vezes se ganha, às vezes se perde.

O aquecimento global

> "O desespero eu aguento. O que me
> apavora é essa esperança."
> MILLÔR FERNANDES

A mudança climática tem sido identificada como o mais relevante problema ambiental do século XXI e uma das questões definidoras do nosso tempo. Inúmeros autores têm se referido ao tema como "a tragédia dos comuns", significando uma situação na qual os indivíduos em geral, agindo com atenção apenas ao interesse próprio, comportam-se, na utilização de recursos escassos, de maneira contrária ao bem comum[58]. O tratamento das questões ambientais exige cooperação entre os diferentes países, porque os recursos naturais e os fatores que os afetam não respeitam fronteiras. Duas características do debate sobre o clima dificultam o seu equacionamento.

A primeira é a existência de um misto de desconhecimento e ceticismo, aos quais se soma o custo econômico e político das providências necessárias. A segunda é que os efeitos dos impactos ambientais de hoje somente serão suportados pelas próximas gerações, fato que funciona como um incentivo para se adiarem decisões que em rigor são urgentes. O conceito central aqui ainda continua a ser o de "desenvolvimento sustentável", de longa data entendido como aquele que "atende às necessidades do presente, sem comprometer a possibilidade de as gerações futuras atenderem a suas próprias necessidades".[59] Um dos objetivos do desenvolvimento sustentável, aprovado pela ONU em 2015, é precisamente o da "ação contra a mudança global do clima".

O aquecimento global está diretamente associado ao denominado "efeito estufa", processo natural de aquecimento da superfície da Terra. Quando a energia solar alcança a atmosfera terrestre, parte dela é refletida de volta para o espaço e parte é retida na atmosfera, pelos denominados gases de efeito estufa. Esses gases — de que são exemplos o dióxido de carbono (CO_2), o metano, o óxido nitroso, o ozônio e os CFCs — aprisionam parte do calor irradiado pela Terra, impedindo que alcance o espaço. É essa energia absorvida que mantém o planeta aquecido, conservando a temperatura em níveis que permitem a existência de vida. O problema ora enfrentado é que as atividades humanas, com destaque para a queima de combustíveis fósseis (carvão, petróleo e gás natural), mas também a agricultura, a pecuária, o desmatamento etc., têm elevado significativamente a concentração dos gases estufa na atmosfera, aumentando a retenção de calor. Este é o fenômeno que tem sido designado de aquecimento global.

O fenômeno da mutação climática tem natureza global e a emissão desses gases afeta toda a atmosfera, independentemente do ponto geográfico em que ocorra. As soluções a serem buscadas necessitam não apenas da atuação de organismos internacionais e governos, mas também da conscientização de indivíduos e empresas. No plano dos comportamentos individuais e empresariais, há inúmeras recomendações de cientistas, entidades e organizações ambientais, com medidas que vão desde evitar o desperdício de água até o plantio de árvores, passando pela utilização de fontes de energia renovável (como solar e eólica), pelo emprego de lâmpadas LED, que consomem menos energia, pela opção por aparelhos como geladeiras, condicionadores de ar ou máquinas de lavar com "eficiência energética" e de carros com "eficiência de combustível". Além da mudança de hábitos alimentares e a menor utilização de transporte individual.

Embora comportamentos sociais voluntários de consciência ambiental sejam importantes, é evidente que não são suficientes. Para o enfrentamento da mutação climática em uma dimensão global, as Nações Unidas patrocinaram três grandes negociações internacionais: a Convenção-Quadro sobre Mudança Climática, de1992; o Protocolo de Kyoto, que entrou em vigor em 2005; e o Acordo de Paris, vigente desde 2016. Quase todos os países do mundo ratificaram tais acordos, comprometendo-se com medidas de *mitigação* climática, que compreendem ações para redução da emissão de gases estufa e para aumentar a absorção de carbono da atmosfera.

A dura realidade, no entanto, é que tais compromissos, além de insuficientes, nem sempre são honrados. O quadro geral teria se agravado se prevalecesse a decisão do presidente Donald Trump de retirar os Estados Unidos do Acordo de Paris. Por outro lado, a China — que junto com os Estados Unidos é responsável por metade das emissões globais de gases estufa — mudou radicalmente o discurso a partir de 2014, tendo declarado "guerra à poluição", e desde o acordo de Paris vem de fato reduzindo suas emissões e investindo em energia renovável.[60]

Está prevista para 2023 uma avaliação geral dos resultados obtidos com o Acordo de Paris. Há poucas dúvidas de que serão necessários esforços bem ampliados para que se atinjam as metas propostas. Nada em relação a esse tema é simples, a começar pelas tensões que ele gera no âmbito da própria ideia de democracia. Isso porque os ciclos eleitorais de curto prazo não favorecem decisões que mirem um horizonte de tempo mais largo. Além disso, a maioria das pessoas que serão afetadas pela mudança climática não tem voz nem voto, ou por serem muito jovens ou por sequer haverem nascido. Some-se a isso o fato de que questões técnicas e científicas intrincadas raramente atraem mobilização popular.[61] Por fim, por ser esse um problema global, não comporta soluções estritamente nacionais, o que faz com que alguns políticos nacionalistas prefiram acreditar que ele não existe.[62]

Diante desse contexto, o equacionamento e a solução das questões afetas ao aquecimento global exigem conscientização e engajamento dos cidadãos, empresas e governos, por implicar mudanças econômicas e comportamentais profundas, que vão desde o modo como as pessoas se deslocam até como se alimentam. O que está em jogo aqui é uma questão de justiça intergeracional, a fim de não entregarmos um planeta devastado para a posteridade. Já há mesmo quem especule acerca da necessidade de colonização do espaço, em busca de outros *habitats*.[63]

Parte III

Um olhar sobre o Brasil

Política
Costumes
Direito
Economia

POLÍTICA

Capítulo I
CORRUPÇÃO

As raízes do atraso

> "A situação é tão indigna, que mesmo pessoas
> sem nenhuma dignidade já estão ficando indignadas."
> MILLÔR FERNANDES[64]

A corrupção existe no mundo desde os primórdios das organizações políticas. Ao longo da história, contudo, muitos países conseguiram reduzi-la a níveis pouco significativos. Seu enfrentamento exige incentivos adequados, instituições sólidas — e não comprometidas — e um sentido de ética pessoal.[65] Corrupção significa levar vantagem indevida para fazer ou deixar de fazer alguma coisa que era do seu dever. Ou, na definição da Transparência Internacional, corrupção é o abuso de poder para ganho pessoal[66]. Ela pode ser explícita, envolvendo ações como desvio de dinheiro, propina e extorsão, ou implícita, abrangendo condutas como nepotismo, clientelismo ou concessão de benefícios com dinheiro público. Entre os Objetivos do Desenvolvimento Sustentável do milênio, da ONU, aprovados em 2015, um deles — Paz, Justiça e Instituições Eficazes — tem como metas a redução da corrupção, do suborno e o combate à lavagem de dinheiro.

A organização global Transparência Internacional elabora anualmente um Índice de Percepção da Corrupção (IPC). Nessa escala, o Brasil ocupava um desonroso 106º lugar em 2019. Outro indicador no qual tampouco ostentamos uma boa posição é o Índice de Desenvolvimento Humano IDH), calculado pelo Programa das Nações Unidas para o Desenvolvimento. E, na mesma linha, não temos boa colocação no Índice de Gini, que mede a desigualdade nos países. Não é de surpreender. Corrupção, de um lado, e desenvolvimento humano e desigualdade, de outro, guardam entre si uma razão proporcional inversa: mais corrupção significa menos desenvolvimento humano e menos igualdade. A causa contra a corrupção não deixa de ser, assim, a causa dos direitos humanos. Mas precisa ser autêntica e sincera, e não apenas a indignação contra a corrupção dos outros.

Em geral, a corrupção esteve presente na história recente do Brasil como um artifício retórico contra os adversários. Foi assim na oposição a Vargas, nos anos 50, na campanha de Jânio Quadros, em 1960, e no golpe militar de 1964. Atingido o objetivo político, ela nunca foi combatida efetivamente, com o arsenal jurídico-penal e, sobretudo, com reformas estruturais que atingissem suas causas. Não por acaso, ela foi crescendo exponencialmente, impregnando toda a vida nacional, no plano federal, estadual e municipal. Até que ao longo dos anos 2000, o pote transbordou. A partir daí, o quadro começou a se alterar, com seu efetivo enfrentamento em processos judiciais, de que foram exemplos o Mensalão, julgado pelo Supremo Tribunal Federal, e a Operação Lava Jato, no âmbito da 13ª Vara Federal de Curitiba. Os tópicos que se seguem relatam os avanços e recuos nessa matéria, bem como enfatiza que sem reformas importantes no plano político, econômico e social, a luta será inglória.

Origens remotas da corrupção no Brasil

A corrupção no Brasil tem origens e causas remotas. Aponto sumariamente três. A primeira é o *patrimonialismo*, decorrente da colonização ibérica, marcada pela má separação entre a esfera pública e a esfera privada. Não havia distinção entre a Fazenda do rei e a Fazenda do reino — o rei era sócio dos colonizadores — e as obrigações privadas e os deveres públicos se sobrepunham. A aceitação resignada da apropriação privada do que é público se manifesta na máxima "rouba, mas faz".

A segunda causa é o *oficialismo*, a onipresença do Estado, de cuja bênção e financiamento dependem todos os projetos pessoais, sociais ou empresariais relevantes. O Estado se torna mais importante do que a sociedade, controlando a política e as atividades econômicas. Desenvolve-se uma mentalidade cartorária e uma cultura de dependência, paternalismo e compadrio, acima do mérito e da virtude. O ambiente de favorecimentos e perseguições se materializa no slogan "aos amigos tudo, aos inimigos a lei".

A terceira causa é a *cultura da desigualdade*. As origens aristocráticas e escravocratas formaram uma sociedade na qual existem superiores e inferiores, os que estão sujeitos à lei e os que se consideram acima dela. Como não há uma cultura de direitos iguais para todos, cria-se um universo paralelo de privilégios: imunidades tributárias, foro privilegiado, juros subsidiados, prisão especial. A elite dos superiores se protege contra o alcance das leis, circunstância que incentiva as condutas erradas. A caricatura da desigualdade ainda se ouve, aqui e ali, no repto "sabe com quem está falando?".

Causas imediatas da corrupção

A essas origens remotas somam-se duas causas mais imediatas: a primeira é o *sistema político*, que produz eleições excessivamente caras, com baixa representatividade dos eleitos devido ao sistema eleitoral proporcional em lista aberta, e que dificulta a governabilidade. As eleições excessivamente caras fazem com que o financiamento eleitoral esteja por trás de boa parte dos escândalos de corrupção; a baixa representatividade gera uma classe política descolada da sociedade civil; e a governabilidade é comprometida por dezenas de partidos políticos que tornam o Presidente da República refém de práticas fisiológicas.

Uma segunda causa é a *impunidade*. A elite dominante brasileira, na política, na economia e nos estamentos burocráticos, construiu um sistema penal e processual penal voltado a assegurar-lhe imunidade. O sistema criminal brasileiro, até muito pouco tempo atrás, mantinha uma postura de leniência em relação à criminalidade do colarinho branco, tanto por deficiência das leis como pela pouca disposição dos juízes em condenar por tais crimes. Historicamente, o sistema só foi capaz de punir gente pobre, por delitos violentos, furto ou por drogas. Esse quadro começou a mudar nos últimos tempos. Lentamente, porém.

Corrupção estrutural, sistêmica e institucionalizada: o pacto oligárquico

A corrupção no Brasil vem em processo acumulativo desde muito longe e se disseminou, nos últimos tempos, em níveis espantosos e endêmicos. Ela não foi fruto de falhas individuais ou de pequenas fraquezas humanas. Trata-se de um processo estrutural, sistêmico e institucionalizado, que envolveu empresas estatais e privadas, agentes públicos e particulares, fundos de pensão, partidos políticos, membros do Executivo e do Legislativo. Articularam-se esquemas profissionais de arrecadação e de distribuição de dinheiros desviados, mediante superfaturamento e outros esquemas. Houve uma total naturalização das coisas erradas. É impossível não sentir vergonha pelo que aconteceu por aqui. A corrupção é o resultado de um pacto oligárquico, celebrado de longa data, e repetidamente renovado, entre boa parte do empresariado, da classe política e da burocracia estatal, para saque do Estado brasileiro. Não é singela a tarefa de romper o círculo vicioso.

Reação da sociedade e das instituições

Há uma novidade importante no Brasil contemporâneo: uma sociedade civil que deixou de aceitar o inaceitável e desenvolveu uma enorme demanda por integridade, por idealismo e por patriotismo. E essa é a energia que muda paradigmas e empurra a história. Aos poucos se vai deslocando para a margem da vida pública brasileira uma *velha ordem*, na qual era legítima a apropriação privada do Estado e o desvio rotineiro de dinheiro público. É mais difícil do que parece sugerir essa enunciação simples do óbvio. Muita gente que teria que reaprender a viver honestamente. Na frase clássica de Antonio Gramsci, "a crise consiste precisamente no fato de que o velho está morrendo e o novo ainda não pode nascer". Com o complemento que bem se aplica ao momento brasileiro, no qual ainda não se conseguiu canalizar da forma mais adequada a energia liberada pela indignação cívica referida acima: "Nesse interregno, uma grande variedade de sintomas mórbidos aparecem".

De todo modo, despertadas pela reação da sociedade, as instituições começaram a reagir e as atitudes mudaram. No julgamento do Mensalão, o Supremo Tribunal Federal rompeu com o histórico de impunidade da criminalidade política e do colarinho branco e condenou mais de duas dezenas de pessoas, entre empresários, políticos e servidores públicos, por delitos como corrupção ativa e passiva, peculato, lavagem de dinheiro, evasão de divisas e gestão fraudulenta de instituições financeiras. Na sequência, a magistratura, o Ministério Público e a Polícia Federal conduziram a chamada Operação Lava Jato, o mais extenso e profundo processo de enfrentamento da corrupção na história do país.

Talvez do mundo. Utilizando técnicas de investigação modernas, processamento de *big data* e colaborações premiadas, a Operação desvendou um imenso esquema de propinas, superfaturamento e desvio de recursos da Petrobras. A verdade é que poucos países no mundo tiveram a capacidade de abrir suas entranhas e expor desmandos atávicos como o Brasil. Como se verá logo adiante, a corrupção reagiu em algum momento, pelos seus beneficiários diretos e indiretos.

Ao longo dos anos, lenta, mas progressivamente, também houve mudanças importantes na legislação, com foco na criminalidade do colarinho branco, tendo sido aprovado o agravamento das penas pelo crime de corrupção, a lei de lavagem de dinheiro, a lei que define organização criminosa e que aperfeiçoou a colaboração premiada e a Lei Anticorrupção. Na mesma onda de combate à corrupção e à improbidade, sobreveio a Lei da Ficha Limpa, pela qual quem foi condenado por órgão colegiado por crimes ou infrações graves não pode concorrer a cargos eletivos. Uma medida importante em favor da moralidade administrativa e da decência política. Muita gente é contra essas inovações. Paciência. Nós não somos atrasados por acaso. Somos atrasados porque o atraso é bem defendido.

Por fim, houve alterações ou movimentos significativos trazidos por decisões do próprio Supremo Tribunal Federal. Uma delas foi a derrubada, por inconstitucional, do modelo de financiamento eleitoral por empresas, que produziu as práticas mafiosas desveladas pela Operação Lava Jato. Merece registro, também, o julgamento que reduziu drasticamente o foro privilegiado e, bem assim, a que validou a condução de investigações criminais diretamente pelo Ministério Público. A mais importante alteração, sem dúvida, foi a possibilidade de execução de decisões penais condenatórias após o julgamento em segundo grau, fechando a porta pela qual processos criminais se eternizavam até a prescrição, dando salvo-conduto aos ladrões de casaca.

Essa mudança, todavia, não duraria muito, justamente por haver se revelado extremamente eficaz. A corrupção contra-atacou com todas as suas forças e aliados, até conseguir desfazer a medida. Ressalve-se, com o respeito devido e merecido, o ponto de vista legítimo de quem entende que a Constituição impõe que se aguarde até o último recurso. No tópico seguinte, a revanche dos que pretendem que tudo permaneça como sempre foi.

Nada será como antes

> "Quem entrega o suborno é mero intermediário.
> Quem de fato paga pela corrupção são os pobres."
> PAPA FRANCISCO

A reação às mudanças: o pacto oligárquico contra-ataca

Como seria de se esperar, o enfrentamento à corrupção tem encontrado resistências diversas, ostensivas ou dissimuladas. Em primeiro lugar, as denúncias, processos e condenações têm atingido pessoas que historicamente não eram alcançadas pelo direito penal. Supondo-se imunes e inatingíveis, praticaram uma quantidade inimaginável de delitos. Tem-se, assim, a segunda situação: muitas dessas pessoas, ocupantes de cargos relevantes na estrutura de poder vigente, querem escapar de qualquer tipo de responsabilização penal. O refrão repetido é o de que sempre foi assim. Agora que a história mudou de mão, consideram-se vítimas de um atropelamento injusto. A verdade é que não dá para a história voltar para a contramão. Por outro lado, outros tantos, como os fatos insistem em comprovar, não desejam ficar honestos nem daqui para a frente. Sem serem capazes de captar o espírito do tempo, trabalham para que tudo continue como sempre foi.

Pior: poderosos como são, ambos os grupos — o dos que não querem ser punidos e o dos que não querem ficar honestos nem daqui para a frente — têm aliados em toda parte: em postos chaves da República, na imprensa, nos Poderes e mesmo onde menos seria de se esperar. Têm a seu favor, também, a cultura de desigualdade, privilégio e compadrio que sempre predominou no Brasil. O Judiciário tem procurado, ele próprio, sair desse círculo vicioso e romper o pacto oligárquico referido acima. Nem sempre com sucesso. Mas parte da elite brasileira ainda milita no tropicalismo equívoco de que corrupção ruim é a dos outros, a dos adversários. E que a dos amigos, a dos companheiros de mesa e de salões, essa seria tolerável.

A articulação para derrubar a possibilidade de execução das condenações criminais após a segunda instância foi o momento mais contundente da reação, logrando obter a mudança de posição de dois ministros do Supremo Tribunal Federal que, antes, haviam sido enfaticamente favoráveis à medida. A orquestração de ataques aos juízes e procuradores da Lava Jato também reuniu diferentes correntes políticas. Em chocante distorção, o fato de o juiz ter referido uma testemunha à acusação — e, se fosse de defesa, deveria tê-la referido aos advogados — trouxe mais indignação que o apartamento repleto com 51 milhões de reais, a devolução por parte de um gerente de empresa estatal de mais de 180 milhões desviados ou o deputado correndo na rua com a mala da propina.

O paralelo com a Itália

Na Itália, a reação oligárquica da corrupção contra a Operação *Mani Pulite* (Mãos Limpas), levada a efeito entre 1992 e 1996, teve sucesso. A classe política, para resguardar a si e aos corruptos, mudou a legislação para proteger os acusados de corrupção, inclusive para impedir a prisão preventiva; reduziu os prazos de prescrição; aliciou uma imprensa pouco independente e procurou demonizar o Judiciário. E tudo acabou na ascensão de Silvio Berlusconi. Não foi o combate à corrupção, mas o não saneamento verdadeiro das instituições, que impediu que a Itália se livrasse do problema. Como observado por Piercamillo Davigo, hoje juiz da Corte Cassação e, ontem, um dos responsáveis pela *Mani Pulite*, lá, como aqui, "os principais grupos industriais estavam envolvidos no pagamento de propinas ou no financiamento ilícito de partidos político".[67]

Não por acaso, por não ter aprimorado suas instituições, a Itália apresenta o pior desempenho econômico e os mais elevados índices de corrupção entre os países desenvolvidos. Como relata a Professora Maria Cristina Pinotti, entre 2005 e o segundo trimestre de 2018, o PIB da Itália caiu 1,2%, enquanto o de Portugal cresceu 4,9%, o da Espanha 13,7% e o da Alemanha 22,8%[68]. É menos provável que algo assim aconteça no Brasil — a vitória da corrupção —, por três razões que merecem ser reavivadas: sociedade mais consciente e mobilizada; imprensa livre e plural; e Judiciário independente e sem laços políticos, ao menos na primeira e na segunda instâncias (apesar de ainda ser extremamente lento e ineficiente).

Os custos da corrupção

A corrupção tem custos financeiros, sociais e morais. Não é fácil estimar os *custos financeiros*. Trata-se de um tipo de crime difícil de rastrear, porque subornos e propinas não vêm a público facilmente nem são lançados na contabilidade oficial. Nada obstante, noticiou-se que apenas na Petrobras e demais empresas estatais investigadas na Operação Lava Jato — isto é, em uma única operação — os pagamentos de propinas chegaram a R$ 20 bilhões. Aliás, no balanço da empresa de 2014, publicado com atraso em 2015, foram registradas perdas de 6 bilhões de reais, equivalentes, à época, a 2 bilhões de dólares. No início de 2018, a Petrobras fez acordo de cerca de 3 bilhões de dólares em Nova York, em *class action* movida por investidores americanos, e de 853 milhões de dólares com o Departamento de Justiça dos Estados Unidos. Os *custos sociais* também são elevadíssimos. A corrupção compromete a qualidade dos serviços públicos em áreas de grande relevância como saúde, educação, segurança pública, estradas, transporte urbano etc. Da mesma forma, ela faz com que decisões relevantes acabem sendo tomadas com motivações e fins errados. Nos últimos anos, ecoando escândalos de corrupção, o PIB brasileiro caiu mais de 20%.

O pior custo, todavia, é provavelmente o moral, com a criação de uma cultura de desonestidade e esperteza que contamina a sociedade e dá incentivos errados às pessoas. Há aqui uma visão equivocada na matéria, que pretende fazer uma distinção se o dinheiro da corrupção vai para o bolso ou para a campanha política. O problema, no entanto, é que o mais grave nesse contexto não é para onde o dinheiro vai: é de onde ele vem e o que se faz para obtê-lo. Não é difícil ilustrar que condutas são essas: superfaturam-se contratos; cobram-se propinas em empréstimos públicos; vendem-se benefícios fiscais em medidas legislativas; cobra-se pedágio de toda e qualquer pessoa que queira fazer negócio no Brasil; achacam-se pessoas e empresas em Comissões Parlamentares de Inquérito. Em suma: é equivocada a diferenciação moral que se pretende fazer quanto ao dinheiro ir para o bolso ou ir para a campanha. Para mudar essas práticas, não há como ser condescendente com elas.

A corrupção é crime violento, praticado por gente perigosa

É um equívoco supor que a corrupção não seja um crime violento. Corrupção mata. Mata na fila do SUS, na falta de leitos, na falta de medicamentos. Mata nas estradas que não têm manutenção adequada. A corrupção destrói vidas que não são educadas adequadamente, em razão da ausência de escolas, da deficiência de estruturas e equipamentos. O fato de o corrupto não ver nos olhos as vítimas que provoca não o torna menos perigoso. A crença de que a corrupção não é um crime grave e violento — e de que os corruptos não são perigosos — nos trouxe até aqui, a esse cenário sombrio em que recessão, corrupção e criminalidade elevadíssima nos atrasam na história, nos retêm num patamar de renda média, sem conseguirmos furar o cerco.

As consequências da tolerância com a corrupção são um país no qual altos dirigentes ajustam propinas dentro dos palácios de onde deveriam governar com probidade; governadores transformam a sede de governo em centros de arrecadação e distribuição de dinheiro desviado; parlamentares cobram vantagens indevidas para aprovarem desonerações; dirigentes de instituições financeiras públicas cobram para si percentuais dos empréstimos que liberam; dirigentes de fundos de pensão de empresas estatais fazem investimentos ruinosos para os seus beneficiários em troca de vantagens indevidas. O enfrentamento à corrupção não precisa de punitivismo, jacobinismo, nem a crença em vingadores mascarados. Nem Robespierre nem Savonarola. Estamos aqui falando de respeito pleno à Constituição e à legalidade penal.

A tentativa de sequestro da narrativa

Há em curso no Brasil um esforço imenso para capturar a narrativa do que aconteceu no país. Muita gente querendo transformar a imensa reação indignada da sociedade brasileira e de algumas de suas instituições no enfrentamento da corrupção numa trama para perseguir gente proba e honesta. E, para isso, não se hesita em lançar mão de um conjunto sórdido de provas ilícitas, produzidas por criminosos, Deus sabe a soldo de quem. Esse processo de tentativa de reescrever a história, com tinturas stalinistas, produz as alianças mais esdrúxulas entre inimigos históricos. Só falta a criação de um Ministério da Verdade, como na obra *1984*, de George Orwell, que vivia de reescrever a história a cada tempo, modificando os fatos. Nessa versão, tudo não passou de uma conspiração de policiais federais, procuradores e juízes, cooptados por um punitivismo insano, contra gente que conduzia a coisa pública com lisura e boas práticas.

Para que não se perca a memória do país, gostaria de lembrar que: a) eu ouvi o áudio do Senador pedindo propina ao empresário e indicando quem iria recebê-la, bem como vi o vídeo do dinheiro sendo entregue; b) eu vi o inquérito em que altos dignitários recebiam propina para atos de ofício, abriam *offshores* por interpostas pessoas e sem declará-las à Receita, subcontratavam empresas de fundo de quintal e tinham todas as despesas pagas por terceiros; c) eu vi o deputado correndo pela rua com uma mala de dinheiro com a propina recebida, numa cena que bem serve como símbolo de uma era; d) todos vimos o apartamento repleto com 51 milhões de reais, com as impressões digitais do ex-Secretário de Governo da Presidência da República no dinheiro; e) eu vi, ninguém me contou, o inquérito em que o Senador recebia propina para liberação dos pagamentos à empreiteira pela construção de estádio; f) todos vimos o diretor da empresa estatal que devolveu a bagatela de 182 milhões de reais; e g) todos vimos a usina que foi comprada por 1,2 bilhão de dólares e revendida por menos da metade do preço.

Um novo paradigma

A corrupção favorece os piores. É a prevalência dos desonestos e dos espertos sobre os íntegros e os bons. Esse modelo não se sustenta indefinidamente. Só se o mal pudesse mais do que o bem. Mas, se fosse assim, nada valeria a pena. A maneira desassombrada com que a sociedade brasileira — e parte das suas instituições — vem enfrentando a corrupção e a impunidade, dentro do Estado de direito, produzirá, logo ali na esquina do tempo, uma transformação cultural importante: a revalorização dos *bons* em lugar dos *espertos*. Quem tiver talento para produzir uma inovação relevante, capaz de baixar custos de uma obra pública, será mais importante do que quem conhece a autoridade administrativa que paga qualquer preço, desde que receba uma vantagem por fora.[69] Esta talvez seja uma das maiores conquistas que poderá vir de um novo padrão de decência e seriedade.

No seu aclamado livro *Why Nations Fail*, Daron Acemoglu e James A. Robinson procuram identificar as razões que levam países à prosperidade ou à pobreza. De acordo com os autores, essas razões não se encontram — ao menos em sua parcela mais relevante — na geografia, na cultura ou na ignorância de qual é a coisa certa a fazer. Elas residem, acima de tudo, na existência ou não de instituições econômicas e políticas verdadeiramente inclusivas. É possível — apenas possível — que a tempestade ética, política e econômica que atingiu o Brasil nos últimos anos represente uma dessas conjunturas críticas que permitirão a reconstrução de muitas instituições e que ajudarão a empurrar para a margem da história as elites extrativistas e autorreferentes que se apropriaram do Estado brasileiro.

Capítulo 2
Liberdade de expressão

Da caverna à internet

> "— O senhor é a favor da liberdade de expressão?
> — Para falar a verdade, não."
> Charge do *Pasquim*, nos anos 70[70]

A comunicação humana

Há cerca de 70 mil anos, com a Revolução Cognitiva, desenvolveu-se um dos traços essenciais que singularizam a condição humana: a comunicação, a linguagem, a capacidade de transmitir informação, conhecimento e ideias. Ao longo dos séculos, a comunicação social percorreu uma longa trajetória, que se iniciou com inscrições e desenhos em cavernas, sinais de fumaça e tambores, e que teve como marco transformador a invenção da escrita, entre 3.500 e 3.000 a. C.

Até então, como já mencionado, obras emblemáticas da história da humanidade, como a Bíblia Hebraica, a Ilíada grega, o Mahabharata indiano e as primeiras escrituras budistas passavam de geração para geração como narrativas orais.[71] Com o avanço da ciência, a comunicação humana beneficiou-se de inventos cada vez mais sofisticados, como a imprensa, o telefone, o rádio e a televisão, até chegar aos computadores conectados em rede mundial. Vivemos a era da convergência de mídias — rádio, TV e "imprensa" concentrados em uma mesma plataforma, acessível por computador, celular ou *tablet* —, do *streaming* e das redes sociais. Tudo é novo por pouco tempo.

Desde o início, a liberdade de expressão sempre foi o tormento dos donos do poder: do poder político, do poder econômico e do poder religioso. Uma conquista obtida lenta e paulatinamente no curso da história, que só começa a se afirmar, efetivamente, com as revoluções liberais, a partir da Revolução Inglesa de 1688. Em 1695, o Parlamento inglês deixou de renovar o *Licensing Act*, que previa a censura prévia.[72]

A liberdade de expressão no Brasil: o passado condena

A censura no Brasil vem de longe. O primeiro documento a sofrê-la foi a carta de Pero Vaz de Caminha, considerada a certidão de nascimento do que viria a ser um dia o Brasil. Nela, Caminha, escrivão da frota de Cabral, descrevia para o rei D. Manuel as índias nativas, com "suas vergonhas tão nuas". A carta ficou esquecida por mais de dois séculos na Torre do Tombo, em Lisboa, até vir a ser divulgada pelo padre Manuel Aires do Casal. O padre, no entanto, cortou-lhe alguns trechos, que considerou "indecorosos".[73]

Após a vinda da família real portuguesa para o Rio de Janeiro, em 1808, foi criada a Imprensa Régia, à qual incumbia publicar a documentação oficial, obras e livros. Cabia a uma Junta Diretora examinar tudo previamente, sendo vedada a impressão de "papeis e livros cujo conteúdo contrariasse o governo, a religião e os bons costumes".[74]

Dando um salto no tempo, já no Estado Novo, de Getúlio Vargas, foi criado o Departamento de Imprensa e Propaganda, em dezembro de 1939. Entre seus objetivos estava "fazer a censura do teatro, do cinema, das funções recreativas e esportivas, da radiodifusão, da literatura social e política e da imprensa". Alguns anos antes, mas já sob a ditadura de Vargas, teria ocorrido um episódio que entrou para o folclore da luta pela liberdade de expressão no Brasil. O jornalista e humorista Apparício Torelly, o Barão de Itararé, fundador do *Jornal do Povo*, foi sequestrado na sede de sua publicação e espancado em razão de uma série de matérias que vinha publicando. De volta à redação, de onde fora arrancado à força, afixou na porta a tabuleta: "Entre sem bater."

O período mais recente de censura generalizada se deu sob a ditadura militar, entre 1964 e 1985, especialmente durante a vigência do Ato Institucional nº 5 (1968-1978). O cerceamento à liberdade de expressão recaiu sobre múltiplos domínios da vida intelectual e cultural brasileira. Na *imprensa escrita*, os jornais eram submetidos a censura prévia e, diante do corte dos censores, que se instalavam dentro das redações, viam-se na contingência de deixar espaços em branco ou de publicar poesias e receitas de bolo; apreendiam-se jornais e revistas por motivos políticos (como *Opinião* e *Pasquim*) ou de moralidade (*Ele & Ela*); e boicotava-se a publicidade do jornais que não se curvavam ao governo, para asfixiá-los economicamente (*Correio da Manhã*).

Na *música*, as letras das canções tinham que ser previamente submetidas à Divisão de Censura e Diversões Públicas. Havia artistas malditos, que não podiam gravar ou aparecer na TV, e outros que só conseguiam aprovar suas músicas mediante pseudônimo. Vivia-se um país nas entrelinhas e nas sutilezas. A música *Apesar de você*, de Chico Buarque, chegou a ser liberada, até que alguém se deu conta de que podia haver um protesto embutido em seus versos.

No *cinema*, filmes eram proibidos, exibidos com cortes ou projetados com tarjas que perseguiam seios e órgãos genitais, como ocorreu com o drama *Laranja Mecânica*. Nas *artes*, a peça *Roda Viva*, também de Chico Buarque, teve o teatro invadido e os atores agredidos por um grupo paramilitar, sendo logo em seguida proibida sua encenação em todo o território nacional. O Ballet Bolshoi foi impedido de se apresentar no Teatro Municipal, no Rio de Janeiro, sob a abstrusa invocação de que constituiria propaganda comunista. Na *televisão*, festivais da canção foram vítimas de intervenção governamental, todos os programas, salvo os ao vivo, eram previamente submetidos a exame por censores e a telenovela *Roque Santeiro* foi integralmente vetada para exibição.

O jornalista e escritor Zuenir Ventura fez um levantamento de que, durante os dez anos de vigência do AI 5, cerca de 500 filmes, 450 peças, 200 livros e mais de 500 letras de música sofreram veto.[75] O ápice do obscurantismo foi a proibição de divulgação de um surto de meningite ocorrido no país. Impediu-se a reação adequada à epidemia, em nome da proteção da imagem do Brasil Grande.

Desde a Independência, todas as Constituições brasileiras, a começar pela de 1824, asseguraram a liberdade de expressão. Desafortunadamente, sempre houve larga distância entre intenção e gesto, num dramático desencontro entre o discurso oficial e o comportamento dos governos. Em nome da segurança nacional, da moral, dos bons costumes, da família e de outros pretextos, sempre foram cerceadas a imprensa, as artes e a literatura. No Brasil, como em todo o mundo, a censura oscila entre o arbítrio, o capricho, o preconceito e o ridículo. Assim é porque sempre foi.

A Constituição de 1988 e a liberdade de expressão

É comum dizer-se que uma nova Constituição é uma reação ao passado e um compromisso para o futuro. Como visto, no tópico anterior, uma das marcas do regime militar foi o longo período de censura à liberdade de expressão em suas diferentes modalidades, aí incluídas a liberdade de imprensa e de criação artística. Não por outra razão, o texto constitucional de 1988 foi verdadeiramente obsessivo ao tratar da matéria, o que fez em uma pluralidade de dispositivos. Em lugar de assegurar a liberdade de expressão genericamente, vedando a censura e outras intervenções estatais, a Constituição dedicou diversas normas específicas ao tema.

Nessa linha, a Constituição protege expressamente a manifestação de pensamento, a atividade intelectual, artística, e científica, bem como a comunicação e o direito à informação. Apenas veda o anonimato e assegura o direito de resposta. No fundo, as principais limitações à liberdade de expressão estão associadas à proteção de outros direitos, chamados direitos da personalidade, que incluem a imagem, a honra e a privacidade das pessoas. Mesmo nesses casos, como regra, a consequência não é a proibição prévia da manifestação, mas, sim, o dever de pagar uma indenização. No caso da honra, o Código Penal prevê algumas hipóteses em que sua violação será crime.

A proteção ao direito de imagem impede que uma pessoa tenha a sua representação física ou o seu nome utilizado para proveito de terceiros, sem prévia autorização. Dois exemplos de maior visibilidade envolveram a atriz Maitê Proença e a apresentadora Xuxa. Ambas, em épocas diferentes, posaram para uma revista masculina, mediante contrato e remuneração. Outros veículos de imprensa, sem contrato ou autorização, reproduziram as fotos das duas artistas. Foram condenados ao pagamento de indenização pelo uso indevido de imagem.

A honra das pessoas também é protegida pela Constituição e a própria legislação penal trata como crime a prática de calúnia (imputação falsa de um crime), difamação (imputação de fato desabonador) e injúria (ofensa pessoal). Alguns exemplos envolvendo pessoas conhecidas: o jornalista Paulo Henrique Amorim foi condenado criminalmente, por injúria racial, por haver chamado o também jornalista Heraldo Pereira de "negro de alma branca" e dito que não tinha outros atributos que os de ser "negro e de origem humilde". O deputado federal Alexandre Frota foi condenado, também em processo criminal, por injúria e difamação contra Jean

Wyllys, por havê-lo acusado de pedófilo. Outro caso rumoroso foi a condenação cível do escritor Olavo de Carvalho, em ação movida por Caetano Veloso, também pela acusação de pedofilia.

Por fim, o direito de privacidade (a Constituição se refere a intimidade e vida privada) significa que há um espaço na vida das pessoas que deve ser inacessível ao público, à invasão quer pelo Estado quer por pessoas privadas. Registro aqui dois casos emblemáticos, com resultados opostos. Uma jovem que fazia *topless* na Praia Mole, em Santa Catarina, teve sua foto publicada em jornal de grande circulação. Ao julgar ação judicial em que ela pedia indenização por violação de privacidade ("exibiu os seios para a praia, não para o mundo"), o tribunal entendeu que condutas praticadas no espaço público, como regra geral, não desfrutavam dessa proteção. Já a modelo Daniela Cicarelli obteve êxito ao postular a retirada do YouTube de vídeo com cenas quentes praticadas com o namorado, dentro do mar, em uma praia pública.

O cenário no Brasil, no mundo e os novos desafios

> "Em épocas de mentiras generalizadas, dizer a verdade é um ato revolucionário."
> GEORGE ORWELL[76]

Liberdade de expressão e o Supremo Tribunal Federal

O Supremo Tribunal Federal tem um conjunto amplo de decisões em matéria de liberdade de expressão, sendo que a maior parte de suas intervenções foi no sentido de assegurá-la e de ampliá-la. Em matéria de *liberdade de imprensa*, julgamento emblemático foi o que considerou inteiramente incompatível com a Constituição de 1988 a Lei de Imprensa do Regime Militar, editada em 1967, e que continuava em vigor em 2009, quando foi repelida.[77]

Em outra decisão, assentou que a crítica dura a pessoas públicas, mesmo que grosseira ou injusta, não deve, como regra, sofrer limitações.[78] Em dezenas de casos, o STF reformou decisões das instâncias inferiores que limitavam a liberdade de imprensa, como no caso de publicação que foi retirada de circulação por crítica a um Governador de Estado.[79] Um mau momento do Tribunal, nessa temática, foi a censura imposta à revista eletrônica *Crusoé*, em 2019. A decisão, todavia, foi revogada dias depois.

Em questões envolvendo criação artística, merece registro o julgamento que considerou inconstitucionais dispositivos do Código Civil que exigiam prévia autorização da pessoa ou da família para a publicação de sua biografia.[80] Sob a vigência desses artigos, foi proibida a circulação de livros que traziam as biografias de Mané Garrincha, Roberto Carlos, Guimarães Rosa, Leila Diniz e Lampião, entre outros. Como intuitivo, a exigência de concordância prévia teria como consequência a produção apenas de biografias *chapa branca*.

Ainda no campo da liberdade de expressão artística, um caso curioso envolveu o diretor teatral Gerald Thomas. Em reação às vaias do público ao final da apresentação de sua montagem da peça Tristão e Isolda, o referido diretor subiu ao palco, simulou um ato de masturbação e exibiu as nádegas para uma plateia atônita. Foi denunciado criminalmente pela prática de ato obsceno. O STF, no entanto, extinguiu a ação penal, por considerar que a atitude, inadequada e deseducada como fosse, constituía exercício de liberdade de expressão, tendo em vista tratar-se de uma peça de temática madura, assistida por um público adulto.[81]

O STF assegurou, ainda, a exibição do Especial de Natal do Porta dos Fundos, uma sátira que alegadamente teria ofendido o sentimento cristão ao retratar um Jesus *gay*.[82] O programa havia sido retirado do ar por decisão do Tribunal de Justiça do Rio de Janeiro. Também por decisão do Supremo, foi restabelecida a circulação de revista infanto-juvenil que exibia um beijo entre dois homens, e havia sido recolhida por determinação judicial.[83] Por fim, já no contexto que combinava liberdade de expressão e de reunião, o Tribunal garantiu o direito de realização da "Marcha da Maconha", afirmando que a defesa da descriminalização do consumo de determinada substância não constitui incitação à prática de crime.[84]

Nesses debates envolvendo liberdade de expressão, é sempre bom lembrar a advertência sábia de Rosa de Luxemburgo: "A liberdade é sempre a liberdade para quem pensa diferente."

Liberdade de expressão nos EUA e na Alemanha

Nos Estados Unidos, a Primeira Emenda à Constituição proíbe a edição de leis que restrinjam a liberdade de expressão e de imprensa. Vêm de lá expressões que se integraram à semântica do tema, como "livre mercado de ideias", em analogia ao livre mercado das economias liberais. Ou, também, a afirmação de que o debate público deve ser "sem inibição, robusto e completamente aberto". E, ainda, as preocupações com o "efeito silenciador", que é a consequência de as pessoas terem temor de se manifestarem, pelo risco de sofrerem sanções. A despeito de ser louvada pelos autores e pelos tribunais como um símbolo da cultura e da democracia, a liberdade de expressão nos Estados Unidos não teve uma trajetória linear.

De fato, no primeiro quarto do século, sobretudo em razão da guerra fria e do anticomunismo, diversas decisões limitaram drasticamente a liberdade de expressão política. Assim, sob a tese jurídica de que determinadas manifestações ofereciam "perigo claro e real" (*clear and actual danger*), a Suprema Corte manteve condenações criminais contra militantes socialistas que faziam campanha contra o alistamento militar,[85] imigrantes russos que protestavam contra a intervenção americana na Revolução Bolchevique,[86] militantes[87] e líderes sindicais que defendiam a substituição do modelo capitalista pelo socialista.[88] Somente em 1969, essa linha de casos foi superada com a nova tese de que a liberdade de manifestação somente deve ser punida se incitar a prática de atos ilícitos e se houver probabilidade de que eles efetivamente ocorram.[89] Não deve passar despercebido o fato de que a reversão de entendimento se deu em favor de um líder da Ku Klux Klan, que dirigia ataques ao Presidente, ao Congresso e à Suprema Corte por "protegerem negros e judeus".

Ao longo do século XX, porém, a liberdade de expressão foi sendo progressivamente expandida, com vedação expressa à censura prévia, salvo ameaça para a segurança nacional.[90] Em 1971, a Suprema Corte assegurou o direito de os jornais *New York Times* e *Washington Post* publicarem os chamados "Documentos do Pentágono" (*The Pentagon Papers*), relatórios sigilosos acerca da participação americana na Guerra do Vietnam, vazado por um de seus autores.[91] Num dos casos mais emblemáticos em matéria de liberdade de imprensa — *New York Times v. Sullivan*[92] —, a Suprema Corte estabeleceu critérios bastante rígidos para que um agente público criticado pudesse propor ação contra o jornal: a necessidade de "malícia real" (*actual malice*), compreendida como o conhecimento da falsidade do fato ou negligência grave na sua apuração.

Fizeram história, também, decisões como as que proibiram a criminalização da queima da bandeira como forma de protesto[93] e a controvertida decisão que considerou que a lei que impedia gastos eleitorais por empresas e sindicatos era inconstitucional.[94] Sob crítica severa de muitos, a Corte considerou que derramar dinheiro em eleições é exercício de liberdade de expressão. No geral, não merecem proteção da Primeira Emenda, de acordo com a Suprema Corte, obscenidade, falsidade deliberada, crimes contra a honra, incitação ao crime e palavras que incitem o ódio e a violência (*fighting words*).

Diferentemente da Constituição americana, que é bem lacônica a respeito, a Constituição alemã, no seu art. 5º, detalha um conjunto de direitos associados à livre manifestação do pensamento: liberdade de expressão, direito à informação, liberdade de imprensa, liberdade de telecomunicação, liberdade de pesquisa, liberdade acadêmica e de educação. Alguns aspectos da experiência histórica alemã, especialmente o trauma do nazismo, levaram a restrições específicas à liberdade de expressão, como a criminalização da negação do holocausto e a proibição de símbolos nazistas. Também as manifestações de ódio (*hate speech*), como racismo e antissemitismo, são interditadas e punidas por lei.

Na Alemanha, a liberdade de expressão não tem o caráter preferencial *a priori* frequentemente reconhecido nos Estados Unidos. Além de uma maior ênfase na separação entre o que seja opinião e o que seja fato — informação errada ou falsa não é objeto de proteção[95] —, a Corte Constitucional realiza um balanceamento frequente entre a liberdade de expressão, de um lado, e, de outro, a dignidade e os direitos da personalidade. Com frequente prevalecimento do direito à honra sobre o direito de criação artística e mesmo sobre o direito de informação. Um precedente emblemático é conhecido como *caso Mephisto*, em que os herdeiros de um ator conseguiram proibir a divulgação de um livro de ficção cujo personagem principal era inspirado na vida do falecido ator e associava o seu sucesso à adesão ao nazismo.[96] Em outro julgamento, conhecido como *caso dos soldados Lebach*,[97] a Corte Constitucional impediu, a pedido de um dos envolvidos em um crime, a divulgação de documentário que exibiria a sua imagem.

Algumas questões contemporâneas

Um tema que divide corações e mentes é o das manifestações de ódio, frequentemente referidas por sua identificação em inglês: *hate speech*. O conceito traduz referências ofensivas, discriminatórias ou depreciativas de grupos minoritários ou vulneráveis. Na Alemanha, como visto, tal forma de expressão não é protegida. No Brasil, tampouco. Decisões do Supremo Tribunal Federal consideraram crime manifestações negacionistas do holocausto ou preconceituosas contra o povo judeu, por constituírem incitação ao racismo.[98] A mesma linha de entendimento foi adotada relativamente a ameaças, agressões e discriminações contra pessoas da comunidade LGBTI+, ao equiparar a homofobia ao racismo.[99] Ambas as decisões geraram debates intensos e tiveram votos divergentes.

Outra questão que divide opiniões é a que diz respeito ao chamado *direito ao esquecimento*, isto é, de não ser mencionado em meios de comunicação social ou nos buscadores de notícias na internet por fatos pretéritos desabonadores. Um precedente importante na matéria foi o *caso Doca Street*, julgado pelo Tribunal de Justiça do Rio de Janeiro. O autor de um rumoroso crime passional ocorrido na cidade de Búzios tentou, sem êxito, impedir a transmissão de programa de televisão retratando o episódio, sob o fundamento de que já havia cumprido pena e estava ressocializado. Em outro caso, o Superior Tribunal de Justiça condenou emissora de televisão a pagar indenização por exibir programa acerca da chamada *Chacina da Candelária*, citando o nome de pessoa que veio a ser absolvida da acusação de haver participado do crime. Já o Tribunal de Justiça da União Europeia determinou a retirada do *site* de pesquisas da Google da referência ao fato de que um indivíduo, muitos anos atrás, tivera sua casa vendida em leilão por débito com a Previdência Social. O fundamento da decisão foi a ausência de qualquer interesse público na informação.

Por fim, existem questões associadas à internet e às mídias sociais que começam a desafiar equacionamento e solução. Entre elas, as *campanhas de desinformação*. Em todo o mundo, o tema das chamadas *fake news* tem sido um problema grave, com impacto em áreas e países diversos, inclusive nas eleições americanas, nas da Índia e no Brexit. Notícias fraudulentas são aquelas criadas e difundidas de forma deliberada, com o objetivo de obter vantagem (política, patrimonial ou moral), causando dano a pessoas, grupos ou instituições.[100] Constituem falhas do mercado digital de livre difusão de informações, ideias e opiniões. Falhas de mercado exigem regulação.[101] E, também, autorregulação: cabe prioritariamente às próprias mídias sociais fazerem o controle, não de conteúdo, mas de comportamentos inaceitáveis, como o uso de robôs, contas e perfis falsos, assim como impulsionamentos ilegais. Uma variação desse fenômeno são os ataques à ciência e ao conhecimento estabelecido, com base em superstições, achismos ou concepções pré-iluministas e seus terraplanismos variados.

Há também o *risco da censura privada*. As plataformas tecnológicas — entre as quais WhatsApp, Facebook, Twitter e Instagram — se transformaram em ágoras eletrônicas, constituindo uma gigantesca esfera pública para comunicação e debate. Já se assentou que, como regra geral, o Estado não deve interferir na comunicação social, evitando a censura prévia. O que dizer, porém, em relação à censura privada, que ocorre quando as próprias mídias sociais removem conteúdo? De fato, algum tempo atrás, o Facebook desativou páginas de contas ligadas a um movimento político. Em 2020, o Twitter e o Facebook, por decisão própria, sem ordem judicial, removeram duas postagens do Presidente Jair Bolsonaro, ambas relacionadas à Covid-19, por comentários que contrariavam o consenso científico. Parece fora de dúvida que as redes sociais possam fazer prevalecer os seus Termos de Uso, evitando se tornarem vias de trânsito para conteúdo ilegal ou moralmente indesejável. Como, por exemplo, pornografia infantil, racismo, incitação à violência, terrorismo ou *revenge porn*. Mas, para que tal conduta seja legítima, não constituindo uma violação privada à liberdade de expressão, é imprescindível que seus critérios sejam públicos e transparentes, sem margem à arbitrariedade e à seletividade.

Acrescenta-se, ainda, já o *ataque às instituições*. Em junho de 2020, o Supremo Tribunal Federal considerou legítima a continuidade de um inquérito que apurava ataques e ameaças ao Tribunal e seus Ministros, bem como a outras instituições constitucionais. Tratava-se, na verdade, de comportamento massivo de grupos radicais, orquestrados e financiados com o propósito de desestabilização da democracia e viabilização de uma ruptura institucional. O Tribunal assentou que manifestações que visam a abalar a independência do Poder Judiciário, pela via da ameaça aos membros do Supremo Tribunal Federal e a seus familiares, atentam contra os Poderes instituídos, contra o Estado de direito e contra a democracia.[102]

Capítulo 3
Pobreza e desigualdade:

A causa inacabada da humanidade

> "'Erradicar a pobreza' e 'reduzir as desigualdades sociais' são objetivos da República Federativa do Brasil."
> Constituição Federal, art. 1º, III

No passado, à exceção de elites diminutas, todos eram igualmente pobres. Até por volta de 1800, fazia pouca diferença em que parte do mundo uma criança nascesse: sua chance de morrer antes dos 5 anos era próxima de 50%. Mesmo que sobrevivesse, a existência era curta para todos: a expectativa de vida girava em torno de 35 anos. Nos últimos dois séculos, a humanidade experimentou vertiginoso progresso econômico, científico e social. Multidões deixaram de ser pobres. Deixaram de ser iguais. A constatação não deixa de ser desconcertante: a desigualdade foi impulsionada pelo progresso. Pela distribuição desigual dos seus frutos. Nos dias de hoje, o lugar onde você nasce pode ser o principal fator definidor do seu futuro.[103]

Pobreza e desigualdade são conceitos inter-relacionados, mas não se confundem. *Pobreza* identifica uma situação individual de privação material, de falta de acesso a condições mínimas de bem-estar. Ela é geralmente medida em função da renda ou da capacidade de consumo. Já a *desigualdade* é um conceito relacional, que identifica disparidade na distribuição de bem-estar, riqueza e poder em uma sociedade. Ela se manifesta em múltiplas dimensões, que incluem as desigualdades de renda, de gênero, racial, regional e entre países, em meio a outras. *Acabar com a pobreza em todas as suas formas, em todos os lugares*, até 2030, é o primeiro dos Objetivos do Desenvolvimento Sustentável do Milênio aprovados pela ONU em 2015. Já a desigualdade deixou de ser vista apenas como um problema dos pobres, por representar um freio ao crescimento econômico, afetando as condições de vida de todos.

A desigualdade é medida pelo chamado Índice ou Coeficiente de Gini, que calcula a distribuição da riqueza em uma sociedade, e é um conceito complexo. Se uma escritora vende milhões de livros ou um atleta extraordinário ganha uma fortuna, eles se tornam desiguais. Mas a desigualdade que merece estigma não é a que privilegia o talento, o conhecimento ou o trabalho aplicado. A distorção começa quando se nega igualdade de oportunidades às pessoas, gerando incluídos e excluídos, e impedindo o acesso equiparado aos bens da vida, dentre os quais educação, saúde e condições existenciais mínimas. É esse tipo de desigualdade que reforça e reproduz as situações de pobreza, como, por exemplo, sistemas tributários que concentram renda, negligência em relação à educação básica e políticas públicas que favoreçam os extratos dominantes.

Pobreza e desigualdade no mundo

Os números da pobreza no mundo são dramáticos. Ainda assim, é preciso reconhecer que entre 1990 e 2015, a quantidade de pessoas vivendo em extrema pobreza diminuiu mais da metade: eram 1,9 bilhão e passaram a 836 milhões, segundo a ONU,[104] ou 734 milhões, de acordo com o Banco Mundial.[105] O critério utilizado é a renda de menos de 1,90 dólar por dia. A redução da pobreza nas últimas décadas foi muito significativa, caindo de 36% da população mundial em 1990 para 10% em 2015. Essa tendência de queda, todavia, foi interrompida em 2020 pela pandemia da Covid-19, com a recessão que dela adveio e seu impacto dramático sobre as populações mais pobres. O maior número dos que sofrem as condições da extrema pobreza vive em áreas rurais, trabalha na agricultura e teve escasso acesso à educação. A maioria habita regiões abaladas por prolongados conflitos. Dos 28 países mais pobres do mundo, 27 estão na África subsaariana.[106]

A globalização e os avanços tecnológicos tiveram um impacto redutor da pobreza mundial. Mas trouxeram, também, um aumento na concentração de renda, tanto entre os países como dentro de cada um. Em livro de grande sucesso, Thomas Piketty procurou demonstrar que a desigualdade não é um acidente, mas uma característica do modo de produção capitalista, que só a intervenção do Estado pode conter. Na obra, ele reconhece que, nas sociedades de livre mercado, os incentivos ao conhecimento e à capacitação individual permitem uma maior igualdade. Porém, aponta o que denomina uma contradição central do capitalismo: o fato de que a taxa de retorno médio do capital (lucros, dividendos, juros, aluguéis) é, na maior parte da história, superior à taxa de crescimento da economia. Isso significa que a riqueza acumulada no passado cresce mais rapidamente do que a produtividade e os salários. Nesse ambiente, empreendedores se tornam rentistas e dominam os que detêm apenas a força de trabalho. Segundo ele, a concentração de renda e a desigualdade são inerentes ao modelo.[107]

Independentemente da visão de cada um quanto a esse diagnóstico, o fato real é que os números da desigualdade são muito impressionantes. De acordo com o tradicional relatório anual do Banco Credit Suisse, no ano de 2019 os 10% mais ricos do mundo detinham 82% da riqueza global. E o grupo dos 1% mais ricos, que reúne as pessoas com mais de um milhão de dólares, possuía 44%.[108] Riqueza, para o relatório, é a soma de recursos financeiros e bens imóveis de cada indivíduo. Segundo a revista *Forbes*, existiam no mundo, no final de 2019, 2.153 bilionários. Somados, eles têm mais riquezas do que 4,6 bilhões de pessoas.[109] Os países que apresentam maior desigualdade social estão no continente africano: Namíbia, Lesoto e Serra Leoa. Na Europa, Portugal é o mais desigual, e Noruega, Japão e Suécia são os que apresentam menor nível de desigualdade.[110]

Pobreza e desigualdade no Brasil

A população brasileira em 2019 era de 210 milhões de habitantes. O Produto Interno Bruto (PIB) — soma de todas as riquezas produzidas no país no ano — foi de 7,3 trilhões de reais (1,8 trilhão de dólares, com o câmbio de 31 de dezembro de 2019 a 4,05 dólares). Tais números nos situam entre as dez maiores economias do mundo, embora a pandemia e a desvalorização do real tenham afetado essa posição ao longo de 2020. O PIB per capita foi de 34.533 reais (8.526 dólares). Pela classificação do Banco Mundial, somos considerados um país de renda média-alta, faixa que varia de 4 a 12 mil dólares.[111] Cerca de metade dos países do mundo estão na categoria de renda média. Muitos economistas se referem à pouca sofisticação da economia brasileira e ao baixo crescimento econômico como a armadilha da renda média.[112] Estamos há muitos anos no mesmo lugar, sem conseguir mudar de patamar. O último ano de crescimento significativo do Brasil foi 2013, tendo enfrentado grave recessão entre o fim de 2014 e 2016.

De acordo com o IBGE, em pesquisa referente ao ano de 2019, a pobreza extrema atingiu o seu nível mais alto desde 2012. São 6,5% da população, somando cerca de 13,5 milhões de pessoas que vivem com renda mensal de até 145 reais. É uma quantidade maior do que a população de países como Bolívia, Bélgica, Grécia e Portugal. Desde 2014, 4,5 milhões de pessoas caíram abaixo da linha da pobreza extrema. Desse total, 72,7% são pretos ou pardos. A miséria tem cor e atinge, principalmente, os Estados do Norte e do Nordeste. O Maranhão tem a maior proporção de pobres, com 53% da população nessa condição, ao passo que Santa Catarina ostenta a menor proporção, com 8%.[113]

A desigualdade também é espantosa. O estrato do 1% de brasileiros mais ricos concentra um terço da renda do país. Esse grupo, que reúne apenas 2,1 milhões de pessoas, teve rendimento médio mensal de 27.744 reais. Por outro lado, os 50% mais pobres — mais de cem milhões de indivíduos — ganharam a média de 820 reais.[114] De acordo com o Programa de Desenvolvimento das Nações Unidas (PNUD), o Brasil é o sétimo país mais desigual do mundo, à frente apenas da África do Sul, Namíbia, Zâmbia, República Centro-Africana, Lesoto e Moçambique.[115] Apenas o Catar tem maior concentração de renda entre o 1% mais rico da população.[116] Transversal à questão econômica, temos a questão de gênero, a questão racial e a questão regional, numa interseccionalidade que agrava as desigualdades.

Causas e consequências da pobreza e da desigualdade

As causas da pobreza e da desigualdade no Brasil são muitas, de naturezas diversas e se acumularam ao longo do tempo. Muitas vêm de longe, outras são mais recentes. Sem nenhuma pretensão de exaustividade, mas à guisa de ilustração, vejam-se algumas delas: a *colonização de exploração*, com remessa de riquezas para Portugal, sem que os colonizadores cogitassem de ficar para criar uma nação. A *escravidão*, com a degradação humana imposta aos cativos, seguida de uma abolição que não se preocupou com integração social, educação ou oportunidades, mantendo a condição inferior e de subalternidade das populações negras. A *não universalização da educação básica*, mantida, desde sempre, como privilégio das classes dominantes — educação básica no Brasil só veio a ser universalizada cem anos depois dos Estados Unidos, na década final do século XX.

A ela se somam, ainda, o *gigantismo do Estado*, apropriado privadamente por elites extrativistas, que historicamente direcionaram as políticas públicas para os seus interesses, com financiamentos, desonerações ou simplesmente saqueando o erário. A *inflação elevada* por prolongados períodos, depreciando o salário dos trabalhadores modestos, que não podiam se proteger no *overnight* ou em aplicações financeiras indexadas. A *excessiva atratividade do mercado financeiro*, pelos juros elevadíssimos (a Selic chegou a 40% ao ano) — tal circunstância não apenas desestimulou o investimento produtivo como alijou dos ganhos a grande maioria que não tinha condição de poupar e de investir.

As consequências desses e de outros fatores compõem a realidade atual. Do colonialismo, ficou-nos a vocação patrimonialista de apropriação privada do espaço público. Da escravidão, a cultura da desigualdade e a marginalização de pretos e pardos. Da deficiência na educação, vidas menos iluminadas, trabalhadores menos produtivos e uma elite intelectual reduzida, com menos gente capaz de pensar o país. Do Estado inchado e controlado por uma elite econômica autocentrada e de visão estreita, o custo maior do que a sociedade pode pagar. A inflação elevada e a atratividade do mercado financeiro fizeram do rentismo a melhor opção de rendimento. O saldo dos desacertos se traduz em baixos salários, pouca inovação, informalidade, favelização, serviços públicos precários, burocracia paralisante e índices estratosféricos de criminalidade e violência.

Algumas soluções

Ninguém se iluda: não há solução simples nem barata contra a pobreza e a desigualdade. Mas há receitas que já se provaram funcionais. A propósito, cabe lembrar que o Brasil, entre 1988 e 2014, apresentou resultados relevantes, tanto no enfrentamento da pobreza — reduzida em 72,7%[117] — quanto na melhor distribuição de renda. De fato, nosso Índice de Desenvolvimento Humano (IDH) foi o que mais cresceu na América Latina[118] e o Índice de Gini, aquele que mede a desigualdade na distribuição de riquezas, atingiu o seu melhor patamar histórico em 2015.[119] É certo que a partir do final de 2014, com descontrole fiscal e turbulências políticas, houve queda de renda, desemprego e estagnação econômica. Mas não se deve ignorar que os avanços foram significativos, embora insuficientes e, infelizmente, não definitivos.

Para os economistas em geral, o principal antídoto contra a pobreza é o crescimento econômico, com aquecimento do mercado, geração de empregos, elevação de salários e maior arrecadação. Para enfrentar a desigualdade — a despeito das múltiplas visões ideológicas —, ideias consensuais no espectro liberal progressista incluem: economia de mercado, com mecanismos eficientes de distribuição de renda e de bem-estar, com sistema tributário justo (o brasileiro é regressivo, concentrador de renda), serviços públicos de qualidade (notadamente educação, saúde, saneamento básico, transporte público e financiamento habitacional), incentivo à inovação e ao empreendedorismo e programas sociais de enfrentamento da pobreza. A ideia de renda básica universal voltou à discussão, especialmente após a eclosão da pandemia da Covid-19.

Em síntese: vamos precisar diminuir o Estado administrativo — com seus milhares de cargos em comissão e vantagens individuais que o país não comporta — e o Estado econômico, repleto de empresas estatais deficitárias, utilizadas para fins políticos, quando não coisa pior. Sem essa redução, não sobrarão recursos para financiar o Estado social: o da educação, saúde, serviços públicos de qualidade e programas de amparo aos desassistidos. Como lembra o economista e professor Arminio Fraga, a soma do gasto com funcionalismo e previdência social chega a 80% da despesa pública.[120] Não sobra dinheiro para o investimento. O sistema tributário, por sua vez, terá de retirar o foco da tributação sobre consumo — que onera desproporcionalmente os mais pobres — e passá-lo para o capital, a renda e o patrimônio. Não é o caso de se aumentar a carga tributária — que já é elevada, em torno de 33% —, mas de desmontar privilégios.

Capítulo 4
Educação básica no Brasil

O atraso e o futuro

> "A crise da educação no Brasil não é
> uma crise; é um projeto."
> Darcy Ribeiro

Desenvolvi uma pesquisa sobre a educação básica no Brasil e a publiquei em um artigo acadêmico intitulado "Educação básica no Brasil: Do Atraso Prolongado à Conquista do Futuro".[121] Apresento aqui um resumo das ideias expostas naquele texto, com diagnósticos e soluções tidos como consensuais pelos especialistas. Considero este um dos principais itens de uma verdadeira agenda patriótica.

Tomei como referência alguns dos principais documentos internacionais (UNESCO, Banco Mundial, OCDE) e nacionais (INEP, SAEB, BNCC), bem como a prolífica e valiosa produção de instituições como Fundação Lemann, Todos pela Educação e Instituto

Ayrton Senna. Também me beneficiei da generosa interlocução das Professoras Maria Helena Guimarães de Castro e Cláudia Costin, assim como do jornalista Antônio Gois. No trabalho, procurei tabular os principais problemas e algumas soluções consensuais para superar o atraso da Educação básica no Brasil. Um esforço para trazer informações e mobilizar a comunidade jurídica com relação a um fator decisivo para o desenvolvimento do Brasil.

A falsa prioridade

Apesar das declarações tonitruantes, a educação básica no Brasil não tem sido tratada como prioridade verdadeira. Com exceção da permanência mais prolongada de Paulo Renato e Fernando Haddad — períodos em que houve efetivo avanço —, Ministros têm se sucedido segundo a lógica do varejo político. Nos últimos anos foram dez ministros. Não há política pública que resista a esse tipo de descontinuidade. O país precisa de um plano estratégico, suprapartidário, de curto, médio e longo prazos, que não esteja à mercê dos prazos e das circunstâncias eleitorais.

O desenho e os números do sistema

O sistema educacional brasileiro é organizado em educação superior e educação básica. A educação básica, objeto desse tópico, contava em 2018 com 57 milhões de estudantes, segundo o Instituto Nacional de Estudos e Pesquisas Educacionais Anísio Teixeira (INEP), dividida em três níveis: a *educação infantil*, segmentada em creche (0 a 3 anos) e pré-escola (4 a 5 anos), com 8,7 milhões de matrículas; o *ensino fundamental*, estendendo-se dos 6 aos 14 anos e dividido em duas fases — 1º ao 5º ano (antigo primário) e 6º ao 9º ano (antigo ginásio), com 27,2 milhões de matrículas; e o *ensino médio*, que deve atender jovens de 15 a 17 anos, ministrado em três anos, com 7,7 milhões de matrículas.

Os principais problemas

A universalização da educação básica no Brasil se deu com grande atraso, um século depois dos Estados Unidos.[122] Elites extrativistas e autorreferentes adiaram, ao longo de quase todo o século XX, a democratização do acesso ao ensino público. Porém, nas últimas décadas, houve um inegável processo de inclusão. Os problemas, todavia, ainda são dramáticos: a escolaridade média é de 7,8 anos, inferior à média do Mercosul (8,6 anos) e dos BRICS (8,8 anos). Cerca de 11 milhões de jovens entre 19 e 25 anos não estudam nem trabalham, apelidados de "nem nem".[123] Três dos grandes problemas da educação básica no Brasil vão a seguir:

> *Não alfabetização da criança na idade certa.* De acordo com a Base Nacional Comum Curricular, a alfabetização deve se dar, a partir do ano de 2020, no 2º ano do ensino fundamental. Em larga proporção, isso não ocorre. Problemas associados à não alfabetização são os altos índices de reprovação e a defasagem idade/série.
>
> *Evasão escolar no ensino médio.* Existem 10 milhões de jovens entre 15 e 17 anos, cerca de 3 milhões estão fora da escola, entre os que não se matriculam, os que abandonam o estudo e os que são reprovados por falta. Isso impacta a renda, a produtividade e as opções de emprego dessas pessoas, além de aumentar o risco de violência e cooptação pela criminalidade. A necessidade de trabalhar e a falta de atratividade de currículos defasados são apontadas como principais causas.
>
> *Déficit de aprendizado.* Problema gravíssimo, nosso déficit de aprendizado é detectado pelos sistemas de avaliação nacionais e estrangeiros: o jovem conclui o ensino fundamental e o ensino médio sem ter aprendido fundamentos básicos de linguagem, ciência e matemática. Estamos no fim da fila no PISA, prova organizada pela OCDE para aferir o nível de aprendizado de jovens

de 15 anos. O fato revela os críticos problemas de qualidade do ensino, ao ponto de que mais escolaridade não tem significado aumento na produtividade. Sem mencionar o analfabetismo funcional, que identifica os indivíduos incapazes de interpretar textos simples ou de fazerem operações matemáticas elementares.

Algumas propostas de solução

Não existe bala de prata em matéria de educação. Como dito anteriormente, é preciso um plano estratégico, suprapartidário, com objetivos de curto, médio e longo prazos bem definidos e perseguidos com políticas públicas consistentes e constantes. A seguir, três ideias — em meio a muitas —, que constituem consensos importantes nessa matéria.

Atração e capacitação de professores. Este é um dos pontos nevrálgicos da educação básica no Brasil: a pouca atratividade da carreira do magistério. Há problemas de valorização institucional e, consequentemente, dificuldade de atrair valores para os seus quadros. Sem desmerecer a dedicação e o talento de muitos professores vocacionados e abnegados, os dados demonstram que, nos últimos tempos, os cursos de Pedagogia são escolhidos pelos que têm rendimento abaixo da média no Enem. Há problemas de formação de professores, de condições de trabalho, de infraestrutura das escolas e limitações quanto à remuneração. É preciso tratar o magistério como uma das profissões mais importantes do país, elevar a capacitação dos professores e aumentar a atratividade da carreira, com incentivos de naturezas diversas.

Escola em tempo integral. A ampliação do tempo de permanência na escola de cinco para oito horas é providência reconhecida como decisiva para o avanço da educação básica. Naturalmente, é necessário atentar para a qualidade desse tempo extra, com medidas curriculares e extracurriculares. Os Estados da Federação que adotaram programas de escolas em tempo integral, como Espírito Santo e Pernambuco, destacaram-se nos resultados do IDEB (Índice de Desenvolvimento da Educação básica). De acordo com dados do, menos de 10% dos alunos do sistema de Educação básica estudam em tempo integral.

Ênfase na educação infantil. Documentos do Banco Mundial e pesquisadores reconhecidos internacionalmente atestam que o principal investimento a ser feito em educação básica é a partir das primeiras semanas de vida da criança. Nessa fase, o cérebro é uma esponja que absorve todas as informações que lhe são transmitidas. Esse é o momento de se assegurar que a criança receba nutrição adequada, afeto, respeito, valores e conhecimentos básicos. Embora o papel da família seja determinante, o fato é que, em um país como o Brasil, com tantos lares desfeitos, a escola precisa, em um percentual bastante relevante, suprir demandas que muitas vezes a criança não terá atendidas em casa. Mas as creches têm que ser de qualidade, quer nos seus professores, quer nas condições mínimas de infraestrutura. Pesquisas demonstram que boas creches contribuem de maneira significativa para o desenvolvimento do potencial das crianças, enquanto creches de má qualidade possuem, inclusive, efeitos contraproducentes.

Uma observação final: também existe consenso entre os especialistas — e comprovações empíricas mundo afora — de que a mera injeção de recursos, sem aprimoramento da gestão, sem projetos concretos e consistentes, não é capaz de trazer resultados significativos.

Conclusão

O presente capítulo e o estudo maior de onde foi extraído não têm pretensões acadêmicas ou de originalidade. Trata-se, tão somente, de uma contribuição para manter o tema no radar, expondo diagnósticos e soluções que constituem consensos entre os especialistas. Nesse tema, precisamos de conscientização, mobilização, investimento, gestão e monitoramento.

Em uma proposição sumária, resumindo a essência do que foi dito: três dos grandes problemas da educação básica no Brasil são: a não alfabetização da criança na idade certa, a evasão escolar no ensino médio e o não aprendizado mínimo ao final de cada ciclo. Algumas das soluções propostas incluem valorização e capacitação dos professores, escolas em tempo integral e ênfase no ensino logo na primeira idade. Quem acha que o problema da educação no Brasil é Escola sem Partido, identidade de gênero ou saber se 1964 foi golpe ou não, está assustado com a assombração errada.

Capítulo 5
Reforma Política

Hiperpresidencialismo, fisiologismo e instabilidade

> "É uma experiência eterna que qualquer homem que detém poder tende a abusar dele: vai até encontrar limites."
>
> Barão de Montesquieu

A necessidade de uma reforma política é um desses consensos enganosos e falsas prioridades que o país desenvolve vez por outra. Todo mundo acha que a reforma é necessária, mas muito poucos se interessam verdadeiramente; e os que se interessam não se entendem. Há algumas razões para isso: o tema é repleto de tecnicalidades, ninguém explica direito e há muitos interesses sobre a mesa.

A seguir, uma tentativa de exposição simplificada do tema, juntamente com algumas ideias. O sistema político compreende o sistema de governo (presidencialismo ou parlamentarismo), o sistema eleitoral (proporcional ou majoritário) e o sistema partidário, que rege a criação e o funcionamento dos partidos políticos. O presente capítulo é dedicado ao sistema de governo.

São basicamente dois os modelos puros de sistema de governo praticados no mundo. O primeiro é o *presidencialismo*, que teve sua origem nos Estados Unidos, logo após a independência, em 1776. Não havendo um rei para substituir o rei da Inglaterra, adotou-se um sistema republicano de eleições periódicas e um presidente — George Washington — no lugar do monarca. Nesse sistema, o presidente geralmente é eleito e acumula os papéis de chefe de Estado e chefe de governo. As questões de Estado envolvem, por exemplo, relações diplomáticas, nomeação de embaixadores, juízes de cortes superiores, comandantes militares. As funções de governo se referem ao dia a dia da política e das escolhas circunstanciais: política econômica, investimentos públicos, sistema de saúde etc.

No *parlamentarismo*, as funções de chefe de Estado e de chefe de governo são atribuídas a pessoas/órgãos diversos. Nas monarquias parlamentares, o rei é o chefe de Estado e um Primeiro-Ministro, escolhido pelo Parlamento, é o chefe de governo. Na maior parte das democracias, o monarca exerce apenas funções cerimoniais, simbólicas. São exemplos o Reino Unido, a Suécia, a Dinamarca, a Holanda e a Espanha. Nas Repúblicas parlamentares, geralmente o presidente é eleito por voto indireto pelo Poder Legislativo, como é o caso, por exemplo, da Alemanha e da Itália.

Uma distinção marcante entre os dois sistemas é a seguinte: no parlamentarismo, se o Primeiro-Ministro, que é quem toca o dia a dia da política, perder a sua sustentação política, ele pode ser removido por um procedimento relativamente simples, que se chama *voto de desconfiança*. Aprovado o voto, ele é substituído por um outro nome, chancelado pelo Parlamento. No presidencialismo, a única forma de destituição do chefe de governo — isto é, o presidente — é pela via do *impeachment*. O *impeachment* exige que o presidente tenha cometido um crime grave, seja de natureza comum (um homicídio, por exemplo), seja o que se denomina crime de responsabilidade (atentar contra a separação de Poderes, por exemplo). Esses crimes estão previstos na Constituição e tipificados em legislação específica. Vale dizer: não há um mecanismo institucional para afastamento do presidente por perda de apoio político e da governabilidade.

A experiência latino-americana com o presidencialismo à americana não tem sido boa, no geral. Tem oscilado entre o hiperpresidencialismo, com concentração de poder no Executivo e viés autoritário, ou o fisiologismo extremo, em que o presidente fica refém do Congresso e precisa entabular coalizões e negociações nem sempre republicanas. A isso se soma o fato de que o *impeachment* é sempre um episódio traumático, sem a naturalidade da troca de um Primeiro Ministro que tenha tido sua liderança esvaída.

Existe um modelo híbrido, praticado por países como França e Portugal, apelidado de semipresidencialismo. Nesse sistema, ao contrário do parlamentarismo, o Presidente é eleito para mandato por prazo certo, pelo voto direto da população, o que dá a ele uma carga de legitimidade mais intensa do que no modelo parlamentar. Suas competências são as de um chefe de Estado. Relembrando algumas delas: condução das relações internacionais, comando das Forças Armadas, indicação de ministros de tribunais superiores, dissolução do Parlamento nos termos da Constituição e apresentação de projetos de lei. Para a chefia de governo, o presidente indica um Primeiro-Ministro, que, todavia, dependerá da aprovação do Legislativo, isto é, do Congresso ou Parlamento. O Primeiro-Ministro não tem mandato predeterminado: permanece no cargo enquanto desfrutar da confiança da maioria.

Sou defensor de um modelo em que o Presidente seja eleito pelo voto popular, tenha competências importantes de Estado, mas não seja o responsável pelo varejo da política, que tocaria a um Primeiro-Ministro chancelado pelo Congresso. Normalmente seria um parlamentar, mas não obrigatoriamente. Em certas conjunturas, um *outsider* pode ter mais capacidade de obter consenso ou maioria expressiva. Como ele sempre poderá ser substituído, o poder remanesce com o Congresso.

Nesse sistema, o Primeiro-Ministro, que atua no *front* mais inóspito dos embates políticos e da transformação social, poderá eventualmente cair, e ser substituído. Mas o fiador da estabilidade institucional, que é o Presidente, permanece como chefe de Estado, assegurando a continuidade. Vale dizer: eventual ruptura política não significa crise institucional. O Presidente atuaria como um estadista, exercendo uma espécie de Poder Moderador, embora sem qualquer supremacia sobre os outros Poderes. Essa via alternativa, idealmente, ajudaria a combater três disfunções crônicas do presidencialismo latino-americano e brasileiro: concentração excessiva de poder no Presidente, busca permanente de sustentação no Congresso por vias nem sempre republicanas e instabilidade política decorrente das tensões entre Executivo e Legislativo. Há quem aprecie esse modelo, mas o deseje para algum lugar no futuro, "quando a política e o Congresso se aprimorarem." Penso o contrário: as pessoas e as instituições tendem a se elevar quando investidos de maior responsabilidade e maior visibilidade.

Em qual deputado você votou na eleição passada?

"Não nos representam."
Slogan de protesto que correu o mundo

Esse segundo capítulo sobre reforma política é dedicado ao sistema eleitoral. O mundo pratica, basicamente, dois modelos nessa matéria: majoritário e proporcional. No sistema majoritário, as vagas em disputa são obtidas pelo candidato que, individualmente, receba o maior número de votos. No sistema proporcional, as vagas são preenchidas proporcionalmente aos votos recebidos pelo partido. Por exemplo: se o partido recebeu 20% dos votos e tem direito a vinte vagas, os vinte candidatos mais votados daquela agremiação obtêm os cargos.

O Brasil adota o sistema majoritário na eleição para Presidente, Governador e Prefeito. Como o cargo é um só, vence o mais votado. Para Presidente, Governador e Prefeito de municípios com mais de 200 mil habitantes, a votação exige maioria absoluta dos votos (metade mais um). Se esta maioria não tiver sido obtida, realiza-se um segundo turno entre os dois candidatos mais votados. Também os senadores são eleitos pelo sistema majoritário. Cada Estado, independentemente de sua população, elege três Senadores.

Já na eleição para a Câmara dos Deputados — e, também, para as Assembleias Legislativas (Deputados Estaduais) e Câmaras Municipais (Vereadores) —, adota-se o sistema proporcional em lista aberta. Assim, cada partido lança candidatos para todas as vagas a serem preenchidas e, como dito, fará um número de Deputados Federais, Estaduais e Vereadores proporcional à sua votação. Nesse sistema, o eleitor vota no candidato que escolhe, mas o voto, verdadeiramente, vai para o partido. E, aí, os mais votados do partido obtêm as vagas.

Necessidade e objetivos de uma reforma do sistema eleitoral

Tem-se assistido no Brasil, ao longo dos anos, um progressivo descolamento entre a classe política e a sociedade civil. Quando isso ocorre, a política passa a ser um mundo à parte, visto com indiferença ou desconfiança pelos cidadãos. Evidentemente, não é bom que seja assim. Numa democracia, política é gênero de primeira necessidade e não há alternativa legítima a ela. Por isso, é preciso tomar a reforma do sistema eleitoral como uma das mais relevantes para o país. Uma reforma política destinada a superar problemas do modelo atual deve visar três objetivos principais: aumentar a representatividade dos parlamentares, baratear o custo das eleições e facilitar a governabilidade.

Não fuja. Prometo explicar o tema de uma forma simples.

A primeira preocupação de uma reforma política deve ser a de *aumentar a legitimidade democrática do sistema*, reforçando a relação entre eleitores e representantes. Por muitas circunstâncias do modelo atual, os eleitores, dias após as eleições, sequer se lembram do nome do candidato em quem votaram para deputado federal, muito menos do partido a que pertencem. Além disso, o sistema vigente não tem estimulado suficientemente novas vocações a servirem o país ocupando cargos no Legislativo.

Em segundo lugar, é preciso *baratear o custo das eleições*. O custo das campanhas eleitorais e o papel que o dinheiro tem desempenhado na política brasileira estão na origem de boa parte dos problemas de corrupção que o país enfrenta. Não se pretende ignorar a importância dos interesses econômicos em uma sociedade capitalista. Porém, é imperativo que haja limites, transparência e *accountability*. O custo médio de uma campanha para Deputado Federal é bem superior ao valor máximo que o parlamentar poderá receber a título de subsídio durante o mandato, se observados os tetos constitucionais. A conta não fecha e dá lugar a muitas distorções.

Por fim, é necessário *facilitar a formação de maiorias políticas e a governabilidade*. Todo governo precisa de apoio no Congresso para aprovar seus programas. A negociação política entre Executivo e Legislativo é necessária em qualquer democracia. O que faz a diferença nas democracias mais maduras é a qualidade e a agenda dessas negociações. No Brasil, a fragmentação do quadro partidário e a falta de conteúdo programático na atuação dos partidos dificultam, muitas vezes, negociações plenamente institucionais e republicanas.

O sistema eleitoral em vigor

No sistema proporcional em lista aberta, cada partido ou coligação elege o número de Deputados correspondente à sua votação, com base no quociente eleitoral e no quociente partidário.[124] Se o partido obtiver 20% dos votos, o número de representantes deverá refletir aproximadamente este percentual. É um modelo em que o eleitor vota em um candidato da sua escolha, mas, na prática, não sabe quem de fato elegeu. Isso porque o sistema funciona da seguinte maneira: embora o voto seja dado no candidato, ele é primeiro contabilizado para o partido (ou coligação); e a cada vez que o partido preenche o quociente partidário, seu candidato mais votado obtém a vaga. Portanto, se o partido tiver direito a 5 vagas, os 5 mais votados conquistam uma cadeira. Assim, como menos de 10% dos candidatos obtêm votação própria, isto é, preenchem o quociente eleitoral (nas Eleições 2018, foram apenas 27 dos 513 deputados, o equivalente a 5%),[125] a quase totalidade dos deputados é eleita por transferência dos votos obtidos pelo partido. Isso significa que a maioria esmagadora dos eleitores não elege diretamente seu candidato.

Há diversos problemas nessa fórmula. O primeiro deles é o *custo elevadíssimo da campanha em todo o território do Estado*. Em São Paulo, por exemplo, o candidato faz campanha em um colégio eleitoral de 33 milhões de eleitores; em Minas, 15,7 milhões; no Rio de Janeiro, 12,4 milhões.[126] O segundo é a *baixa representatividade*, pois o eleitor não sabe exatamente quem seu voto elegeu e o candidato não tem como saber por quem foi eleito. Vale dizer: um não tem de quem cobrar e o outro não tem a quem prestar contas. E o terceiro é o fato de que os primeiros adversários do candidato de um partido são os demais candidatos do mesmo partido, com os quais ele disputa os eleitores.

Em suma: o sistema é caríssimo, o eleitor não sabe quem está elegendo e o debate público não é programático, mas personalizado (o candidato precisa convencer o eleitor de que é melhor do que o seu colega de partido).

O sistema distrital misto como alternativa

Como opção ao sistema atual, defendo de longa data[127] a adoção do *sistema eleitoral distrital misto*, que conjuga os sistemas proporcional e majoritário de representação, na linha do sistema adotado na Alemanha. Muitas lideranças políticas e acadêmicas também têm esse ponto de vista. O Tribunal Superior Eleitoral, em 2019, encampou a ideia como sua posição oficial.[128] Numa descrição sumária e simplificadora, o sistema funciona como exposto a seguir.

Metade da Câmara dos Deputados é composta por parlamentares eleitos em distritos e a outra metade por candidatos eleitos pelo voto partidário. O eleitor, assim, tem dois votos: um direto, em um candidato no distrito (pelo sistema majoritário, em que o mais votado obtém a vaga), e outro voto em uma lista apresentada pelo partido (pelo sistema proporcional, em que o partido obtém o número de vagas correspondente à sua votação).

Com o primeiro voto, elegem-se os representantes do distrito. Os Estados são subdivididos em distritos correspondentes ao número de cadeiras a serem preenchidas. Tome-se como exemplo o Estado de São Paulo, que tem cerca de 35 milhões de eleitores e elege 70 Deputados Federais. Como metade das cadeiras seriam preenchidas por essa via, haveria, então, 35 distritos, cada um com aproximadamente um milhão de eleitores. Cada partido, então, lançaria um candidato por distrito. À semelhança do que ocorre na eleição para Prefeito de Municípios com menos de 200 mil eleitores e para Senador, o mais votado obtém a vaga, em um único turno.

Destaco duas das diversas vantagens da dimensão distrital do modelo. A primeira é o barateamento da eleição, pois o candidato faz campanha para um número muito menor de eleitores, em espaço geográfico reduzido; a segunda é o aumento da representatividade democrática, pois o eleitor sabe quem representa o seu distrito na Câmara. Quando o representante se candidatar à reeleição, o eleitor poderá verificar o desempenho do parlamentar ao longo do mandato e saber se deseja ou não reelegê-lo.

Com o segundo voto, o eleitor escolhe o partido de sua preferência. A fórmula tradicional consiste em os partidos apresentarem uma lista fechada e pré-ordenada de candidatos (que, idealmente, deveria ser formada em eleições primárias internas ou a partir de outros procedimentos democráticos). Para evitar uma eventual rejeição à ideia de lista fechada e mitigar a possível ausência de democracia interna na formação da lista, pode-se considerar a formação da chamada *lista semiflexível*, em que o eleitor teria a opção de dar o voto ou na legenda completa ou em um integrante da lista partidária. Se qualquer candidato, votado de forma avulsa, alcançar o quociente partidário com votos pessoais, ganhará o assento, independentemente da posição em que se encontre na lista.

A dimensão partidária do modelo também possui múltiplas vantagens: a) evita a "paroquialização" das eleições (afasta-se o risco de cada parlamentar cuidar apenas dos interesses do seu distrito); b) assegura a representação proporcional das minorias políticas; c) permite a inclusão na lista de quadros técnicos qualificados (economistas, juristas, médicos, jornalistas, líderes comunitários ou sindicais), que ordinariamente não se disporiam a participar de uma campanha eleitoral, mas que poderiam elevar a qualidade do debate público; e d) fortalece o caráter unitário e de representação dos partidos políticos.

Não se devem ignorar as dificuldades possíveis, que incluem a atual falta de democracia interna dos partidos e a complexidade em se demarcarem distritos. Porém, os partidos, para tornarem suas listas mais competitivas e ostentarem a democracia interna como virtude eleitoral, certamente irão se adaptar. Quanto aos limites geográficos dos distritos, é possível definir parâmetros que diminuam os riscos de distritalização tendenciosa.[129]

Adaptação do sistema distrital misto ao Brasil

O sistema alemão, embora combine os sistemas majoritário e proporcional, como descrito acima, é, em última análise, um sistema proporcional, uma vez que cada partido obtém no parlamento um número de cadeiras proporcional ao número de votos dados na lista partidária. Detalhando um pouco mais: embora os dois votos sejam independentes (por exemplo, o distrital e o partidário podem recair sobre partidos diferentes), os sistemas não são autônomos entre si. Isso porque é o segundo voto — o voto partidário — que determina quantas cadeiras serão atribuídas a cada partido. O primeiro voto apenas define os candidatos que vão ocupar, com prioridade, as cadeiras distribuídas.

Dessa forma, se o Partido A conseguiu 10% dos votos de lista, terá direito a aproximadamente 10% das cadeiras no Parlamento. Determinado o número de cadeiras que cada partido terá em cada Estado, as cadeiras são preenchidas primeiramente pelos candidatos eleitos nos distritos pelo primeiro voto. O restante dos assentos conquistados pelos partidos é preenchido pelos candidatos da lista no Estado, respeitando-se a ordem.

Outra peculiaridade do sistema alemão é a possibilidade de aumento do número de assentos da Câmara dos Deputados, a fim de manter a proporção definida pelo segundo voto (são as chamadas "cadeiras suplementares") quando um partido elege mais candidatos nos distritos do que o número de vagas conquistadas pelo voto em lista partidária. Isso ocorre porque os votos são independentes, mas a proporção do preenchimento das cadeiras é definida pelo voto nos partidos. No Brasil, essa faceta do modelo precisaria ser adaptada, para o fim de impedir a possibilidade do aumento do número de parlamentares a cada eleição, o que exigiria reforma constitucional e certamente enfrentaria resistências diversas.

Como dito ao início, não há democracia sem política. A alternativa sempre será algum tipo de ditadura. Por isso mesmo, é preciso compreender o jogo político, feito de negociações, concessões e ajustes que nem sempre seguem uma lógica linear. Mas a política feita com integridade, idealismo e foco no interesse público é uma das atividades mais nobres que alguém pode desempenhar. Portanto, em lugar de demonizá-la, os democratas devem se empenhar em aprimorar suas estruturas. O descolamento entre a classe política e a sociedade civil é indesejável para todos. Em lugar de clamar que *não nos representam*, melhor tentar implantar um sistema em que bem nos representem.

COSTUMES

Capítulo I
Jeitinho brasileiro

Por que a gente é assim?

> "O jeitinho brasileiro é a arte de
> ser mais igual que os outros."
> Livia Barbosa[130]

O jeitinho brasileiro: tentativa de definição[131]

Jeitinho brasileiro é uma expressão que comporta múltiplos sentidos, facetas e implicações. Inúmeros autores identificam nele um traço marcante da formação, da personalidade e do caráter nacional. Há quem analise o fenômeno com uma visão mais romântica, vislumbrando certas virtudes tropicais. Existem, por outro lado, análises críticas severas das características associadas ao jeitinho, reveladoras de alguns vícios civilizatórios graves.

Na sua acepção mais comum, jeitinho identifica os comportamentos de um indivíduo voltados à resolução de problemas por via informal, valendo-se de diferentes recursos, que podem variar do uso do charme e da simpatia até a corrupção pura e simples. Em sua essência, o jeitinho envolve uma *pessoalização* das relações, para o fim de criar regras particulares para si, flexibilizando ou quebrando normas sociais ou legais que deveriam se aplicar a todos. Embutido no jeitinho, normalmente estará a tentativa de criar um vínculo afetivo ou emocional com o interlocutor.

A visão romântica e a dura realidade

Na vertente positiva ou, ao menos, inofensiva, o jeitinho se manifesta em algumas características da alma nacional: uma certa leveza de ser, que combina afetividade, bom humor, alegria de viver e uma dose de criatividade. Há, entre nós, uma preocupação existencial em ser *gente boa*, desenvolvendo amizades, cultivando empatias, gentilezas e ajuda mútua. Ainda que apenas superficialmente. A afetividade se expressa, com frequência, em abraços, beijos e o hábito de tocar no interlocutor. Há quem estranhe esse comportamento.

Tenho uma história real sobre isso. Eu era advogado de uma empresa cujos controladores eram ingleses. Com alguma frequência, vinha um advogado britânico participar de reuniões que duravam alguns dias e terminavam na sexta-feira. Em uma dessas vezes, aproximando-se o final da semana e, portanto, de sua volta para casa, o fleumático cidadão britânico me confidenciou, bem baixinho: "Ai, meu Deus, agora vem a pior parte: as despedidas. Todo mundo me abraça, me aperta, me sacode..." O jeitinho constitui, também, um meio de enfrentar as adversidades da vida. Está muitas vezes ligado à sobrevivência diante das desigualdades sociais, das deficiências dos serviços públicos e das complexidades legislativas e burocráticas do Brasil. Um critério para saber se o jeitinho é aceitável ou não: verificar se há prejuízo para outra pessoa, para o grupo social ou para o Estado.

A face negativa do jeitinho

Infelizmente, porém, há uma soma de aspectos negativos no jeitinho que faz com que o conjunto da obra não possa merecer um juízo favorável. Na vertente negativa, a ideia de jeitinho congrega características que não são edificantes. Sem nenhuma intenção de hierarquizá-las, começo pelo *improviso*, a incapacidade de planejar, de cumprir prazos e, em última análise, de cumprir a palavra. Vive-se aqui a crença equivocada de que tudo se ajeitará na última hora, com um sorriso, um gatilho e a atribuição de culpa a alguma fatalidade (falsamente) inevitável, e não à imprevidência. Por exemplo: o Brasil foi eleito, em 2007, para sediar a Copa do Mundo de 2014. Havia um prazo de sete anos. Quando a data finalmente chegou, nem os estádios, nem os aeroportos, nem as intervenções urbanas estavam concluídas. Não fazer, a tempo e a hora, aquilo a que se comprometeu, é evidentemente um problema.

Uma outra característica intrinsecamente ligada ao jeitinho é *colocar o sentimento pessoal ou as relações pessoais acima do dever para com o próximo e a sociedade*. É o individualismo que se manifesta não na liberdade ou na inovação, mas na falta de cerimônia em passar o outro para trás. O *nepotismo* é um exemplo emblemático dessa disfunção: o favorecimento dos parentes ou dos amigos na indicação para os cargos públicos de livre nomeação ou na contratação de serviços. Quando o Supremo Tribunal Federal julgou uma ação que veio a proibir o nepotismo no Poder Judiciário, um desembargador declarou à imprensa: "Se eu não fizer pelos meus, quem fará?" Há, também, uma certa expectativa de compadrio, de troca de favores, de solidariedade de grupos. Eu cheguei ao Supremo Tribunal Federal vindo da advocacia. Mais de uma vez chegou a mim a queixa de que eu "virei as costas aos amigos" e que sou um juiz muito duro. Não sou. Mas sou sério, e isso frustrou a expectativa de quem esperava acesso privilegiado e favorecimentos.

O pacote negativo inclui, também, o *sentimento de desigualdade, de que as regras são para os outros, para os comuns, e não para os especiais como eu*. E aí não é preciso respeitar a fila, é possível parar o carro na calçada ou entregar a documentação fora do prazo. Por vezes, a quebra de regras sociais transforma-se em *violação direta e aberta da lei*. E aí vêm as pequenas fraudes, como o atestado médico falso, a nota de táxi superfaturada para aumentar o reembolso ou a cobrança de preço diferente com nota ou sem nota. E depois, sem surpresa, vem a *corrupção graúda*, de quem paga propina para vencer a licitação, de quem obtém *inside information* para investir no mercado financeiro com lucros maiores do que os outros ou de quem paga vantagem ao diretor do fundo de pensão de empresa estatal para ele colocar dinheiro dos associados em um negócio pouco vantajoso.

Improviso, sentimentos e interesses pessoais acima do dever, compadrio, cultura da desigualdade, quebra de normas sociais e violação da lei que vale para todos não são traços virtuosos, não podem fazer parte do charme de um povo e muito menos ser motivo de orgulho. Nesses exemplos, o jeitinho nada tem de positivo e consiste, na verdade, em desrespeito ao outro, em desconsideração à sociedade como um todo e em condutas simplesmente criminosas. É preciso retirar o *glamour* do mal e tratá-lo como tal: como um problema que precisa ser superado.

Alguns exemplos contemporâneos

Antes de explorar alguns exemplos contemporâneos e emblemáticos da realidade brasileira, cabe fazer duas anotações importantes. A primeira: o jeitinho alimenta o mito do *brasileiro cordial*.[132] *Cor* ou *cordis* vem de coração e revela o primado da emoção e do sentimento nas relações interpessoais, acima dos formalismos e do verniz superficial da polidez. A cordialidade, nessa acepção, reconduz à versão positiva do jeitinho, manifestado na pessoalização das relações sociais pela afetuosidade, informalidade e bom humor. Mas esta é, também, a raiz das disfunções apontadas acima, que se materializam na indisciplina, no desapreço aos ritos essenciais, no individualismo que se sobrepõe à esfera pública. O mito da cordialidade enfrenta outras dificuldades quando confrontado com alguns dados do país real: o número assombroso de mortes violentas, o machismo ainda indomado, a violência contra mulheres, o racismo velado... Os exemplos são muitos.

A segunda anotação é que o jeitinho exibe uma relação ruim com a lei em geral.[133] Leis têm caráter geral e obrigatório, isto é, valem para todos em igual situação e devem ser obedecidas. Aqui temos dois problemas. Um, diz respeito, de novo, à questão da igualdade: há os que se consideram acima da lei, por sua riqueza ou seus cargos. É o sentimento aristocrático, o representante do rei. O outro problema relaciona-se à legalidade propriamente dita: como o país tem uma tradição autoritária e hierárquica, o cidadão comum vai desenvolvendo mecanismos de se subtrair à norma e à autoridade. Isso poderia se justificar na colônia ou na ditadura. Mas não faz sentido em uma democracia. Esse tipo de jeitinho, aliás, termina por confrontar-se com duas grandes conquistas ligadas ao Estado de direito e à democracia: a legalidade (isto é, o respeito às leis) e a igualdade (todos são iguais perante a lei).

Temos problemas relacionados ao jeitinho tanto na ética pública como na privada. E, em graus diferentes, tanto envolvendo a quebra de normas sociais quanto a violação da lei. Por ética pública eu me refiro ao comportamento dos agentes públicos e às relações entre os indivíduos e o Poder Público. Por ética privada quero significar as relações interpessoais e sociais entre as pessoas, a consideração maior ou menor que uma tem pela outra.

Começo pela ética pública. Como analisado em outro capítulo, a corrupção se espalhou por diversos domínio da vida pública. O jeitinho brasileiro contribui para essa situação. Em primeiro lugar, *o hábito de olhar para o outro lado para não ver o que está acon-*

tecendo. Como consequência, as pessoas no Brasil se surpreendem com o que já sabiam. Ou alguém imaginava que partidos políticos se engalfinhavam para indicar diretores de empresas estatais para fazer coisas boas, para melhor servir ao interesse público? Essa era uma tragédia previsível. Ainda assim, o país se deu conta, horrorizado, de que quase todo o espaço público estava tomado pela corrupção, que se tornou um meio de vida para alguns e um modo de fazer negócios para outros. Não se trata de fenômeno de um governo específico, mas que vem se acumulando desde muito longe. A corrupção favorece os piores. É a prevalência dos espertos e a derrota dos bons.[134]

Já a ética privada está ligada aos valores e propósitos que norteiam a conduta de cada um, bem como ao grau de respeito pelo outro, quer individualmente ou socialmente. A vida boa inclui a boa-fé (não querer passar ninguém para trás), a boa-vontade (ter uma atitude construtiva em relação a todos) e a compaixão (ser solidário com o sofrimento alheio). O compromisso com o bem está presente em todas as grandes tradições filosóficas e religiosas universais, materializado na regra de ouro: trate os outros como gostaria de ser tratado. Immanuel Kant enunciou a mesma ideia em uma frase memorável: "Aja de tal forma que a máxima que inspira a sua conduta possa se transformar em uma lei universal."[135] Parece complexo, mas é muito simples. Diante da dúvida razoável acerca do modo certo de agir, duas perguntas, como regra geral, poderão resolver o problema: "E se fizessem isso comigo?" ou "E se todo mundo se comportasse assim?".

Pois bem: o jeitinho oscila em uma escala que vai do favor legítimo à corrupção mais escancarada. E é precisamente porque algumas de suas manifestações não são condenáveis, que ele termina sendo aceito de forma generalizada, sem que se distinga adequadamente entre o certo e o errado, o bem e o mal. A pergunta chave a ser feita aqui para saber se o jeitinho é legítimo ou não é a seguinte: a conduta traz prejuízo para outra pessoa, para o grupo social ou para o Estado? Se a resposta for afirmativa, dificilmente haverá salvação. Há transgressões óbvias, como furar a fila, ultrapassar pelo acostamento ou desviar suprimentos da empresa em que se trabalha. E há outras que são racionalizadas pela afetividade: há quem acredite que fazer pela família e pelos amigos, mesmo contra o interesse coletivo, é ser solidário, e não egoísta.

Concluo com dois exemplos recentes, que testemunhei pessoalmente. O primeiro: em uma reunião social, ouvi um interlocutor queixar-se das mazelas do país, sobretudo a corrupção. Em seguida, narrou que a empregada que contratara não queria assinar a carteira, de modo a não perder o valor que recebia como bolsa-família. Naturalmente, isto é errado. Pouco à frente, contou que a filha vivia conjugalmente com um companheiro, tinha filhos e uma linda família, mas não se casara para não perder a pensão que lhe deixara o avô, que só beneficia mulheres solteiras. A percepção da primeira atitude como condenável e da segunda como aceitável é sintomática de uma sociedade que pratica uma moral dupla: quando eu faço é legítimo, quando os outros fazem é errado. Evidentemente, a conduta estava errada nos dois casos.

A segunda: tenho conhecidos bem postos na vida que, em determinadas reuniões sociais com muitos convidados, dão dinheiro aos garçons para serem melhor servidos. A prática é vista como inofensiva, quase como uma generosidade, mas na verdade ela traz em si dois problemas: a crença de que as pessoas podem ser compradas e a crença de que uns são melhores do que outros e merecem ser mais bem servidos. Para darmos o salto civilizatório de que precisamos, é preciso que cada um comece a mudança por si próprio. A ética pública, de que tanto nos queixamos, é em grande medida espelho da ética privada.

Capítulo 2
Interrupção da gestação

Por que a criminalização do aborto é uma política errada

> "Se os homens engravidassem, o aborto já não seria tratado como crime há muito tempo."[136]

Uma das questões mais divisivas nas sociedades contemporâneas diz respeito ao tratamento jurídico do aborto, isto é, da interrupção voluntária da gestação por uma mulher. Trata-se, essencialmente, de definir se ele deve ser tratado como crime ou não. O tema mexe com convicções religiosas e filosóficas profundas e, não por acaso, costuma produzir posições extremas e apaixonadas.

Desde os anos 70 do século passado, essa é uma questão recorrentemente levada aos Tribunais Constitucionais e às Cortes Supremas. O movimento feminista se articulou e se organizou ao longo dos anos 60, reivindicando liberdade sexual, igualdade de direitos e o fim das discriminações sociais e legais em desfavor das mulheres. O direito de uma mulher interromper a gestação passou a ser uma das bandeiras do movimento. Duas decisões da década de 70 — uma da Suprema Corte americana e outra da Corte Constitucional alemã — deram o tom do debate inicial na matéria.

Nos Estados Unidos, a decisão em *Roe v. Wade*, de 1973, assegurou o direito de interromper a gestação durante o primeiro trimestre, invocando a autonomia da mulher e razões de saúde pública. Considerou inconstitucionais, portanto, leis estaduais que criminalizavam o aborto nos três primeiros meses, quando o feto ainda não era viável sem o corpo da mãe. Na Alemanha, as coisas se passaram com sinal trocado: em decisão de 1975, a Corte considerou que a lei votada pelo Parlamento permitindo o aborto violava o dever do Estado de proteção da vida. Consequentemente, considerou inconstitucional a descriminalização.

Nos anos 90, as duas Cortes reviram em maior ou menor medida suas posições, aproximando-as. Na Alemanha, em julgamento realizado em 1993, a Corte Constitucional reafirmou sua posição em favor da proteção da vida, mas entendeu que a criminalização não era necessária. Assim, aceitou a sua substituição por aconselhamento profissional visando a dissuadir a mulher de interromper a gestação. Porém, assegurou a ela a palavra final.

Nos Estados Unidos, por sua vez, ao julgar o caso *Planned Parenthood v. Casey*, em 1992, a Suprema Corte introduziu um novo conceito, o de "ônus indevido" (*undue burden*), como teste para aferir a legitimidade de leis estaduais restritivas do aborto. Considerou legítima, assim, a exigência de que, anteriormente à interrupção da gestação, a mulher se submetesse a aconselhamento no sentido de mantê-la. Mas considerou ilegítima a previsão de que o parceiro da mulher fosse previamente notificado.

Ao longo dos anos, praticamente todos os países democráticos desenvolvidos descriminalizaram a interrupção da gestação no primeiro trimestre ou nas primeiras 12 semanas. Entre eles, Alemanha, Austrália, Canadá, Dinamarca, Estados Unidos, França, Noruega, Reino Unido, Suíça e praticamente todos os demais países da Europa, inclusive os mais católicos, como Itália, Espanha e Portugal. Malta e a Santa Sé são exceções. Na China é igualmente permitido.

Por duas vezes a questão do aborto cruzou meu caminho profissional. Em 2004, como advogado, propus uma ação perante o Supremo Tribunal Federal, em nome da Confederação Nacional dos Trabalhadores na Saúde. Nessa ação, postulava-se o direito de uma mulher interromper a gestação após detectar, em exame próprio, que o feto era anencéfalo, isto é, por uma deficiência no fechamento do tubo neural, seu cérebro não se formava. Trata-se de anomalia que tornava o feto incompatível com a vida extrauterina. O diagnóstico é feito no terceiro mês e pedia-se o reconhecimento do direito da mulher de não levar a gestação a termo. Após muitas idas e vindas, o caso foi julgado em 2012, tendo sido acolhido o pedido.

Na segunda vez que o tema do aborto cruzou meu caminho profissional eu já era Ministro do Supremo. Tratava-se de um *habeas corpus* requerido em favor de médico e de enfermeira presos preventivamente pela prática de aborto consentido. Votei pela concessão de liberdade aos acusados, por entender incompatível com a Constituição a criminalização do aborto até a 12ª semana de gestação. Fui acompanhado pela Ministra Rosa Weber e pelo Ministro Edson Fachin, e este ficou sendo o entendimento prevalecente na 1ª Turma do STF.

Apresento a seguir minhas razões em defesa da descriminalização da interrupção da gestação no primeiro trimestre. Cabe enfatizar, logo no início, que ser a favor de não se tratar o aborto como crime não se confunde com a defesa da prática. É possível ser contra, pregar contra, não praticar e, ainda assim, não achar que quem pense e aja diferentemente deva ser condenado criminalmente e preso.

Premissas fáticas

Minha visão nessa matéria se assenta sobre três premissas. A primeira: o aborto é uma prática que se deve procurar evitar, pelas complexidades físicas, psíquicas e morais que envolve. Por isso mesmo, é papel do Estado e da sociedade atuar nesse sentido, mediante oferta de educação sexual, distribuição de meios contraceptivos e amparo à mulher que deseje ter o filho e se encontre em circunstâncias adversas. Portanto, ao se afirmar aqui a incompatibilidade da criminalização com a Constituição, não se está a fazer a defesa da disseminação do procedimento.

A segunda premissa é que a criminalização não diminui o número de abortos. É fato reconhecido amplamente que as taxas de aborto nos países onde esse procedimento é permitido são muito semelhantes àquelas encontradas nos países em que ele é ilegal. Estudo do Guttmacher Institute e da Organização Mundial da Saúde demonstra que a criminalização não produz impacto relevante sobre o número de abortos realizados. Na verdade, o que a criminalização de fato afeta é a quantidade de abortos seguros e, consequentemente, o número de mulheres que têm complicações de saúde ou que morrem devido à realização do procedimento. Não se trata, portanto, de uma questão de direito penal, mas de saúde pública.

Por fim, em terceiro lugar, a criminalização produz impacto grave e desproporcional sobre as mulheres pobres. Tratar a interrupção da gestação como crime, nas primeiras semanas de gravidez, afeta, sobretudo, as mulheres pobres, que não têm acesso a médicos e clínicas particulares nem podem se valer do sistema público de saúde para receber orientação, medicação ou realizar o procedimento adequado. Não raro, mulheres pobres precisam recorrer a estabelecimentos clandestinos, sem infraestrutura ou assepsia, ou, pior ainda, se automedicam, utilizando meios precários e primitivos, com elevado risco de lesões, mutilações e morte. Esse é apenas mais um capítulo da perversidade e da indiferença com que o país trata a sua gente humilde.

Eu já vi — ninguém me contou — gente que faz o discurso pela criminalização, mas não hesitou em incentivar a filha a interromper a gestação indesejada.

Desrespeito a direitos fundamentais da mulher

Quando o Estado opta por mandar a polícia, o promotor ou o juiz obrigarem uma mulher a permanecer grávida do filho que ela não quer ter — não quer porque, geralmente, não pode —, viola uma série de direitos constitucionais. O primeiro é a liberdade individual, que assegura a todas as pessoas autonomia para fazer suas escolhas existenciais básicas, como a de ter ou não um filho. Em segundo lugar, vem o direito à igualdade: já que homens não engravidam, a equiparação plena de gênero depende de se respeitar a vontade da mulher nessa matéria. Também os direitos sexuais e reprodutivos estão em questão: tal como os homens, mulheres também têm direito a uma vida sexual ativa e prazerosa, sem o ônus de suportar, frequentemente sozinha, o peso de uma gravidez indesejada.

A questão dos direitos do feto e do nascituro. Resta, por fim, a delicada questão relativa à situação moral e jurídica do feto. A legislação brasileira protege os direitos do nascituro. Além disso, para muitos, existe vida desde a concepção. Para outros, um pequeno aglomerado de células em fase de multiplicação, sem sistema nervoso ou vestígio de consciência, não deve ser equiparado à vida. Não há solução correta para esse problema: ela sempre dependerá das convicções religiosas e filosóficas de cada um. Mas que existe uma vida potencial é inegável. E esta vida deve estar protegida quanto a qualquer intervenção de terceiros.

A pergunta intrincada aqui é: essa regra vale para a mãe, que terá que suportar todas as consequências físicas e psicológicas de uma gravidez, mais a responsabilidade pela criação da criança? Se afastarmos as respeitáveis convicções religiosas de cada um — que são legítimas, mas não podem prevalecer no espaço público —, a resposta é negativa. Um dos pilares da ética moderna, concretado desde o Iluminismo, é o imperativo categórico de Kant, que em uma de suas formulações assenta: toda pessoa é um fim em si mesma, e não um meio para a realização de projetos alheios ou da sociedade.

Se adotarmos essa premissa ética, a resposta é relativamente simples: se o feto não tem como se desenvolver por conta própria — e enquanto assim for —, se ele depende inteiramente do corpo da mãe, há de ser dela a decisão final. Do contrário, a mãe terá deixado de ser um fim em si mesma e passado a ser um meio para a realização de projeto alheio. Tal constatação não retira a possibilidade de se discutir o mérito da decisão da mulher. Mas, inequivocamente, estabelece que a decisão é dela.

A tradição judaico-cristã condena o aborto. Deve-se ter profundo respeito pelo sentimento religioso das pessoas. E, portanto, é plenamente legítimo ter posição contrária ao aborto, não o praticar e pregar contra a sua prática. Mas será que a regra de ouro, subjacente a ambas as tradições — tratar o próximo como desejaria ser tratado — é mais bem cumprida atirando ao cárcere a mulher que passe por esse drama? Pessoalmente, não creio. Portanto, sem abrir mão de qualquer convicção, é perfeitamente possível ser simultaneamente contra o aborto e contra a criminalização.

Em suma: numa sociedade aberta e democrática, alicerçada sobre a ideia de liberdade individual, não é incomum que ocorram desacordos morais razoáveis. Vale dizer: pessoas esclarecidas e bem-intencionadas têm posições diametralmente opostas. Nesses casos, o papel do Estado não é o de escolher um lado e excluir o outro, mas assegurar que cada um possa viver a sua própria convicção.

Capítulo 3
Drogas

A guerra perdida: como virar o jogo

> "As drogas já destruíram muitas vidas, mas as políticas equivocadas sobre drogas destruíram muito mais."
> Kofi Annan, ex-secretário geral da ONU[137]

Precisamos falar sobre drogas. Começo lembrando uma das guerras que aterrorizaram a Rocinha, no Rio de Janeiro, maior favela da América Latina. Uma guerra perdida. Tratava-se de mais uma disputa entre quadrilhas pelo controle do tráfico, o que impediu a vida normal daquela comunidade por dias consecutivos. Escolas e comércio foram obrigados a fechar as portas por diversas vezes, ao som de tiros que vinham de todos os lados. Uma turista espanhola morreu, atingida por um disparo. Além da guerra, também as balas são perdidas por ali.

Há décadas se pratica no Brasil o mesmo tipo de política de enfrentamento contra drogas. Polícia, armamento, mortes e muitas prisões. Não é preciso ser *expert* no assunto para reconhecer o óbvio: não tem dado certo. O tráfico e o consumo, ao longo do tempo, só aumentaram. Atribui-se a Einstein uma frase que aparentemente não é dele, mas que se aplica bem ao caso: insanidade é fazer repetidamente a mesma coisa e esperar resultados diversos. Não há solução juridicamente simples nem moralmente barata para o problema das drogas. Trata-se de um domínio em que são inevitáveis algumas *escolhas trágicas*.[138] Todas têm custo. Porém, virar as costas a um problema não faz com que ele vá embora. E mais: em uma democracia, nenhum tema é tabu. Tudo pode e deve ser discutido à luz do dia.

Em um caso ainda em discussão perante o Supremo Tribunal Federal, votei pela inconstitucionalidade da criminalização do porte de maconha para consumo próprio. O julgamento foi suspenso e a questão continua indefinida. Além disso, propus a abertura de um debate amplo sobre a legalização de drogas. Primeiro da maconha e, se funcionar, também da cocaína. O consumo de drogas ilícitas é um problema de saúde pública, e não de repressão penal.[139] Os diferentes países do mundo tratam de maneira bem diversa o tema das drogas, sua produção, distribuição e consumo. Em alguns deles, aplica-se a pena de morte, como na Indonésia, nas Filipinas e em Cingapura. Outros praticam, de longa data, políticas públicas de descriminalização, como é o caso da Holanda.

O tema é extremamente delicado e sua disciplina depende de decisões do Poder Legislativo. Porém, como a questão das drogas tem impacto profundo sobre o sistema de justiça criminal, é legítimo que um ministro da Suprema Corte participe do debate público a respeito. Apresento, assim, as minhas razões.

Premissas fáticas e filosóficas para uma política de legalização

Há, em primeiro lugar, três premissas fáticas e filosóficas para a política de legalização. Primeira premissa: *drogas são uma coisa ruim*, salvo quando utilizadas para fins medicinais. O consumo de drogas ilícitas tem efeitos potencialmente deletérios sobre a saúde física e mental dos usuários. Diante disso, o papel da sociedade e do Estado deve ser o de desincentivar o consumo, tratar os dependentes e combater o tráfico. Portanto, nenhuma das ideias a seguir veiculadas deve ser interpretada como um estímulo ao consumo. Pelo contrário, o que se está procurando desenvolver é uma forma mais eficaz de se enfrentar o problema, de modo a proteger a saúde pública e diminuir a violência associada ao tráfico. O tratamento do tema, até aqui, como bem registrado por Pedro Abramovay, bem se amolda a uma "marcha da insensatez".[140]

Segunda premissa: *a guerra às drogas fracassou*. Como se descreveu anteriormente, desde a década de 70 adotou-se uma política de dura repressão à cadeia de produção, distribuição e fornecimento de drogas ilícitas, assim como ao consumo. Foram dispendidos bilhões de dinheiros com o enfrentamento policial e militar das drogas, com dezenas de milhares de mortos e centenas de milhares de pessoas encarceradas. A despeito disso, o consumo só fez aumentar e a violência e a criminalidade associadas ao tráfico explodiram em diferentes partes do mundo, especialmente na América Latina. Insistir no que não funciona, depois de tantas décadas, é uma forma de fugir da realidade. É preciso ceder aos fatos. As certezas equivocadas foram bem retratadas em um belo poema de Bertold Brecht, intitulado "Louvor à dúvida": "Não creem nos fatos, creem em si mesmos. / Diante da realidade, são os fatos que devem neles acreditar."

Terceira premissa: *a política de repressão total não é capaz de realizar o objetivo de proteção da saúde pública*. Embora este seja o fim legitimador do controle de drogas, as preocupações com a saúde pública acabam assumindo uma posição secundária em relação às políticas de segurança e à aplicação da lei penal. De fato, a repressão penal exige recursos cada vez mais abundantes, drenando os investimentos em prevenção, educação e tratamentos. E o pior: a criminalização de condutas relacionadas ao consumo de drogas promove a exclusão e a marginalização dos usuários, dificultando o acesso ao tratamento e potencializando os danos à saúde associados ao consumo de substâncias entorpecentes, como a transmissão de HIV e de Hepatite C no uso de drogas injetáveis de modo inseguro.

Em suma, como bem lembrou o economista liberal norte-americano Milton Friedman, insuspeito de exageros progressistas, a principal consequência da criminalização é assegurar o monopólio dos traficantes.[141] Pior que isso: a criminalização absoluta produziu um poderoso mercado negro e fortaleceu o crime organizado.

Finalidades visadas com uma política de legalização

A meu ver, são três as finalidades que devem ser buscadas mediante uma política de legalização. A primeira: *quebrar o poder do tráfico*. O tráfico exerce poder político e econômico em grande parte das comunidades pobres brasileiras, dominando-as, explorando-as e oprimindo-as. O poder do tráfico advém da ilegalidade. Uma das maiores violações a direitos humanos no Brasil é o fato de que o tráfico impede que uma família pobre eduque seus filhos em uma cultura de licitude e honestidade. O tráfico coopta, intimida e exerce uma concorrência desleal com qualquer outra atividade lícita. Sem falar na violência que a disputa por poder e as ações das facções criminosas produzem. Nos Estados Unidos e na Europa, a maior preocupação se dá em relação ao usuário. No Brasil, ela deve recair sobre o poder do tráfico. Ninguém deve ser indiferente à sorte de um jovem de classe média alta que sucumba a uma overdose. Porém, mal ou bem, ele fez uma escolha. Trágica mesmo é a morte de uma criança, por bala perdida, na guerra sem fim que se trava nos morros. Essa é a vítima inocente.

Segunda finalidade: *evitar a inútil superlotação dos presídios, que destrói vidas, prejudica a sociedade e não produz qualquer resultado.* Entre 25 e 30% da população carcerária brasileira está presa por delitos associados ao tráfico. É algo próximo a 200 mil pessoas. A política de encarceramento atinge, sobretudo, jovens que atuam como mulas, "aviões", "vapores" e pequenos traficantes, muitas vezes primários e de bons antecedentes. No tocante às mulheres, a tragédia é ainda mais grave: 63% delas estão presas por delitos dessa natureza. Além do investimento para criar vagas, o custo mensal de um preso é em torno de 3 mil reais.[142] Na prática, o encarceramento não traz benefício para a ordem pública, funcionando como uma verdadeira "escola do crime". Ao saírem, esses jovens que não eram violentos ou perigosos estabeleceram conexões com grandes criminosos e com facções. A taxa de reincidência é enorme. E, culminando a insensatez: no dia seguinte de sua prisão, cada um deles já foi substituído por outro, na mesma função. Há um exército de reserva. Em suma, a política de encarceramento destrói vidas, custa caro, gera delinquentes mais perigosos e não produz qualquer impacto sobre o tráfico.

Terceira finalidade: *permitir o tratamento dos dependentes pelo sistema público de saúde.* A criminalização, como já assinalado, tem duas consequências gravosas à saúde pública: drena a parte mais substancial dos recursos em favor da repressão, e não das políticas de prevenção e recuperação, e afasta os dependentes do tratamento necessário, em razão do estigma e das consequências penais a que ficam sujeitos. Vale assinalar que em Portugal, onde se descriminalizou o consumo, houve aumento no número de toxicodependentes em tratamento e houve redução da infecção de usuários de drogas pelo vírus HIV.

Meios a serem utilizados para a política de legalização

Por fim, qualquer política pública nessa área deverá ser planejada com cautela e profissionalismo, ser implementada progressivamente e beneficiar-se da experiência de outros países do mundo. A ideia que se propõe ser testada é a da legalização da maconha, o que inclui regular a produção, a distribuição e o consumo. Naturalmente, deverá haver fiscalização e monitoramento estritos, com proibição de venda a menores, restrição drástica à publicidade, recolhimento de tributos (com proporcionalidade, para que não haja estímulo ao tráfico e ao contrabando), cláusulas de advertência, contrapropaganda e ampla circulação de informações. Um tratamento, portanto, análogo ao que é dado ao cigarro. A propósito, o consumo de cigarro caiu a menos da metade nas últimas duas décadas (caiu, na verdade, 65%), segundo dados do Instituto Nacional do Câncer (INCA).[143] O combate à luz do dia, com ideias e informação, trouxe resultados muito melhores do que a criminalização.

Além de Portugal e Holanda, já citados, outros países têm seguido o caminho da descriminalização, como Espanha e Uruguai. E, nos Estados Unidos, onde a decisão cabe aos estados e não ao governo central, muitos já seguiram esse caminho, como Colorado, Califórnia, Nova York e Massachusetts. Defendo o mesmo caminho para o Brasil. Se os resultados forem positivos, será o caso de se considerar a extensão a outras drogas. Não é possível ter certeza de que uma política progressiva e cautelosa de descriminalização e legalização será bem-sucedida. O que é possível afirmar é que a política atual de criminalização não deu certo. É preciso arriscar, sob pena de nos acomodarmos com um estado de coisas muito ruim. Como disse o navegador brasileiro Amyr Klink: "O maior naufrágio é não partir."

Capítulo 4
Direitos LGBTI+ e uniões homoafetivas

O que vale a vida são nossos afetos

> "As pessoas têm o direito de ser iguais, quando a diferença as inferioriza. E de ser diferentes, quando a igualdade as descaracteriza."
>
> Boaventura Souza Santos

Saindo do armário

Nas últimas décadas, superando séculos de discriminação e preconceito, milhões de pessoas em todo o mundo deixaram de ocultar a sua orientação sexual e, corajosamente, saíram do armário. Desafiando valores convencionais e tradições, parceiros do mesmo sexo assumiram publicamente suas relações, reescrevendo a história da sexualidade e da liberdade individual. O termo *homoafetivo* foi um achado, por ser bastante mais expressivo do que homossexual, na medida em que uma parceria afetiva é feita de muito mais do que sexo. O mundo, que já assistira a liberação das mulheres e as ações afirmativas para negros, celebrava a vitória de uma nova causa, a do amor *gay*. Tabus arcaicos começavam a ser derrotados pelo espírito do tempo.

A progressiva aceitação social dessa nova realidade passou a exigir respostas da legislação. Mas simplesmente não havia regras jurídicas contemplando as uniões de pessoas do mesmo sexo. Tal lacuna dava lugar a muitas incertezas para os parceiros de tais relações, que não tinham clareza quanto aos seus direitos e obrigações. Algumas dúvidas que surgiam: os parceiros homoafetivos tinham direito de herdar um do outro ou, por ocasião da morte, os seus bens revertiam integralmente para a família do falecido? Em caso de separação, como deveria ser partilhado o patrimônio adquirido durante a convivência comum? No caso de um casal *gay*, era possível incluir o parceiro como dependente no plano de saúde e na aposentadoria complementar da empresa?

Para responder a essas e muitas outras questões, era necessária uma legislação que disciplinasse o tema. Porém, como sucedeu em outras partes do mundo, o Poder Legislativo não conseguiu produzir consensos ou maioria consistente na matéria. E, consequentemente, não se aprovou lei alguma. Restou, assim, o Poder Judiciário como única alternativa para equacionar situações que se repetiam. Foi nesse contexto que, em fevereiro de 2008, militantes da causa, simpatizantes e procuradores da República articularam uma ação a ser proposta perante o Supremo Tribunal Federal, e me procuraram para ser o advogado. Aceitei o encargo e, na ação apresentada, o pedido formulado foi no sentido de que as uniões homoafetivas recebessem o mesmo tratamento jurídico das uniões estáveis heterossexuais. De fato, após a Constituição de 1988, uma legislação específica passou a prever que um homem e uma mulher que vivessem conjugalmente, mesmo sem haverem se casado, constituíam uma união estável, com um regime jurídico próprio.

Quando a ação foi proposta, a perspectiva de êxito era improvável, à vista da cultura machista prevalecente à época e de um papel mais tímido tradicionalmente reservado ao Judiciário. Cabe registrar que o preconceito, tanto o ostensivo quanto o dissimulado, se ocultava por trás do argumento formal de que somente o Poder Legislativo poderia ter tal iniciativa. Como havia certeza de que o Congresso não aprovaria a união de pessoas do mesmo sexo, essa posição aparentemente neutra significava, na verdade, adesão à impossibilidade de legitimação jurídica das uniões homoafetivas. Muita gente que posava de progressista disfarçou o preconceito por trás desse biombo.

O reconhecimento das uniões homoafetivas

A ação veio a ser finalmente julgada em maio de 2011. Da tribuna do STF, à época como advogado, procurei demonstrar aos ministros que se estava diante de um momento histórico: o embate entre o avanço civilizatório *versus* uma visão intolerante e antiga, que empurrava pessoas para a clandestinidade e para a incompletude. E enfatizei: o que vale a vida são os nossos afetos. Impedir uma pessoa de colocar o seu amor e a sua sexualidade onde mora o seu desejo é privá-la de uma dimensão essencial da sua existência. A afetividade é uma das energias mais poderosas do universo. Por que interditar o direito de duas pessoas se amarem? Naquela ocasião, lembrei que o amor homossexual foi vítima de preconceitos, discriminações e perseguições desde o início dos tempos.

Rememorei três exemplos emblemáticos. O primeiro: em 1521, as Ordenações Manuelinas, o mais antigo Código Penal aplicado no Brasil, previa a pena de morte na fogueira, confisco de bens e a infâmia sobre os filhos e descendentes dos condenados por homossexualismo. Outro exemplo: em 1892, Lord Alfred Douglas, amante de Oscar Wilde, escreveu o poema *Dois amores*, que termina com a frase célebre "O amor que não ousa dizer seu nome", no qual estava implícita a paixão homossexual de ambos. O poema foi utilizado no julgamento em que Wilde foi condenado a dois anos de prisão com trabalhos forçados. Por último, na década de 70, um soldado americano, que havia sido condecorado na guerra do Vietnam, foi expulso das Forças Armadas quando descobriram que ele era *gay*. Na ocasião, ele produziu uma frase antológica: "Por matar dois homens, recebi uma medalha. Por amar outro, fui expulso das Forças Armadas."

A história da humanidade é a história da superação do preconceito, da progressiva inclusão social de todos. E, a cada tempo, as pessoas precisam escolher de que lado desejam estar. Ao concluir a sustentação oral naquele julgamento, falei do papel do Supremo Tribunal Federal na construção de um tempo de tolerância, fraternidade e delicadeza. *Um tempo em que todo amor possa ousar dizer seu nome.* O Tribunal não faltou ao seu encontro com a história. E a história reconheceu a virtude daquela decisão, declarando-a patrimônio imaterial da humanidade.[144] Tudo foi ajudado pela excepcional sensibilidade do relator, meu querido amigo Carlos Ayres Britto, a quem vim a suceder no Tribunal.

Os fundamentos do pedido formulado na ação eram relativamente óbvios: a homossexualidade é um fato da vida, a existência de relações homoafetivas é uma decorrência natural desse fato, e não há como o ordenamento jurídico ignorar essa realidade e deixar de disciplinar suas consequências. E, ao fazê-lo, deve aplicar os princípios constitucionais pertinentes, a saber: o da *igualdade*, pelo qual as pessoas não devem ser discriminadas sem um fundamento legítimo, sendo que a orientação sexual não é um deles; o da *liberdade individual*, em razão da qual as pessoas têm direito à autodeterminação e podem fazer as suas escolhas individuais sem imposições externas ilegítimas; e o da *dignidade humana*, que se assenta sobre a compreensão de que todas as pessoas são um fim em si mesmas, e não um meio para a realização de interesses alheios ou de metas coletivas.

Não é fora de propósito relembrar que as uniões estáveis heterossexuais também levaram séculos para ser adequadamente reconhecidas pelo direito. A mulher não casada, que vivesse uma relação conjugal com um homem, era vista como algo próximo a uma prostituta e a ela não se atribuíam direitos. Aos poucos os tribunais foram reconhecendo o direito de participação no patrimônio obtido com o esforço comum e à partilha dos bens. Mas foi só com a Constituição de 1988 que essas uniões estáveis vieram a ser reconhecidas como entidades familiares legítimas, com direitos e deveres análogos aos do casamento. No histórico julgamento de maio de 2011, em surpreendente e bem-vinda unanimidade, o Supremo Tribunal Federal equiparou as uniões homoafetivas às uniões estáveis tradicionais[145].

Pouco mais de um ano depois da publicação da decisão, o Conselho Nacional de Justiça (CNJ) editou importante resolução, não apenas prevendo a conversão das uniões estáveis entre pessoas do mesmo sexo em casamento, como também permitindo a habilitação direta para o casamento. Casamento civil, naturalmente, porque as religiões têm o direito de disciplinar a questão de acordo com os seus dogmas e postulados. Mas a verdade é que uma revolução profunda de costumes ocorreu com a decisão do Supremo e a resolução do CNJ. O Brasil foi um dos pioneiros na quebra desse tabu, ainda em 2011. Nos Estados Unidos, o reconhecimento do casamento entre pessoas do mesmo sexo só veio em junho de 2015, com o julgamento do caso *Obergefell v. Hodges*.

Outras conquistas importantes

Sobrevieram algumas outras conquistas importantes para a comunidade LGBTI+. Destaco três delas.

Adoção por casais homoafetivos. A possibilidade foi assentada em decisão do Superior Tribunal de Justiça, relatada pelo

Ministro Luís Felipe Salomão, pela qual o critério que deve reger a adoção é o melhor interesse da criança, e não a orientação sexual dos candidatos a adotantes. Com esse fundamento, em decisão unânime, legitimou-se a adoção de uma criança por um casal formado por duas mulheres. Esse caso específico não chegou ao Supremo Tribunal Federal. Aliás, não existe uma decisão do Plenário do STF sobre a matéria. Porém, uma decisão individual da Ministra Carmen Lúcia, em processo no qual se recorria de uma decisão da Justiça do Estado do Paraná, reiterou esse entendimento. Não houve recurso dessa decisão e a discussão não voltou a ser suscitada perante o Tribunal, sendo certo que casais homoafetivos vêm adotando regularmente pelo Brasil afora. E é bom que seja assim. O que faz diferença na vida de uma criança é um ambiente de respeito e afeto. Acreditar que albergues ou mesmo a rua possam ser opções melhores é uma visão que não se sustenta por nenhum critério.

Autorização para a pessoa transgênero alterar o prenome e o gênero constantes do registro civil. Uma breve nota terminológica é importante aqui para distinguir sexo, gênero e orientação sexual. *Sexo* é uma condição física, biológica, que distingue homem e mulher por características que incluem genitais e órgãos reprodutivos. *Gênero* diz respeito à autopercepção do indivíduo, ao sentimento de pertencimento ao universo feminino, masculino ou a nenhuma dessas determinações tradicionais. A *orientação sexual*, por sua vez, está associada à atração física, ao desejo de cada um. É aqui que a pessoa pode ser heterossexual, homossexual ou bissexual. *Transgênero* ou *transexual* — não há consenso sobre a terminologia — é a pessoa que não se identifica plenamente com o gênero atribuído ao seu sexo biológico. O Supremo Tribunal Federal decidiu que tais pessoas têm o direito à alteração do prenome e da classificação de gênero perante o registro civil, independentemente de cirurgia de redesignação de sexo.

Criminalização da homofobia. A homofobia e a transfobia significam a violência física ou psicológica contra uma pessoa, respectivamente em razão de sua orientação sexual ou de sua identidade de gênero. Tais condutas se manifestam em agressões, ofensas e atos discriminatórios. Já não se está falando aqui apenas do direito de membros da comunidade LGBTI+ de viverem sua liberdade sexual, mas de preservarem sua integridade física e psíquica, quando não a própria vida. A Constituição, por sua vez, determina a edição, pelo Congresso Nacional, de lei destinada a punir qualquer discriminação atentatória a direitos e liberdades fundamentais. Como lei criminalizando a homofobia jamais veio a ser editada pelo Poder Legislativo, o STF reconheceu a omissão existente e determinou que se aplicasse aos atos de homofobia e transfobia a lei que pune o crime de racismo.

Este é um breve relato dos sofrimentos, lutas e vitórias judiciais da comunidade LGBTI+ na busca por respeito, consideração e igualdade. Um esforço pela superação de preconceitos, discriminação e violências, para que todas as pessoas, independentemente da sua orientação sexual ou identidade de gênero, tenham o direito de buscar a própria felicidade e viver o seu ideal de vida boa. Ser *gay* não é uma escolha livre, mas um fato da vida. Um destino. Uma vontade da criação. Discriminar uma pessoa por essa razão é o mesmo que discriminar alguém por ser negro, judeu, mulher ou latino-americano. Vale dizer: não há cientificidade nem racionalidade. É só uma derrota do espírito.

Capítulo 5
Racismo

Dívidas históricas, ações afirmativas e os caminhos da igualdade racial

> "No Brasil, sempre houve cotas. Até muito
> recentemente, eram de 100% em favor dos brancos."
> Paulo Barrozo[146]

Colonialismo e escravidão[147]

A colonização do Brasil teve início em 1530, com Martim Afonso. Pouco depois, os primeiros escravos africanos começaram a chegar em 1535. Em 1672, a cidade do Rio de Janeiro tinha 4 mil habitantes brancos e 20 mil africanos. Já se vê daí o peso que os negros escravizados tiveram na construção da nossa nacionalidade.[148] Pela época da independência, praticamente todos os brasileiros livres eram donos de escravos. O Brasil foi o país do hemisfério ocidental que mais recebeu cativos: quase 5 milhões, sendo 80% originários de Angola. Em razão da resistência dos senhores de engenho e dos barões do café, aliados da monarquia, o tráfico negreiro só foi interrompido em 1850 e a abolição só veio em 1888. Fomos o último país do continente americano a libertar os escravizados. O Brasil é o segundo país de maior população negra no mundo, atrás apenas da Nigéria.[149]

A escravidão foi justificada e legitimada por alguns dos principais filósofos da história da humanidade, a começar por Aristóteles (384-322 a.C.). A escravidão negra, em particular, com o argumento da superioridade da raça branca, foi endossada por ninguém menos do que David Hume (1711-1776), Voltaire (1694-1778), Immanuel Kant (1724-1804) e George Friederich Hegel (1770-1831). Até o final do século XIX, a Igreja nunca se pronunciara oficialmente contra a escravidão.[150] A Inglaterra foi o maior traficante de escravos no século XVIII, tornando-se a grande defensora do fim do comércio negreiro no século seguinte, quando os interesses econômicos se alteraram.

No Brasil, o tratamento da escravidão foi evoluindo de maneira lenta e gradual. Em 1850, a Lei Eusébio de Queirós, aprovada sob pressão da Inglaterra, pôs fim ao tráfico negreiro. Em 1871, a Lei do Ventre Livre assegurou a liberdade dos filhos de escravizados nascidos no Brasil. Em 1885, entrou em vigor a Lei dos Sexagenários, pela qual escravizados com mais de 60 anos seriam libertados. Em 13 de maio de 1888, a escravidão foi abolida oficialmente pela Lei Áurea. Cerca de 700 mil escravizados ganharam liberdade, mas não foram integrados à sociedade brasileira. A monarquia não resistiria à perda de apoio político e cairia no ano seguinte.

A sociedade brasileira e a questão racial

Ao longo da história republicana brasileira, desenvolveram-se três posições básicas em relação à questão racial. A primeira delas, influenciada por teorias raciais supostamente científicas vindas da Europa, afirmava existir hierarquia biológica entre as raças humanas. Parte das nossas elites entendia não ser possível um projeto de progresso e modernidade com uma população mestiça. Intelectuais diversos e relevantes, como Silvio Romero, Euclides da Cunha, Oliveira Vianna e Monteiro Lobato, professavam essa crença e associaram seus nomes a ideias de branqueamento da nação e mesmo de eugenia. Embora já não haja quem defenda abertamente essas ideias, ainda existe quem pense e se comporte assim.

A segunda posição sustenta que somos uma sociedade amplamente miscigenada, na qual ninguém é diferenciado só pelo fato de ser negro. Seus adeptos reconhecem desequilíbrios no acesso à riqueza e às oportunidades, mas seriam de natureza econômica e social, não racial. Por essa razão, os militantes dessa visão opõem-se às políticas de ações afirmativas em favor de pessoas negras, por entenderem que levariam à "racialização" da sociedade brasileira, em imprópria importação de vicissitudes da cultura americana. Na mesma linha, não creem haver maior problema no uso de humor e de estereótipos, sem ver nesse tipo de "racismo recreativo" a face oculta de uma hostilidade racial.[151]

A terceira posição é a que supera o discurso do *humanismo racial brasileiro*[152] — a crença romântica e irreal de que transcendemos a questão racial — para reconhecer que, para além dos aspectos econômicos e sociais, existem discriminações em razão da cor da pele e outros traços físicos. Pessoas negras e pardas sofrem com a visão depreciativa de muitos na sociedade, influenciada por percepções que remontam à escravidão, à exclusão social e a estereótipos diversos. Também a papeis específicos na estrutura social. Essa é a realidade que se reconhece nesse texto e que precisa ser enfrentada corajosamente, por dever de justiça e por apreço à diversidade.

Os fatos e os números da discriminação

O racismo entre nós é estrutural e institucional, integrando a organização econômica e política da sociedade.[153] Aqui, diferentemente do que se passou nos Estados Unidos, não foram necessárias leis discriminatórias explícitas, com vagões, praias, restaurantes e banheiros públicos separados para brancos e para negros. Não precisávamos de lei porque isso já acontecia naturalmente, como consequência da marginalização e do próprio sentimento de inferioridade que ela criava. A hierarquização e a subalternidade se manifestavam nas atividades reservadas às pessoas negras: as mulheres eram empregadas domésticas; os homens eram faxineiros, pedreiros ou operários. Alguns chegavam a jogador de futebol.

A existência do racismo estrutural e institucional é confirmada pelas mais diversas estatísticas. De acordo com o Censo de 2010, do IBGE, metade da população brasileira é negra (mais precisamente, 50,7%). Nada obstante, entre os 10% mais pobres, 72% são negros.[154] Nas favelas, 66% dos domicílios são chefiados por negros.[155] E, nas populações de rua, 67% são negros.[156] Os números desfavoráveis também se manifestam no sistema carcerário, onde 61,67% dos presos são negros. O racismo não está presente apenas no encarceramento em massa, mas também em casos sucessivos de violência policial. Esse fato, que faz parte da rotina das comunidades brasileiras de maioria afrodescendente, ganhou visibilidade mundial com a divulgação da morte de George Floyd, em Minneapolis, nos Estados Unidos, sufocado pelo joelho de um policial branco que pressionava seu pescoço.

A desigualdade racial persistente se projeta em muitas outras áreas, de acordo com indicadores oficiais. Segundo o IBGE, dados de 2018 apontam que a taxa de analfabetismo de pretos e pardos (9,1%) é mais que o dobro da de brancos (3,9%).[157] Já o rendimento médio domiciliar *per capita* dos negros (934 reais) corresponde a cerca da metade daquele dos brancos (1.846 reais). Na perspectiva da segurança pública, o Atlas da Violência de 2019, organizado pelo Instituto de Pesquisa Econômica Aplicada (IPEA) e pelo Fórum Brasileiro de Segurança Pública, demonstrou que 75,5% de todas as pessoas assassinadas no Brasil eram negras e que 61% das vítimas de feminicídio eram mulheres negras.[158] Esses dados são cruel e emblematicamente ilustrados pelas mortes de crianças por balas perdidas e pelo homicídio da vereadora Marielle Franco. O movimento social "Vidas negras importam" (*Black lives matter*), que começou nos Estados Unidos, ganhou o mundo e chegou ao Brasil.

A importância e a legitimidade das ações afirmativas

As ações afirmativas são políticas públicas — isto é, programas governamentais — que procuram dar vantagem competitiva a determinados grupos sociais. Um tratamento mais favorável aos que não tiveram as mesmas oportunidades que os demais. Em rigor, porém, vistas pelo ângulo dos que foram excluídos, o que as ações afirmativas fazem é procurar neutralizar, ao menos em parte, as vantagens competitivas de que desfrutam os membros dos grupos sociais hegemônicos. Vantagens que não foram obtidas por mérito, mas em razão da posição de privilégio que desfrutam na estrutura social. Cotas raciais são uma espécie de ação afirmativa. Trata-se de uma medida emergencial e paliativa para facilitar a ascensão de pessoas que sofreram condições adversas. A melhor ação afirmativa de todas é ensino público de qualidade desde a primeira infância. Porém, enquanto isso não é concretizado em plenitude, são necessárias medidas de proteção e resgate.

O Supremo Tribunal Federal já considerou legítimas as ações afirmativas para negros, com utilização de cotas raciais, em duas situações específicas: a reserva de vagas para ingresso no ensino superior público e a reserva de vagas (20%) em concursos para preenchimento de cargos ou empregos públicos. E, em 25 de agosto de 2020, o Tribunal Superior Eleitoral, em decisão da qual fui relator, determinou que as verbas do Fundo Partidário e do Fundo Eleitoral — dinheiro público saído do orçamento — devem ser distribuídas aos candidatos negros na proporção do número de candidaturas. Por exemplo: se forem 30% de candidatos negros, devem receber 30% dos recursos. Se forem 40%, recebem 40%.

Há boas razões que justificam as ações afirmativas. Destaco três: a primeira delas é a reparação histórica pelo estigma moral, social e econômico que foi a escravidão no Brasil. A esse fato se soma o abandono a que foram relegados os ex-escravizados após a abolição, sem acesso à educação, a empregos qualificados ou a terras públicas, perpetuando-se a condição de subalternidade. A segunda é a necessidade de reconhecimento, como enfatizado acima, de que somos uma sociedade racista, que discriminou e negou oportunidades iguais às populações negras. Todos somos responsáveis, ainda que atuando de forma não intencional, pela mera fruição ou aceitação dos privilégios e vantagens que decorrem de um sistema profundamente desigual.[159] E a terceira razão é a importância do acesso de pessoas negras a posições de liderança e destaque. Esse fato tem uma dimensão simbólica e motivacional sobre todos os integrantes do grupo social, oferecendo-lhes um modelo e inspiração. Isso aumenta a autoestima do grupo e dá força para oferecer resistência ao preconceito alheio. Por fim, se metade da população é negra, há um componente de justiça, representatividade e respeito ao pluralismo.

Tudo isso sem mencionar que o racismo estrutural e a exclusão social terminam por desperdiçar o talento e o potencial de metade da população brasileira. Uma vez devidamente integrado, esse enorme contingente poderia se juntar, com maior capacidade, ao esforço coletivo de construção nacional.

Superação do preconceito, igualdade e empoderamento

Ministros do Supremo podem requisitar dois ou três juízes para atuarem no seu gabinete, auxiliando com a carga de milhares de processos. Durante um tempo, uma das minhas juízas era uma mulher negra, competente e extremamente elegante, chamada

Adriana Cruz. Em uma ocasião, pediu-me audiência uma delegação de jovens profissionais negros, que visitaria o Tribunal. Recebi-os na ampla sala de sessões da Primeira Turma do STF e convidei Adriana para se dirigir a eles. Até hoje tenho guardada, na memória e no coração, a passagem da fala dela em que disse:

"Nós não estamos aqui de favor. Nós temos o direito de estar aqui. A vida é uma festa para a qual nós também fomos convidados. E temos o direito de entrar pela porta da frente, e não pela porta dos fundos."

Vi no semblante de cada pessoa naquele auditório a emoção e o orgulho de saber-se igual e de se sentir capaz. O preconceito envolve dois lados: quem o pratica e quem o aceita. O antídoto, portanto, é não aceitá-lo. Mas para resistir a ele, é necessário algum grau de empoderamento. Há uma frase feliz de Eleanor Roosevelt, em que ela diz: "Ninguém pode fazer você se sentir inferior sem a sua ajuda." Porém, se as pessoas, por circunstâncias da vida, frequentam os piores colégios, desempenham as piores tarefas e moram em locais contaminados pelo crime, a autoestima baixa e a capacidade de resistência diminui. Por isso estamos tratando aqui do empoderamento de pessoas para que, independentemente do que outros, pervertidamente, pensem ou façam, elas não aceitem o preconceito. E levem a vida entrando pela porta da frente.

DIREITO

Capítulo I
Vigiar e punir[160]

Para que serve o direito penal?

> "Eu não quero um direito penal melhor.
> Eu quero algo melhor do que o direito penal".
> Heleno Fragoso

Algumas ideias básicas

O direito penal define os fatos que serão considerados crimes e prevê as sanções a serem aplicadas a quem cometê-los. Sua razão de ser é a proteção de bens jurídicos, isto é, de direitos individuais, interesses e valores sociais estabelecidos pela Constituição e pela lei, cuja violação deve acarretar repressão severa por parte do Estado. Entre esses bens jurídicos encontram-se a vida, a integridade física, a liberdade sexual, a propriedade privada e o patrimônio público, entre muitos outros. O direito penal também resguarda os direitos do acusado, que incluem a presunção de inocência, o direito de não ser preso arbitrariamente e o devido processo legal.

Nos meus trinta anos de advocacia, tive muito pouco contato com a área criminal, apesar de ter tido bons amigos que se dedicavam a ela. Lembro-me de ter feito dois júris em parceria com o pai de um amigo de faculdade e de ter impetrado um ou outro *habeas corpus* quando trabalhava no Escritório Modelo da UERJ. Fui advogado, também, do ativista italiano Cesare Battisti, em um processo de extradição de grande visibilidade e imensa incompreensão. Mas a discussão ali não era essencialmente penal, e sim, entre outras, o descabimento de extradição em caso de crime político.

Após a minha chegada ao Supremo Tribunal Federal, no entanto, deparei-me com grande número de casos criminais, que chegam aos borbotões, sobretudo em duas situações: casos de foro privilegiado, que são aqueles que começam e terminam a sua tramitação no STF, por envolverem parlamentares, ministros de Estado ou o próprio presidente da República, e milhares de *habeas corpus* que, por uma falha de desenho institucional e por uma jurisprudência[161] permissiva, inundam o Tribunal.

As sanções previstas pelo direito penal denominam-se *penas* e variam em gravidade. Podem ser privativas de liberdade (prisão), multas, interdição de direitos e prestação de serviços à comunidade, para citar as principais. Sem ingressar em debates mais sofisticados e sutis, reconhecem-se cinco finalidades essenciais à pena — *retribuição*: infligir ao autor do crime um mal proporcional ao que ele causou; *prevenção específica*: retirar do meio social alguém que poderá repetir o comportamento criminoso; *prevenção geral*: dissuadir as pessoas de cometerem crime pela probabilidade de sua punição; *ressocialização*: reeducar o autor do delito para que tenha consciência do erro e não volte a delinquir; e *restauração*: recompor o bem jurídico lesado, quando isso seja possível.

O direito penal deve ser moderado, sério e igualitário. *Moderado* significa que se deve evitar a expansão desmedida do seu alcance, seja pelo excesso de condutas criminalizadas seja pela exacerbação desproporcional de penas. *Sério* significa que sua aplicação deve ser efetiva, sem leniências, de modo a desempenhar o papel dissuasório da criminalidade, que é da sua essência. E *igualitário* significa que a aplicação da lei não deve distinguir entre ricos e pobres (embora a pobreza possa, eventualmente, servir como fator de mitigação da punição) e entre poderosos e comuns. A dimensão igualitária do direito penal é a mais difícil de trazer para a realidade num país onde o compadrio, as relações pessoais e as injunções de classe ditam muitas vezes as regras. Em várias situações, ricos e poderosos são tratados como se estivessem acima da lei, enquanto pobres e desassistidos não são sequer tratados dentro dela.

Entre o abuso e a proteção deficiente

Nenhum ramo do Direito mexe com as paixões humanas como o direito penal. É inevitável que seja assim. A liberdade é um dos valores e bens jurídicos mais valiosos na existência de qualquer pessoa. O poder de restringi-la, por isso mesmo, deve ser cercado de todas as cautelas. Poucas áreas na atuação estatal são mais passíveis de abuso do que o poder de punir. Aliás, em grande medida, a história da humanidade tem sido a imposição de limites ao poder punitivo do Estado. Por outro lado, a proteção deficiente de valores e bens jurídicos relevantes, bem como a impunidade, atrasam o processo civilizatório dos povos. O equilíbrio entre os direitos fundamentais dos acusados e os interesses legítimos da sociedade é delicado e complexo, sobretudo nos países em desenvolvimento.

Tendo sido advogado por muitos anos — embora não na área criminal — e havendo me tornado juiz, posso fazer um paralelo que considero significativo entre os papeis de um e de outro em matéria penal. O advogado só "julga" a causa no momento em que decide se vai aceitá-la ou não. Se resolver patrociná-la, ele escolheu um lado e terá o dever de fazer tudo ao seu alcance, dentro dos limites da lei e da ética, para que prevaleça o interesse de quem o contratou. Observação importante: o advogado não se confunde com seu cliente nem se deve transferir para ele a reprovação que o cliente possa merecer.

Juízes, por sua vez, não podem ter lado. Ao contrário, entre teses de fato e de direito contrapostas, cabe a ele encontrar a verdade possível. Na intepretação do direito penal, cabe ao juiz buscar o delicado equilíbrio entre os direitos fundamentais do acusado e o interesse da sociedade na eventual aplicação da punição. O juiz é, também, guardião dos direitos fundamentais da próxima vítima: manter alguém preso, muitas vezes, significa evitar um novo homicídio, um novo roubo, um novo estupro, um novo desvio de dinheiro. Servir à justiça significa, no geral da vida, desagradar algum dos advogados (seja o de defesa, seja o de acusação). Às vezes, ambos. Juiz criminal jamais vai ganhar prêmio de popularidade.

Recentemente, um importante cientista político escreveu que a punição de corruptos era um caso grave de ativismo judicial contra políticos. Não é. Punir corruptos, com base na prova dos autos, é a pura e simples realização da justiça. O fato de ser novidade, no Brasil, não quer dizer que seja ativismo. Desviar dinheiro público para benefício privado é crime em qualquer lugar civilizado do mundo. É certo que se trata de uma prática que se naturalizou no país, mas isso não a torna menos ilegítima. Cumpre não esquecer que, em 2019, fomos o 106º colocado no Índice de Percepção da Corrupção, indicador pelo qual a Transparência Internacional mede a corrupção no setor público em 180 países do mundo.

Não se muda o mundo com direito penal

Não se muda o Brasil nem o mundo com direito penal, processos e prisões. A construção de um país fundado em justiça, liberdades individuais e igualdade exige, primeiro, *educação de qualidade* desde a pré-escola, para permitir que as pessoas tenham igualdade de oportunidades e possam fazer escolhas esclarecidas. Depois, *distribuição adequada de riquezas*, poder e bem-estar, para que as pessoas possam ser verdadeiramente livres e iguais, e se sentirem integrantes de uma comunidade política que as trata com respeito e consideração. Por fim, *debate público democrático e de qualidade*, no qual a livre circulação de ideias e de opiniões permita a busca das melhores soluções para as necessidades e angústias da coletividade.

A verdade, porém, é que no atual estágio da condição humana o bem nem sempre consegue se impor por si próprio. A ética, o ideal de vida boa, precisam de um impulso externo também. Entre nós, no entanto, um direito penal seletivo e absolutamente ineficiente em relação à criminalidade de colarinho branco criou um país de ricos delinquentes. O país da fraude em licitações, da corrupção ativa, da corrupção passiva, do peculato, da lavagem de dinheiro sujo.

O sistema punitivo deixou de cumprir o seu papel principal, como mencionado anteriormente, que é o de funcionar como meio de *prevenção geral*: a total ausência do temor de punição potencializou os comportamentos criminosos. As pessoas tomam decisões baseadas em incentivos e riscos. Se há incentivos para a conduta ilícita — como o ganho fácil e farto — e não há grandes riscos de punição, a sociedade experimenta índices elevados de criminalidade. Em passagem que se tornou clássica, Cesare Beccaria assentou que é a certeza da punição, mais do que a intensidade da pena, o grande fator de prevenção da criminalidade.

Ninguém deseja um Estado policial, uma sociedade punitiva, um direito penal onipresente. É preciso assegurar o direito de defesa e o devido processo legal. Mas, de outra parte, impõe-se desfazer a crença de que o devido processo legal é o que não acaba nunca, e de que garantismo significa que ninguém nunca seja punido, não importa o que tenha feito. O país precisa de um Estado de justiça. Uma sociedade justa não pode conviver com a empresa que ganha a licitação porque deu propina para o administrador que conduzia o certame. Ou com o político que exige vantagem indevida do empresário como condição para não interferir negativamente na sua atividade econômica. Ou com o banqueiro que ganha no mercado financeiro porque tem *inside information*. Ou com o fiscal que achaca o contribuinte, ameaçando-o com injusta autuação. Ou com o fundo de pensão de empresa estatal que torra o dinheiro dos seus segurados em projetos inviáveis, porque o dirigente recebeu uma vantagem. Conformar-se com isso significaria aceitar com naturalidade que o país seja injusto. Todos esses episódios revelam uma face triste e desonesta do país.

Pune-se muito e pune-se mal

Um dos lugares comuns quando se analisa o sistema penal brasileiro é a afirmação de que aqui se pune muito e se pune mal. Ainda assim, a proposição é verdadeira e fácil de demonstrar. A sociedade brasileira tem duas grandes aflições nessa matéria: violência e corrupção. E, não obstante isso, mais da metade das 750 mil pessoas que estão presas no sistema penitenciário lá não estão por qualquer dessas duas razões. De acordo com os dados do Departamento Penitenciário Nacional (Depen), estas são as estatísticas de pessoas presas por crimes violentos: 25% cometeram roubo; 10%, homicídio; 5%, crimes sexuais; 3%, latrocínio (roubo seguido de morte); e 1%, violência doméstica. A soma desses percentuais dá 44%. E isso num país em que há 63 mil mortes violentas por ano. Por outro lado, 28% dos internos do sistema penitenciário lá estão por delitos associados a drogas. É o maior percentual de todos. A política de drogas do Brasil, como dito antes, precisa ser revisitada e repensada em um debate amplo e sem preconceitos.

Nem metade dos presos do sistema estão encarcerados por crimes violentos. Porém, no tocante à outra aflição da sociedade, o percentual é ainda mais chocante: não aparece na estatística o número de pessoas presas por corrupção e crimes do colarinho branco em geral. Vale dizer: é menos de 1%. Pelos dados do sistema penitenciário, não há corrupção significativa no Brasil. Tragicamente, a estatística não corresponde à realidade. É impossível não identificar as dificuldades em superar a corrupção sistêmica como um dos pontos baixos desses últimos trinta anos de democracia no Brasil. O fenômeno vem em processo acumulativo desde muito longe e se disseminou, nos últimos tempos, em níveis espantosos e endêmicos.

Em suma: o direito penal tem papel importante na vida de uma nação, tanto para a proteção de direitos individuais quanto de valores fundamentais para toda a sociedade. Por essa razão, não é possível dele prescindir no atual estágio civilizatório. Mas, por outro lado, o direito penal tem possibilidades limitadas e seu papel é meramente subsidiário na construção de um país.

Capítulo 2
Liberdade religiosa e Estado laico

O lugar da religião no mundo contemporâneo

> "Secularismo, longe de implicar antagonismo em relação à religião ou às pessoas de fé, implica verdadeiramente em um profundo respeito e tolerância em relação a todas as religiões. Implica em mútua tolerância e respeito por todas as crenças e também pelos que não acreditam."
>
> Dalai Lama[162]

Sou filho de mãe judia e pai católico. Cresci frequentando sinagogas e igrejas. Aos 15 anos, fiz um intercâmbio no exterior e vivi com uma adorável família presbiteriana. Ao fazer meu mestrado em Yale, meu vizinho de porta e amigo era muçulmano, da Arábia Saudita. Desde cedo aprendi a conviver com a diversidade e a apreciá-la. Ao longo do tempo, reforcei a convicção de que as pessoas são essencialmente iguais. Não consigo imaginar nada mais triste para o espírito do que alguém se achar melhor que os outros. Por qualquer motivo. A seguir, uma breve reflexão sobre o papel da religião no mundo contemporâneo.

O sentimento religioso

O sentimento religioso acompanha a evolução da condição humana e das civilizações desde o início dos tempos. Para bem e para mal. Em sua trajetória milenar, a religião ocupou diversos lugares no universo social, que vão da centralidade absoluta ao secularismo, que procura retirá-la do espaço público e confiná-la à vida privada. No plano político, ela esteve ligada à legitimação do poder, à dominação social e ao surgimento das primeiras leis, como manifestações pretensamente divinas. E também a guerras, perseguições e fundamentalismos diversos, da Inquisição ao Jihadismo.

No plano existencial, a religião se liga a sentimentos humanos, como medo e esperança, e ao cultivo de valores morais e espirituais, que remetem ao bem, à solidariedade e à compaixão. A religiosidade, aqui, envolve a relação com o sobrenatural e o transcendente, com a concepção de que a vida não se limita a uma dimensão material ou física. Ao longo dos séculos, a humanidade busca nas manifestações religiosas — os ensinamentos das escrituras, exemplos de vidas emblemáticas e o reconhecimento de lugares sagrados, entre outros — as respostas para questões existenciais básicas, como o sentido da vida e a inevitabilidade da morte.

Religião e modernidade

Por muito tempo, o conhecimento convencional militou na crença de que o Estado moderno, a Revolução Científica e o Iluminismo empurrariam o sentimento religioso para a margem da história, superado pelo racionalismo e pelos avanços tecnológicos. E tudo sugeria que seria assim. De fato, com o advento do Estado moderno, notadamente a partir da Reforma Protestante, a religião perdeu sua centralidade no domínio público, que foi ocupado pelo poder estatal soberano.[163] A Revolução Científica, por sua vez, com as transformações que operou nos fundamentos da física, da astronomia e da biologia, quebrou dogmas religiosos que haviam atravessado os séculos.

A transição entre a visão tradicional pautada pela religião e o novo paradigma, todavia, não se deu sem paradoxos e contradições: como observou um historiador, um dos símbolos desse período, o matemático e cientista Isaac Newton, dedicava "muito mais tempo ao estudo da Bíblia do que às leis da física".[164] Por fim, na sequência histórica de um século de longas guerras religiosas, o Iluminismo surgiu como um vigoroso movimento intelectual fundado no primado da razão, na liberdade, na tolerância e na separação entre Igreja e Estado. Thomas Woolston, no início do século XVIII, chegou a decretar que a morte do cristianismo ocorreria até 1900, previsão considerada excessivamente conservadora por Voltaire, que prenunciara um fim mais próximo.[165] Fechando o ciclo, já avançado o século XIX, Karl Marx proclamou que a evolução da História levaria ao ocaso da religião.[166]

Não é difícil perceber que as diferentes previsões e profecias acerca da desaparição do sentimento religioso não se realizaram.

É certo que a modernidade trouxe, efetivamente, a secularização, a laicidade do Estado e a separação entre ciência e fé, com o deslocamento da religião, predominantemente, para o espaço da vida privada. A verdade, porém, é que mesmo depois de Copérnico, Galileu e Keller, com a teoria heliocêntrica do cosmos, depois de Darwin, com a origem das espécies e a seleção natural, e depois da revolução na física moderna, trazida pela teoria da relatividade, pela mecânica quântica e pela confirmação do bóson de Higgs — "a partícula de Deus" —, o sentimento de religiosidade não arrefeceu. O fato inelutável é que a ascensão das ciências e o avanço tecnológico não deram conta das demandas espirituais da condição humana.

Apesar do humanismo, do agnosticismo e do ateísmo terem representantes intelectuais de grande expressão, quase 84% da população mundial professa alguma religião.[167] No Brasil, de acordo com levantamento do IBGE em 2010, apenas 8% dos entrevistados declararam o contrário.[168] Nas palavras de Yuval Noah Harari, "mais de um século após Nietzsche tê-lo pronunciado morto, Deus fez um retorno triunfal".[169]

A religiosidade no mundo contemporâneo

O fenômeno religioso, no entanto, passa por transformações profundas, com grande diversificação. Religiões que historicamente contam com maior número de adeptos — como as religiões abraâmicas (Cristianismo, Islamismo e Judaísmo),[170] o Hinduísmo e o Budismo —, progressivamente cederam espaço a novas matrizes religiosas, originadas tanto da interação entre diferentes crenças ao longo do tempo, quanto de cismas internos. Esse contexto de maior diversidade e pluralismo também deu lugar ao surgimento de manifestações genéricas de fé, que não se traduzem necessariamente na filiação a uma religião específica.

Mais recentemente se propagam, inclusive, as ditas *religiões sem Deus*, que propõem a desvinculação entre o conceito de religião e a crença em uma divindade transcendental.[171] O conceito, no entanto, não é de todo novo. Albert Einstein, que não acreditava no Deus da Bíblia, num Deus pessoal, considerava-se um homem profundamente religioso.[172] Em célebre passagem, escreveu: "Acredito no Deus de Spinoza, que se revela por si mesmo na harmonia de tudo o que existe, e não no Deus que se interessa pela sorte e pelas ações dos homens."[173]

Paralelamente às religiões institucionalizadas e à visão não religiosa da vida, existe também um humanismo espiritualizado que se beneficia tanto da filosofia moral quanto de valores éticos colhidos em diferentes tradições religiosas.[174] Compaixão, solidariedade, empatia e virtudes morais são traços comuns às diversas cosmovisões existentes.[175] Subjacente à crença humanista está a *regra de ouro*, encontrada nos Analectos, de Confúcio, no Tao Te Ching, na Bíblia Hebraica, nos Evangelhos ou no Nobre Caminho Óctuplo do Budismo. Seu conteúdo essencial consiste em "não fazer aos outros o que não gostaria que lhe fizessem". Mesmo princípio materializado em uma das proposições do imperativo categórico kantiano: "Age de tal modo que a máxima da tua vontade (o princípio que a inspira e move) possa se transformar em uma lei universal."[176] Em outras palavras: não crie regras especiais para si, mas paute-se pelas que devem ser aplicadas igualmente a todos.

Secularismo e religião

Acrescento ainda uma reflexão. Secularismo, como consta da advertência feita na epígrafe deste capítulo, não implica em desapreço à religião ou à religiosidade. Tampouco significa que as religiões não possam vocalizar suas crenças ou participar do diálogo amplo e aberto que caracteriza a democracia contemporânea[177]. É possível que uma sociedade seja moderna, plural e secular e, ainda assim, a religião venha a desempenhar um papel importante. Exemplos emblemáticos nesse sentido são os Estados Unidos e o Japão. O secularismo se manifesta na convivência respeitosa entre cosmovisões distintas, sendo que no espaço público deve prevalecer a razão pública[178] — vale dizer, valores laicos que possam ser compartilhados por todos e por cada um, independentemente de suas convicções pessoais privadas.

À vista do que vem de ser exposto até aqui, é possível destacar duas constatações importantes. A primeira: a modernidade e todas as transformações culturais e científicas dos últimos 500 anos não levaram ao ocaso das religiões, ao desparecimento do sentimento religioso, nem tampouco eliminaram a necessidade humana por algum grau de espiritualidade. Embora a religião tenha sido removida do centro dos sistemas sociais, a decisão do indivíduo em relação a ela — seja para aderir a uma, seja para rejeitar todas — ainda constitui uma das escolhas existenciais mais importantes da sua vida. A segunda constatação é que, a despeito da proeminência das religiões tradicionais, o mundo contemporâneo caracteriza-se pelo pluralismo e pela diversidade nessa matéria. Estima-se existirem mais de 4 mil religiões distintas, distribuídas pelas duas centenas de países do planeta.[179]

Diante dessa realidade, o Estado deve desempenhar dois papeis decisivos na sua relação com a religião. Em primeiro lugar, cabe-lhe assegurar a *liberdade religiosa*, promovendo um ambiente de respeito e segurança para que as pessoas possam viver suas crenças livres de constrangimento ou preconceito. Em segundo lugar, é dever do Estado conservar uma posição de *neutralidade* no tocante às diferentes religiões, sem privilegiar ou desfavorecer qualquer uma delas. Ainda assim, nem sempre é fácil determinar o ponto exato de equilíbrio entre liberdade religiosa e laicidade estatal. Destaco três julgamentos polêmicos do Supremo Tribunal Federal: a admissão de ensino religioso confessional em escolas públicas, isto é, vinculado a alguma crença religiosa específica; a inadmissão do ensino domiciliar de crianças (*homeschooling*), opção adotada por algumas famílias evangélicas mais tradicionais; e a admissão de sacrifícios de animais em práticas religiosas de cultos africanos.

A religião, como quase tudo na vida, pode ser usada para o bem e para o mal. Há religiosos admiráveis e religiosos que mereceriam arder no inferno. Se você acreditar em um, naturalmente. Gosto de lembrar que, no início dos anos 300, o imperador romano Constantino converteu-se ao cristianismo, deixando de adorar o Deus Sol. Mas continuou a ser um brutal sociopata. Mesmo depois da conversão, ele enforcou o cunhado, assassinou o sobrinho, condenou à morte o filho mais velho e afogou a mulher em água quente.

Capítulo 3
Supremo Tribunal Federal

A tênue fronteira entre o direito e a política

> "O Supremo Tribunal Federal tem o supremo privilégio de errar por último."
> Nelson Hungria

Direito e política: a distinção essencial

Direito e política são coisas diferentes. Essa é uma distinção essencial para a democracia. A política é feita de *vontade*, da vontade da maioria. O direito é o domínio da *razão*, da razão pública, que se projeta na Constituição e nas leis. Às supremas cortes e tribunais constitucionais de todo o mundo — e ao Supremo Tribunal Federal no Brasil — cabe, acima de tudo, a interpretação da Constituição, que é a expressão maior da vontade popular, manifestada no momento de fundação ou refundação de uma nação.

Em teoria, interpretar a Constituição é bem diferente de tomar decisões políticas. Na prática, porém, a interpretação não é uma atividade puramente técnica e mecânica, na qual a vontade e as convicções do agente não façam qualquer diferença. A valoração dos fatos e a atribuição de sentido às palavras da lei sempre envolverão uma dose de subjetividade. Como consequência, sempre haverá, ainda que residualmente, um traço político nas decisões de um tribunal constitucional. Por essa razão, a linha divisória entre direito e política nem sempre é nítida e certamente não é fixa. Traçar os seus contornos possíveis é o objeto desse tópico.

O que faz o Supremo Tribunal Federal

A maior parte dos países democráticos do mundo tem uma suprema corte ou um tribunal constitucional, cuja principal atribuição é interpretar e aplicar a Constituição. A Constituição é uma lei que está acima de todas as demais. Normalmente, ela é aprovada em momentos especiais da vida de uma nação e se destina, principalmente, a institucionalizar o governo democrático, a organizar e limitar o poder e a definir os direitos fundamentais de todos. Direitos fundamentais compõem uma esfera de proteção que todo indivíduo deve desfrutar, relativamente à sua liberdade, à igualdade na lei e perante a lei, bem como a um mínimo existencial que lhe assegure condições dignas de vida.

No Brasil, a legislação e a criatividade dos advogados possibilitam que um tema chegue ao Supremo por diversos caminhos. Os principais são o *recurso extraordinário*, que são recursos contra decisões de outros tribunais em que se alega violação à Constituição e as *ações diretas*, que alguns atores institucionais e sociais podem propor diretamente perante o Tribunal para questionar a validade de leis. E há, também, milhares de *habeas corpus*, em meio a outras espécies de ações. O STF recebe dezenas de milhares de processos por ano e precisa, urgentemente, aperfeiçoar os seus mecanismos de filtro. Em todo o mundo, tribunais constitucionais julgam dezenas ou, no máximo, poucas centenas de casos por ano. Essa mudança é importante para dar qualidade e visibilidade aos julgamentos do tribunal.

Ao interpretar e aplicar a Constituição, o Supremo Tribunal Federal desempenha três grandes missões: velar pelo governo da maioria, respeitando e assegurando o respeito à vontade dos que foram legitimamente eleitos para dirigir o país (o Presidente da República e o Congresso Nacional); proteger a democracia, impedindo, por exemplo, que as maiorias políticas mudem as regras do jogo para se perpetuarem no poder; e proteger os direitos fundamentais de todos, inclusive os das minorias políticas e sociais.

Por uma falha de desenho institucional, o STF possui, também, uma vasta competência criminal, que não deveria ter e que, no geral, exerce mal. Esse, porém, não é o objeto do presente capítulo.

A complexidade da vida contemporânea

No modelo idealizado de separação de Poderes, juízes não criam o direito, mas se limitam a aplicar a Constituição e as leis, que são obras de agentes políticos eleitos para esse fim. Porém, na complexidade das sociedades contemporâneas, com seu pluralismo, diversidade e velocidade das transformações, nem sempre é assim. Para muitas situações da vida, inexiste uma clara e prévia decisão política do constituinte ou do legislador definindo a solução a ser adotada. Quando isso ocorre, é o próprio juiz que tem que elaborá-la, o que o torna um coparticipante do processo de criação do direito. Nesse caso, a linha divisória entre a política e o direito deixa de ser nítida, porque essa função criativa do juiz sempre terá uma natureza política.

Vejam-se alguns exemplos emblemáticos de situações imprevistas trazidas pelos tempos modernos: pode um casal surdo-mudo utilizar a engenharia genética para gerar um filho surdo-mudo que vai, assim, habitar o mesmo universo existencial que os pais? Uma pessoa que estava numa fila de transplantes, recebeu o órgão e teve uma rejeição, tem direito a uma nova chance ou a fila deve andar? Pode uma mulher pretender engravidar do marido morto, que deixou sêmen em um banco de esperma, mas não uma autorização expressa para sua utilização? Transexuais devem ser autorizados a utilizar, em locais públicos, o banheiro que corresponda à sua autopercepção de identidade sexual? Deve o médico respeitar a vontade de um adepto da religião Testemunha de Jeová que recuse a transfusão de sangue, mesmo diante do risco de morrer?

Nós vivemos em um mundo fascinante, mas complicado. Houve um caso na França que revela as perplexidades da nossa era. Uma mulher grávida submeteu-se a um exame em laboratório para verificar se tinha contraído rubéola. Caso a doença se confirmasse, ela iria interromper a gestação, o que é permitido lá. Por erro de diagnóstico, a doença não foi detectada e a criança nasceu com dramáticas complicações físicas e psicológicas. Representada pelos pais, a criança entrou na justiça com um pedido de indenização em face do laboratório, sob o fundamento de que tinha o direito de não ter nascido, para que não tivesse que passar pelas provações a que estava submetida. Ganhou a causa! Teve reconhecido o direito de não nascer!

Nenhuma dessas questões é teórica. Todas elas correspondem a casos reais, ocorridos no Brasil ou no exterior. Somem-se a essas situações relativamente insólitas, outras mais comuns, que envolvem colisões de direitos ou de normas constitucionais: livre iniciativa *versus* proteção do consumidor (é legítimo o controle de preços dos planos de saúde?); liberdade de expressão *versus* direito de privacidade (é legítimo alguém pretender apagar de um site de busca um fato desabonador ocorrido no passado?); desenvolvimento nacional *versus* proteção do meio ambiente (é legítima a construção de uma usina hidrelétrica que produz grande impacto ambiental?). A característica comum a todos esses casos foi a inexistência de uma resposta pré-pronta que pudesse ser colhida na legislação. A solução precisou ser construída com argumentos próprios pelo juiz da causa. Seria ingênuo e insincero procurar escamotear a influência da sua subjetividade no resultado.

Nesse contexto, a pré-compreensão do juiz — seus valores, seu nível de conhecimento, suas experiências de vida — fará grande diferença. Há um episódio anedótico que retrata bem como a interpretação é condicionada pela visão de mundo de cada um. Conta-se que o grande jogador Mané Garrincha, um homem simples, foi à Itália jogar com a seleção brasileira. Levado a um *city tour* por Roma, teria declarado na volta ao hotel: "Não sei por que falam tanto desse Coliseu. É menor do que o Maracanã e está precisando de uma reforma urgente." De fato, sem algumas informações sobre o significado daquele monumento histórico, essa poderia ser uma avaliação razoável.

Três papéis das supremas cortes

Como visto, as cortes supremas e cortes constitucionais zelam pelo governo da maioria, pelas regras do jogo democrático e pelos direitos fundamentais. Para cumprir essas missões, elas desempenham três grandes papeis. O *contramajoritário*, que é o apelido que se dá no direito constitucional ao fato de que juízes não eleitos podem invalidar decisões do Congresso ou do Presidente, que foram eleitos pelo povo e, supostamente, representam a vontade da maioria. Exemplo: o STF considerou inconstitucionais os dispositivos legais que impediam a publicação de biografias não autorizadas.

O *representativo*, que é o papel que as cortes exercem quando atendem a demandas sociais que tinham amparo na Constituição, mas não foram satisfeitas a tempo e a hora pela política majoritária, isto é, pelo Congresso Nacional. Exemplos: a decisão que proibiu o nepotismo (emprego de parentes até o terceiro grau) nos três Poderes e a que derrubou, por inconstitucional, o modelo mafioso de financiamento eleitoral que vigorava no Brasil. Em ambos os casos, a sociedade clamava pela mudança da legislação, sem ser atendida.

E o *iluminista*, que é o papel que excepcionalmente as cortes constitucionais exercem, independentemente da vontade do Congresso e mesmo contra a maioria popular, para proteger minorias e avançar a história. Exemplos: nos Estados Unidos, a decisão da Suprema Corte, de 1954, que proibiu a segregação racial em escolas públicas; no Brasil, o julgamento que equiparou as uniões homoafetivas às uniões estáveis convencionais, abrindo caminho para o casamento entre pessoas do mesmo sexo.

Limites legítimos da atuação das supremas cortes

Aqui chegamos ao ponto crucial da discussão, que diz respeito à relação do Judiciário — e, especialmente, do Supremo Tribunal Federal — com os outros dois Poderes. A democracia vive do equilíbrio entre eles, sem que nenhum possa pretender ser uma instância hegemônica. É interessante observar que, a despeito de queixas frequentes contra a judicialização e o ativismo judicial, não é incomum que o Supremo seja provocado a atuar pelos próprios agentes políticos, sejam partidos ou parlamentares.

E em que casos se justifica uma atuação mais proativa do Tribunal? Normalmente, quando houver ameaça a direito fundamental ou à democracia. Mas há uma distinção que merece destaque. Como regra geral, decisões políticas devem ser tomadas por quem tem voto. Nessa linha, se o Congresso Nacional tiver atuado, editando uma lei, a postura do Judiciário deve ser de autocontenção, de deferência para com o parlamento. Exemplo: o Congresso aprovou leis autorizando as pesquisas com células-tronco embrionárias e reservando 20% das vagas em concursos públicos para pessoas negras. Ambas as leis foram questionadas e eram de fato controvertidas. Mas, não sendo manifestamente inconstitucionais, não era o caso de o Supremo sobrepor a sua valoração política à que fora feita pelo Legislativo.

Porém, nas situações em que o Congresso deveria ter atuado, mas não quis ou não conseguiu, por falta de consenso mínimo, o quadro se modifica. Sobretudo se houver um direito fundamental que dependa, para ser exercido em plenitude, de uma providência legislativa. Um exemplo foi a greve no serviço público, que depois de vinte anos de vigência da Constituição ainda não havia sido regulamentada. Outra hipótese envolveu a questão do direito de a mulher interromper a gestação em caso de feto inviável por anencefalia (não formação do cérebro). À falta de lei disciplinando o tema, o próprio Supremo concedeu a autorização.

No mundo, ninguém deve presumir demais de si mesmo. Nem tampouco ficar aquém do papel que lhe cabe. Há um equilíbrio entre prudências e ousadias que dá legitimidade à atuação dos tribunais. Nem sempre é fácil encontrar esse caminho do meio. Gosto de exemplificar essa busca com uma pequena parábola. Todo mundo na vida está sempre se equilibrando. Vale para pessoas e para instituições, para gente famosa e para gente anônima. Viver é equilibrar-se em uma corda bamba, fazendo escolhas a cada passo. Por vezes, alguém na plateia pode achar que o equilibrista está voando. Não há muito problema nisso, pois a vida é feita de certas ilusões. Mas o equilibrista tem de saber que está se equilibrando. Porque se achar que está voando, ele vai cair. E na vida real não tem rede.

Pois uma suprema corte deve atuar do mesmo modo que a vida deve ser vivida: com valores, com determinação, com a leveza possível e com humildade.

Capítulo 4
A judicialização da vida no Brasil

Nem tudo pode ser resolvido nos tribunais

> "A primeira coisa que temos a fazer é matar todos os advogados."
> Shakespeare, em *Henrique VI*[180]

Tudo acaba no Judiciário

Nos últimos tempos, a vida brasileira se judicializou extensa e profundamente em todos os domínios relevantes. Não é difícil ilustrar essa constatação. No plano ético e dos *costumes*, juízes e tribunais foram chamados a decidir, por exemplo, se é legítimo o casamento entre pessoas do mesmo sexo; se uma mulher deve ter reconhecido o seu direito de interromper gestação indesejada durante o primeiro trimestre de gravidez; se a lei pode autorizar pesquisas com células-tronco embrionárias, o que importa na destruição de embriões congelados que sobraram dos procedimentos de fertilização *in vitro*.

Em matéria *econômica*, igualmente, questões complexas e de grande impacto chegaram às portas do Judiciário, como as que envolvem saber se os titulares de caderneta de poupança têm direito à reposição de perdas que teriam sofrido por ocasião da mudança do padrão monetário decorrente do Plano Real; se os municípios podem proibir os aplicativos para transporte urbano, do tipo Uber, Cabify ou 99. Em temas de natureza *social*, a lista também é longa e inclui questões controvertidas e delicadas, como as que demandam respostas às seguintes perguntas: é compatível com a Constituição o estabelecimento de cotas raciais para ingresso em universidades? É legítimo o ensino confessional — isto é, ligado a uma religião específica — em escolas públicas? Deve o Poder Público fornecer medicamentos de alto custo não incluídos nas listas do SUS?

Mas não é só. Para além dessas questões transcendentes, existem outras tantas que fazem parte da rotina da vida e que terminam em pronunciamentos judiciais. Pequenas ou grandes atribuições do dia a dia. Alguns casos ilustrativos, que inundam os tribunais: *bancos* têm o dever de indenizar seus correntistas em caso de inscrição indevida em órgão de proteção de crédito, devolução equivocada de cheque e constrangimento em porta dotada de detector de metais na agência. Também já se pacificou que *companhias aéreas* estão obrigadas a reparar danos sofridos por seus clientes devido a *overbooking*, atraso que resulte na perda de compromisso relevante e extravio de bagagem. Na mesma linha, *companhias telefônicas* ou *de eletricidade* são responsáveis pelos prejuízos causados em razão de interrupção do serviço de telefonia celular ou de fornecimento de energia elétrica. A enumeração seria interminável.

Não há um dia sequer, no Brasil, em que alguma das principais manchetes do noticiário não envolva matéria decidida por algum tribunal. Às vezes é pela importância geral do caso: casamento e união estável, duas formas de se formarem famílias, devem ter o mesmo tratamento jurídico relativamente à repartição dos bens do parceiro que venha a morrer? A definição é decisiva para um terço dos casais brasileiros, que não são casados formalmente. Outras vezes, o interesse decorre do caráter dramático da discussão: pais que desapareçam da vida dos filhos devem indenizá-los por "abandono afetivo"? A polêmica mobilizou o Superior Tribunal de Justiça e a opinião pública algum tempo atrás.

Em certos casos, ainda, é a natureza anedótica que dá visibilidade à discussão, como o acórdão que estabeleceu que a espuma do chope, conhecida como colarinho, deve ser considerada parte integrante do produto, sendo nula a multa aplicada pelo órgão de fiscalização.[181] Enfim, os tribunais estaduais e federais, os tribunais superiores e o Supremo Tribunal Federal entraram com destaque na paisagem política e no imaginário social. Embora a ascensão institucional do Poder Judiciário seja um fenômeno até certo ponto mundial, existem algumas características muito particulares na intensidade do fenômeno no Brasil. Entre nós, tem se verificado uma impressionante judicialização da vida, tanto do ponto de vista quantitativo quanto qualitativo.

A judicialização quantitativa

O termo judicialização tem sido utilizado para identificar duas situações diferentes. Existe, em primeiro lugar, uma judicialização *quantitativa*. Nesse sentido, a expressão judicialização da vida se refere a uma certa explosão de litigiosidade no país, que se manifesta na existência de um número espantoso de ações em curso. Conforme a época, o critério e a origem da pesquisa, as estatísticas oscilam entre 70 a 100 milhões de processos em tramitação simultânea. É quase como se cada brasileiro adulto tivesse uma ação em juízo. Essa judicialização vertiginosa exibe uma ou outra faceta positiva. O excesso de litigiosidade revela ou o reiterado descumprimento de obrigações assumidas ou um exacerbado espírito de emulação. Em qualquer caso, não é bom.

A litigiosidade de massa revela, ademais, que o sistema de justiça tem um conjunto de clientes preferenciais que consomem boa parte do tempo e dos recursos. Esses clientes fidelizados, réus em mais da metade da totalidade das demandas, são liderados pelo Poder Público, em seus diferentes níveis, começando pelo INSS, recordista de ações. No setor privado, instituições financeiras e empresas de telefonia são igualmente responsáveis por uma fatia desproporcional dos escaninhos judiciais. Como o sistema não consegue dar vazão com celeridade a toda a demanda, torna-se moroso e ineficiente. Ou seja: acaba premiando quem não tem razão e consegue procrastinar longamente o desfecho do processo.

A judicialização qualitativa

Fenômeno diverso é a judicialização *qualitativa*. A expressão designa o fato de que boa parte das grandes questões nacionais — políticas, econômicas, sociais e éticas — passaram a ter o seu último capítulo perante os tribunais. *Impeachment*, planos econômicos, ensino religioso em escolas públicas, direito ao esquecimento, direito de greve de servidores públicos, prisão após a condenação em segundo grau, processo legislativo, fidelidade partidária, distribuição de medicamentos, crise fiscal dos Estados, ações afirmativas, foro privilegiado, descriminalização de drogas, limites da colaboração premiada... Enfim, não há tema relevante que não tenha chegado ao Judiciário.

Também aqui é possível identificar uma ou outra faceta positiva. As grandes questões nacionais terminam sendo judicializadas quando não são resolvidas a tempo e a hora pelas instâncias políticas tradicionais. O lado bom é que exista o Judiciário para atender demandas sociais que não foram satisfeitas pelos outros Poderes. O lado ruim é que a judicialização de questões políticas em sentido amplo significa que elas não estão sendo equacionadas por quem deveria fazê-lo. A judicialização evidencia, assim, uma deficiência grave no funcionamento da política majoritária, que é aquela conduzida pelos órgãos eletivos — Legislativo e Executivo.

Judicialização, ativismo e desacertos judiciais

É importante assinalar que há uma distinção relevante entre judicialização e ativismo. A *judicialização* é um fato, produto de um ordenamento jurídico que facilita bastante o acesso relativamente barato ao Poder Judiciário para discutir qualquer direito ou pretensão. O *ativismo judicial*, por sua vez, é uma atitude: designa um modo proativo e expansivo de atuação, produzindo resultados não expressamente previstos na Constituição ou na legislação O contrário do ativismo é a autocontenção, vale dizer, uma atitude de deferência e de não interferência em áreas que, em princípio, estariam situadas no âmbito de atuação dos outros Poderes.

Em linha com as ideias que defendo, o Judiciário deve ser autocontido quando estejam em discussão temas referentes à economia, à Administração Pública e a escolhas políticas em geral. Por exemplo: transposição de rio, indicação de Ministros ou anulação da demarcação de terras indígenas são bons exemplos de situações em que o Judiciário deve se ater a verificar se houve devido processo legal, evitando interferir no mérito das decisões. De outra parte, temas envolvendo direitos fundamentais (como liberdade de expressão, liberdade religiosa, proteção de minorias), ou defesa da democracia (impedir o prolongamento de um modelo de financiamento eleitoral que gerou sucessivos escândalos de corrupção) podem legitimar um comportamento mais ativista.

Um comentário a mais: o cenário de judicialização ampla não significa que o Judiciário e o próprio Supremo Tribunal Federal acertem sempre. Ao contrário, também eles padecem de vicissitudes e cometem erros. Para além da lentidão e de uma certa dificuldade gerencial, a justiça, que muitas vezes tarda, também falha. Uma futura antologia dos grandes equívocos judiciais certamente deverá incluir a venda de ilusões, pela determinação da distribuição compulsória da fosfoetanolamina. Conhecida como "pílula do câncer", teve sua dispensação ordenada em milhares de ações, a despeito da ausência de pesquisas clínicas comprobatórias de sua eficácia ou de registro na ANVISA. No embalo da fantasia, houve até mesmo lei federal autorizando a produção e o uso da poção mágica. Após idas e vindas, a lei veio a ser suspensa pelo Supremo Tribunal Federal, pondo fim ao amadorismo legislativo e judicial no tratamento das questões de saúde.

Duas outras decisões disputam o pódio de pronunciamentos judiciais de efeitos gravemente negativos ou em falta de sintonia com seu tempo. A primeira delas foi a que declarou a inconstitucionalidade da cláusula de barreira, que restringia a atuação parlamentar de partidos políticos que não preenchessem patamares mínimos de votação em diferentes estados. A decisão trouxe como consequência a multiplicação metastática de partidos políticos, que hoje excedem as três dezenas, a maioria sem representatividade nem mínima autenticidade programática. A segunda concorrente é a decisão que manteve o monopólio postal da Empresa Brasileira de Correios e Telégrafos (ECT) na era da internet e do correio eletrônico. Mais ou menos como aparar o vento com as mãos. Porém, no geral, o Supremo Tribunal Federal tem servido à causa da democracia e dos direitos fundamentais.

A importância do orçamento e os limites do direito

Há dois pontos a acrescentar. O primeiro: existe uma discussão ampla no Brasil sobre judicialização, mas há um debate largamente negligenciado que deveria precedê-la: é o que diz respeito ao orçamento. É na lei orçamentária que as sociedades democráticas definem suas prioridades, realizam suas opções políticas e fazem suas escolhas trágicas. Este é o momento em que se deve discutir quanto vai para a educação, para a saúde, para a previdência, para o funcionalismo público, para o transporte, para a publicidade institucional... Maior transparência na elaboração e apresentação do orçamento à sociedade, bem como melhor controle na sua execução poderiam impor ao Judiciário maior grau de autocontenção. Penso que isto seria especialmente verdadeiro ao se lidar com o fenômeno identificado como *judicialização da saúde*.

A segunda e última reflexão é a seguinte: o descrédito da política, nas últimas décadas — possivelmente desde o regime militar — afastou da vida eleitoral a maior parte dos jovens idealistas e com vocação para a causa pública. Muitos deles optaram por carreiras jurídicas, no Ministério Público ou na Magistratura. Esta é uma das causas do ímpeto transformador que tem vindo do Judiciário, tanto em questões sociais como criminais. É preciso ter consciência, todavia, que juízes e tribunais têm possibilidades e limites próprios e intransponíveis. Transformações profundas e duradouras têm de vir da política. Que, todavia, precisa se autotransformar para recuperar o espaço perdido.

Capítulo 5
Quinze decisões históricas do Supremo Tribunal Federal

Empurrando a história

> "O Estado democrático de direito envolve três componentes essenciais: governo da maioria, limitação do poder e respeito aos direitos fundamentais. Manter o equilíbrio entre os três termos dessa equação é a missão das supremas cortes."
>
> Luís Roberto Barroso[182]

Faço a seguir uma seleção de quinze decisões do Supremo Tribunal Federal que, a meu ver, marcaram época. São julgamentos que versam sobre questões éticas, liberdades públicas, proteção de grupos vulneráveis, moralidade administrativa, persecução penal e processo político, entre outros. Como qualquer seleção em um universo de milhares de casos, tem um componente de escolha pessoal e alguma arbitrariedade.

Proibição do nepotismo nos três Poderes[183]

Uma das piores tradições do patrimonialismo brasileiro sempre foi a apropriação do Estado, inclusive e especialmente dos cargos públicos. A nomeação de parentes sempre foi a expressão típica desse comportamento. A prática foi proibida pelo STF, em decisão que vedou a indicação de parentes de juízes e desembargadores, até o terceiro grau, para cargos de livre nomeação no Poder Judiciário. Na mesma data em que concluiu esse julgamento, o Tribunal estendeu a vedação aos Poderes Legislativo e Executivo. Ficam excluídos da restrição a nomeação para cargos estritamente políticos, como ministros ou secretários de Estado.

Validação da lei que autorizou pesquisas com células-tronco embrionárias [184]

Este foi um dos primeiros casos em que se confrontaram a visão secular e a visão religiosa da vida. O tribunal, em apertada votação por 6 votos a 5, considerou constitucional o dispositivo da Lei de Biossegurança que autorizava e disciplinava as pesquisas científicas com embriões humanos resultantes dos procedimentos de fertilização *in vitro*, desde que inviáveis ou congelados há mais de três anos. Parte das células encontradas em embriões até o 14º dia após a fecundação podem se diferenciar em qualquer dos 216 tecidos que compõem o corpo humano, constituindo uma importante fronteira da pesquisa médica e oferecendo perspectiva de cura para doenças que vão das lesões medulares até o diabetes, passando pelas distrofias musculares e o mal de Parkinson. O Tribunal entendeu que a destruição de embriões nessa hipótese — embriões que seriam, de todo modo, descartados em algum momento — não violava o direito à vida nem tampouco o princípio da dignidade da pessoa humana.

Abolição simbólica da censura, com a derrubada da Lei de Imprensa do regime militar[185]

O Tribunal, por maioria, considerou que a Lei 5.250, de 1967, instituída para "regular a liberdade de manifestação do pensamento e da informação", no governo do Marechal Castelo Branco, era incompatível, na sua integralidade, com os valores e princípios da Constituição de 1988. De acordo com esse entendimento, o espírito autoritário da lei não poderia conviver com os padrões de liberdade de expressão e de liberdade de imprensa exigidos em um regime democrático. Segundo o voto do relator, nenhuma modalidade de censura prévia é aceitável e nem mesmo a lei poderia instituí-la. Essa decisão foi fundamento para uma série de decisões posteriores, invalidando atos de censura praticados no âmbito do Poder Judiciário.

Equiparação das uniões homoafetivas às uniões estáveis heteroafetivas[186]

Esta decisão ajudou a derrotar séculos de preconceito e assegurou aos casais homoafetivos os mesmos direitos dos casais heteroafetivos que viviam em união estável. Segundo o entendimento adotado enfaticamente pelo STF, a exclusão baseada na orientação sexual seria incompatível com o direito à busca da felicidade, com o princípio da igualdade, com a proibição do preconceito, com a cláusula geral de liberdade — da qual decorre a proteção à autonomia privada — e com a própria dignidade da pessoa humana. O Estado não pode negar a autodeterminação individual e impor determinada visão do que seja a vida boa. Pouco mais à frente, em 14 de maio de 2013, o Conselho Nacional de Justiça, em desdobramento desta decisão, assegurou o direito ao casamento entre pessoas do mesmo sexo, vedando aos juízos do registro civil a recusa na respectiva celebração.

Legitimidade das cotas raciais em favor de negros para ingresso em universidades públicas[187] e em cargos públicos[188]

Em julgamento de 2012, o tribunal considerou constitucional o sistema de reserva de vagas com base em critério étnico-racial (cota de 20%), adotado pela Universidade de Brasília (UnB). O STF entendeu que a política de ação afirmativa em favor de grupos sociais historicamente discriminados não viola — antes prestigia — o princípio da igualdade, pelo tempo que perdurar o quadro de exclusão social. Em outra decisão, de 2017, também considerou legítima a reserva de 20% das vagas em concurso público para candidatos negros, como um dever de reparação histórica decorrente da escravidão e do racismo estrutural existente na sociedade brasileira.

Julgamento da Ação Penal conhecida como "Mensalão"[189]

O julgamento do denominado "Escândalo do Mensalão" teve início em 2 de agosto de 2012 e foi concluído em 13 de março de 2014, após quase setenta sessões plenárias. O Tribunal entendeu comprovada a existência de um esquema de compra de votos no Congresso Nacional, com recursos provenientes de desvios de dinheiro público e empréstimos fraudulentos. Dos 38 réus cujas denúncias foram recebidas, 24 foram condenados, sendo que 20 deles à pena de prisão pelos crimes de corrupção ativa, corrupção passiva, peculato, lavagem de dinheiro e gestão fraudulenta de instituição financeira. A condenação de duas dezenas de empresários e políticos rompeu com o paradigma de impunidade que sempre vigorara em relação à criminalidade do colarinho branco, sobretudo quando associada ao universo político.

Inexigibilidade de prévia autorização para divulgação de biografias[190]

O tribunal considerou inconstitucional a exigência, constante do Código Civil, de autorização prévia da pessoa biografada ou de seus familiares para a divulgação de obras biográficas. A proibição de biografias não autorizadas criaria um país chapa branca, sem liberdade de informação e de crítica. A subsistência dessa regra permitia a proibição judicial de divulgação de obra dessa natureza, instituindo a possibilidade de censura prévia incompatível com a Constituição, em violação à liberdade de expressão e ao direito à informação.

Proibição do financiamento eleitoral por empresas privadas[191]

Por maioria, o tribunal declarou a inconstitucionalidade das normas que regulavam o financiamento de campanhas eleitorais por empresas. Não ficou totalmente claro se a maioria considerava ilegítimo o financiamento por empresas em qualquer caso ou naquele modelo existente, que permitia condutas moralmente inaceitáveis, por contrariarem a decência política mínima que se exige em um Estado constitucional de direito. Tais práticas incluíam, por exemplo, a possibilidade de tomar empréstimos no BNDES e utilizar o dinheiro para financiar candidatos; a doação para todos os candidatos com chance de vitória, revelando que a empresa estava comprando favores futuros ou sendo achacada; e a empresa doadora ser contratada pelo Poder Público após as eleições, permitindo que o favor privado fosse pago com dinheiro público. Os desdobramentos da Operação Lava Jato confirmaram, de maneira inequívoca, que boa parte da corrupção no país estava associada ao financiamento eleitoral por empresas que contratavam com a Administração Pública.

Rito do procedimento de impeachment da Presidente Dilma Rousseff[92]

Um dos principais papeis da Constituição e do STF é a proteção dos direitos fundamentais da minoria. No segundo semestre de 2015, a presidente Dilma Rousseff havia perdido a sustentação política no Congresso e a maioria esmagadora da população desejava sua saída do cargo. Nesse contexto, a presidência da Câmara conduzia o seu processo de impeachment com regras erráticas, que iam sendo criadas de acordo com a conveniência do momento. O tribunal interveio para invalidar os atos praticados até então, determinando que fosse seguido o mesmo rito adotado em 1992, quando do impeachment do Presidente Collor, que havia sido delineado pelo próprio STF e aprovado pelo Senado. A maioria considerou que a destituição de um Presidente da República por crime de responsabilidade era um procedimento extremamente grave, que deveria ter regras pré-definidas, sem estar sujeito a manipulações.

Interrupção da gestação na hipótese de anencefalia[193] ou durante o primeiro trimestre de gestação[194]

O STF, por duas vezes, pronunciou-se sobre o tema controvertido do aborto. Na primeira vez, reconheceu o direito de uma mulher interromper a gestação quando estivesse grávida de um feto inviável, no caso de anencefalia (formação sem o cérebro). A decisão foi do plenário da Corte, tomada por 8 votos a 2. No segundo caso, a Primeira Turma do STF entendeu ser incompatível com a Constituição a criminalização da interrupção da gestação durante o primeiro trimestre. Por 3 votos a 2, prevaleceu a compreensão de que a proibição do aborto nessa situação viola direitos fundamentais da mulher, como os direitos sexuais e reprodutivos, a autonomia, a integridade física e psíquica e a igualdade. Também se afirmou que a criminalização produz impacto desproporcionalmente grave sobre as mulheres pobres, que ficam impedidas de utilizar o sistema público de saúde. Enfatizou-se, por fim, que praticamente nenhum país democrático e desenvolvido do mundo criminaliza a interrupção da gestação no primeiro trimestre.

Limitação do Foro privilegiado[195]

Por uma falha de desenho institucional, a Constituição brasileira reserva uma ampla competência criminal para o STF, fazendo-o atuar como tribunal penal de primeiro grau. É o chamado foro privilegiado, que beneficia, além do presidente, seus ministros e outros, todos os membros do Congresso Nacional. Em um momento de 2017, havia mais de quinhentos processos criminais (entre inquéritos e ações penais) contra parlamentares. Uma suprema corte não é concebida para desempenhar esse papel e, de fato, não o desempenha bem. Em maio de 2018, o tribunal decidiu restringir drasticamente essa competência, limitando-a aos casos em que o crime houvesse sido cometido *no* cargo e *em razão* do cargo. Por exemplo: se a acusação for por um fato que o hoje deputado praticou quando era prefeito — hipótese bastante comum —, não cabe ao Supremo julgá-lo. Além disso, se o crime não guardar relação com o mandato parlamentar — por exemplo, violência doméstica —, tampouco. Essa alteração reduziu os casos de foro privilegiado perante o tribunal a cerca da metade.

Habeas corpus *coletivo em favor de mães, gestantes e lactantes*[196]

A 2ª Turma do STF reconheceu o cabimento de *habeas corpus* coletivo e o concedeu para substituir a prisão preventiva por prisão domiciliar para todas as mulheres gestantes, mães de filhos até 12 anos ou de deficientes sob sua guarda. O entendimento se baseou na compreensão de que o melhor interesse da criança prevalecia sobre o maior rigor da justiça penal. Ficaram de fora do benefício as mulheres que tenham praticado crimes com violência ou grave ameaça ou contra os próprios descendentes.

Destinação de pelo menos 30% dos recursos dos fundos partidário e eleitoral para candidaturas de mulheres[197]

Desde 1997, a lei exige que pelo menos 30% das candidaturas em vagas no Poder Legislativo sejam de mulheres. Porém, não se assegurava que as candidatas tivessem acesso a recursos financeiros mínimos para bancarem suas campanhas. Diante disso, o STF estabeleceu que os valores do Fundo Partidário — composto, em sua maior parte, por dinheiro público destinado à manutenção dos partidos — deveriam ser direcionados às mulheres no percentual mínimo de 30%. Esse percentual deve aumentar, proporcionalmente, caso o número de candidaturas femininas seja superior. Seguindo a mesma linha, o Tribunal Superior Eleitoral (TSE) determinou que o mesmo critério fosse aplicado em relação ao Fundo Eleitoral, criado para o financiamento público de campanhas após o STF haver considerado inconstitucional o financiamento por empresas privadas.

Criminalização da homofobia[198]

O tribunal reconheceu a omissão do Congresso Nacional em editar lei criminalizando práticas discriminatórias e de violência física e moral contra integrantes do grupo LGBTI+, sendo certo que a Constituição exige a punição desse tipo de conduta. Diante disso, por maioria, enquadrou as práticas de homofobia e de transfobia na lei que define o crime de racismo. A ideia de racismo, nesse contexto, foi compreendida na sua dimensão social, que ultrapassa aspectos físicos ou biológicos, caracterizando manifestação de poder voltada à inferiorização e estigmatização de grupos vulneráveis. A decisão ressalvou a liberdade religiosa de qualquer pessoa manifestar suas convicções quanto ao tema, desde que não envolva discurso de ódio, incitando a hostilidade em razão da orientação sexual ou identidade de gênero do indivíduo.

Proteção às comunidades indígenas contra a pandemia da Covid-19[199]

As populações indígenas apresentam grave vulnerabilidade imunológica a vírus em geral. À falta de medidas concretas e efetivas por parte do Governo Federal para sua proteção, o tribunal determinou a elaboração emergencial de planos de prevenção e contenção da doença. Nele foram incluídos a obrigação de instalar barreiras sanitárias e assegurado o direito de representantes dos indígenas participarem da sala de situação e dos grupos de trabalho constituídos para apresentar soluções, em meio a outras providências. Também se admitiu, pioneiramente, o ingresso perante o STF da entidade Articulação dos Povos Indígenas (APIB), a despeito de não ser registrada no Registro Civil e de não ser uma típica entidade de classe, no sentido convencionalmente admitido pelo tribunal.

ECONOMIA

Capítulo 1
A pandemia da Covid-19

As múltiplas dimensões da crise

> "O que importa não é o que acontece,
> mas como você reage."
> Epictetus

O mundo no início de 2020

Quando o ano de 2020 começou, eu tinha um conjunto de preocupações próprias de uma pessoa que pensa o mundo e o Brasil, e que procura ter uma vida intelectual atuante. Faço uma pequena lista dos temas que me ocupavam, antes da tempestade da Covid-19:

Fake news. Em maio de 2020, eu iria me tornar presidente do Tribunal Superior Eleitoral e teria a meu encargo presidir as eleições municipais. Por essa razão, uma das minhas principais inquietações era como lidar com as chamadas *fake news*, as campanhas de desinformação, difamação e de ódio que desvirtuam o processo eleitoral e a vida civilizada de uma maneira geral.

Recessão democrática. Também estava nas minhas aflições a crescente erosão da democracia liberal em diferentes partes do mundo, provocada por líderes eleitos pelo voto popular. As chamadas *democracia iliberais* eram a consequência de três fenômenos diversos, cuja superposição potencializa cada um deles, perigosamente: o conservadorismo extremado, o populismo e o autoritarismo.

Mudança climática. Por sua vez, a mudança climática despertava minha atenção, à vista da antecipada frustração das reduções de emissões de gases de efeito estufa previstas no Acordo de Paris. Mais que tudo, causava-me desgosto o papelão internacional que o Brasil fazia em relação à Amazônia, que vivia uma escalada de desmatamento e queimadas.

Instabilidade na América Latina. Esse era outro item da minha agenda de desassossegos pessoais, diante de crises políticas e institucionais em países como Peru, Bolívia, Equador, e com manifestações violentas no Chile, o país que mais havia crescido no continente nas últimas décadas. O hiperpresidencialismo, a desigualdade, a corrupção e o fisiologismo voltavam a gerar suas crises costumeiras entre nós.

Crise comercial entre Estados Unidos e China. Por fim, também ocupava um espaço na minha mente os riscos de uma escalada na disputa entre as duas maiores economias do mundo. O tom empregado pelos dois presidentes sugeria o risco de uma nova guerra fria, extrapolando os limites puramente comerciais da disputa.

A crise da Covid-19 e suas múltiplas dimensões

Para ser sincero, o lote já me parecia suficientemente largo. Subitamente, no entanto, todas essas minhas preocupações foram atropeladas por um fato novo e maior, como no verso de Camões: "Cesse tudo o que a antiga musa canta, que outro valor mais alto se alevanta." Em 11 de março de 2020, a Organização Mundial da Saúde declarou que uma nova doença, com alto poder de contágio e velocidade de transmissão, se espalhara pelo mundo. De repente, todos nós nos tornamos fluentes em um novo vocabulário e passamos a saber o que é Covid-19, pandemia, achatamento da curva, isolamento vertical e horizontal, *lockdown* e imunidade de rebanho, em meio a novos aprendizados. A característica da crise trazida pela pandemia do novo coronavírus é não ser ela localizada em um específico segmento da vida. Trata-se de uma crise holística, que se apresenta em múltiplas dimensões, como se procura sistematizar a seguir.

A pandemia tem, em primeiro lugar, uma *dimensão sanitária*, isto é, provoca profundo impacto na saúde pública. No apagar das luzes de 2020, a quantidade de casos no mundo aproximava-se de 50 milhões, com o número estimando de mortes superior a 2,5 milhões. Os países mais afetados eram Estados Unidos, Brasil e Índia, sendo que entre nós a previsão para o final de 2020 estava em torno de 180 mil mortes. À falta de vacina ou remédio comprovadamente eficaz, o isolamento social continuava a ser o meio preventivo mais eficiente para o chamado achatamento da curva, que consiste em impedir que gente demais fique doente ao mesmo tempo, ultrapassando a capacidade de atendimentos dos serviços de saúde. A imunidade de rebanho, que interromperia o ciclo de transmissão da doença, dependeria da contaminação de pelo menos 70% da população, o que também implicaria sobrecarga da rede hospitalar. Países nos quais a curva da doença passara a ser descendente ensaiavam medidas de flexibilização do isolamento social.

Em segundo lugar, a crise tem uma *dimensão econômica*. Uma grande recessão mundial se tornou inevitável e já começava a produzir seus efeitos antes de meados de 2020. Alguns autores falam em *depressão*, invocando a crise de 1929, quando da quebra da Bolsa de Nova York. O Fundo Monetário Internacional estima uma queda média do PIB global em 3%. No Brasil, que timidamente se recuperava de uma recessão doméstica que vinha desde 2014, o tombo previsto varia, conforme estimativas, de 5 a 10%. Da crise econômica decorre a *dimensão social* do impacto trazido pela pandemia: quebra em série de empresas, com demissão em massa de trabalhadores, em um país no qual o desemprego já beirava os 12% da força de trabalho. Um auxílio emergencial de 600 reais para os trabalhadores vulneráveis foi instituído pelo governo, alcançando um número ainda incerto de pessoas, entre 50 e 70 milhões.

Diante desse quadro, a crise pandêmica assume, também, uma *dimensão fiscal*, colocando imensa pressão sobre os cofres públicos. De fato, não é barato o custo somado do auxílio emergencial a vulneráveis, resgate de empresas e investimentos nos serviços de saúde, mormente em uma conjuntura agravada pela queda expressiva na arrecadação. Tudo isso em um momento em que o país já enfrentava um déficit fiscal crônico e crescente, beirando os 80% do PIB. Com os gastos inevitáveis que precisarão ser feitos, estima-se que possa chegar a 94%. Economistas com consciência social e indispensáveis preocupações fiscais, advertem que tais gastos hão de ser provisórios, sob pena de um colapso fiscal a médio prazo. E mantêm as mesmas recomendações de política econômica, uma vez superada a pandemia: reforma administrativa, reforma tributária, privatizações e racionalização do gasto público.

A *dimensão política* da Covid-19 se manifesta em uma enorme falta de liderança e coordenação no seu enfrentamento no Brasil. União, Estados e Municípios não foram capazes de construir uma estratégia harmônica, inclusive e sobretudo porque, no plano federal, ignoravam-se as recomendações da ciência e da medicina. O desacerto político, aliás, trouxe queda vertiginosa do real — moeda que mais se desvalorizou no mundo — e um enorme e constrangedor desprestígio internacional. O país teve três Ministros da Saúde em curto período e ainda assistiu à queda rumorosa do Ministro da Justiça, em meio a outros sobressaltos. Tudo sem mencionar uma furiosa — quando não criminosa — campanha de desinformação por milícias digitais que infestam as redes sociais, produzida por vozes obscurantistas, truculentas e autoritárias.

Em meio a muitos desacertos, a Covid-19 também teve uma *dimensão institucional*: deliberações do Congresso Nacional e, sobretudo, do Supremo Tribunal Federal, derrubando atos do Executivo, trouxeram tensão e fricção entre os Poderes. Embora sejam episódios normais em uma democracia, sua concorrência agregou dificuldades a uma conjuntura já convulsionada. Entre outras decisões, o STF assegurou a competência conjunta da União, dos Estados e dos Municípios no enfrentamento da pandemia, flexibilizou regras de responsabilidade fiscal e impediu a divulgação de uma campanha institucional que convocava a população a voltar ao trabalho e às ruas, quando todas as recomendações médico-científicas eram pelo isolamento social. Por fim, em sua *dimensão eleitoral*, a pandemia impôs árduos condicionamentos à realização das eleições municipais de 2020.

Como se vê, a crise trazida pela pandemia Covid-19 afeta múltiplas dimensões da vida do país e das pessoas. A indeterminação e a imprevisibilidade são os traços marcantes da maior crise humanitária da nossa geração. Todos nós gostamos de poder lançar um olhar retrospectivo sobre os fatos da vida, auxiliados pela passagem do tempo e pelo distanciamento crítico. Ou seja: no geral, somos comentaristas de videoteipe. Com a prolongada persistência da pandemia, no entanto, isso não será possível. Estamos operando em tempo real e nos dedicando à tarefa de enxergar o horizonte e encontrar novos rumos, em meio à fumaça, à espuma e à gritaria. E apesar de a minha bola de cristal estar um tanto embaçada, faço a seguir breve tentativa de ver o que vem por aí.

Capítulo 2
Pós-pandemia

E se fizéssemos diferente?

> "Os grandes navegadores devem sua
> reputação aos temporais e às tempestades."
> Epicuro

Algumas constatações

O conhecimento convencional é no sentido de que o mundo atravessou, nos últimos séculos, três grandes revoluções industriais: a primeira é simbolizada pelo uso do vapor (final do século XVIII), a segunda pelo uso da eletricidade (final do século XIX) e a terceira pela rede mundial de computadores (final do século XX). Já agora nos encontramos nos primórdios da quarta revolução industrial. A tecnologia da informação, a biotecnologia e a inteligência artificial deram asas à imaginação humana, num universo que vai da internet das coisas à engenharia genética.

Quando já começava a sonhar com a imortalidade e com o

poder sobre a criação, subitamente a humanidade redescobre sua imensa vulnerabilidade, o risco da existência potencializado por um microrganismo desconhecido e até aqui incontrolável. Uma ferida narcísica profunda e insidiosa. A ciência piscou e uma legião de agnósticos se voltou para a fé. É possível que tudo passe logo adiante, mas, como no refluxo de um tsunami, haverá barcos nos telhados e templos destruídos. Um rescaldo assustador. Deve demorar para as coisas voltarem à ordem.

Uma segunda constatação, na verdade, apenas dá mais visibilidade a um problema que constitui a causa inacabada da humanidade: a abissal desigualdade entre nações e dentro de cada uma delas. Lançando os olhos para o Brasil, todos se deram conta de que milhões de pessoas vivem em condições sub-humanas. Habitações precárias, inclusive em zonas de risco de catástrofes ambientais, aglomeram pessoas em espaços de poucos metros quadrados, sem infraestrutura básica e sem serviços públicos essenciais. A pobreza extrema chegou ao horário nobre das televisões.

Outra constatação é a da falta de lideranças globais. Os Estados Unidos, com a filosofia do *"America first"*, perderam essa condição. Ninguém lidera proclamando "Eu primeiro". A Europa, que já vivia uma crise de identidade agravada pelo Brexit, apressou-se em fechar as fronteiras até mesmo para os países membros. A livre circulação de pessoas, bens e serviços, que foi o mantra de muitas décadas, pode se tornar uma vaga lembrança. Ah, sim: a pandemia pode até ter encoberto, mas não dissipou, a crise que vinha levando milhões de imigrantes a fugirem de países que haviam falido econômica e institucionalmente.

Uma quarta constatação é a progressiva perda da privacidade. Diversos países do mundo já vinham reagindo ao uso indevido e desautorizado de dados pessoais de informações sobre preferências de cada um, armazenados pelas plataformas eletrônicas e pelos diversos atores da indústria *on-line*. Já agora, porém, o risco vem mesmo por parte de governos, monitorando deslocamentos e contatos. Aplicativos de celulares começam a viabilizar essas possibilidades. Cogita-se, também, a exigência de medição de temperatura para desembarcar em aeroportos ou ingressar em determinados ambientes. Ainda que a situação de pandemia possa justificar algumas dessas medidas, há o temor de que esse seja um gênio difícil de voltar para a lâmpada. Passaremos a ser uma sociedade sob monitoramento permanente.

Por fim, em quinto lugar, a pandemia jogou luz sobre uma distinção que, em tempos de fartura, pode passar despercebida: entre governos eficientes (e cidadania disciplinada) e governos ineficientes (e cidadania voluntarista). Note-se bem: a diferença não é entre países autoritários e democráticos, mas eficientes e ineficientes. No parâmetro democrático, a Alemanha sai bem na foto. Nova Zelândia, Dinamarca, Taiwan e Coreia do Sul, também. Itália, Espanha e os Estados Unidos saem com menos brilho do episódio, sobretudo no capítulo inicial. A contabilização dos mortos exibe o preço maior ou menor da competência dos governantes.

O cenário econômico-social

O Brasil ingressou no ano de 2020 com fragilidades e problemas estruturais que já vinham de longe. Entre eles, a desigualdade social, a pobreza, o baixo crescimento econômico e uma situação fiscal preocupante, em que a dívida pública já beirava os 80% do PIB. Além de uma produtividade cronicamente baixa da força de trabalho. Algumas reformas recentes procuravam enfrentar essas disfunções, incluindo Previdência, teto de gastos, Taxa de Juros de Longo Prazo (fim dos critérios políticos na fixação de juros subsidiados pelo BNDES), aprovação de um novo marco legal para o saneamento básico e alguns aspectos da Reforma Trabalhista. Como intuitivo, a pandemia veio a agravar muitos dos problemas existentes. Os principais economistas do país têm procurado fazer diagnósticos do presente e adivinhar o futuro.[200]

Apesar de alguns falarem que o período de 2010 a 2020 foi uma "década perdida", não parece ter sido bem assim. A despeito do descontrole das contas públicas e da dramática recessão que teve início a partir do final de 2014, mesmo na área econômica houve avanços importantes. De fato, a inflação está sob controle, temos os juros mais baixos da história, resolvemos o problema das contas externas e temos um dos melhores e mais seguros sistemas financeiros do planeta. Ademais, como observa Murillo Aragão, a vida não deve ser examinada apenas pelo lado econômico.[201] Nesse período, começou o desmonte da relação de corrupção existente entre o setor público e o privado, aprovou-se a Lei da Ficha Limpa, o Congresso e o Supremo impuseram limites ao presidencialismo imperial brasileiro e aboliu-se o modelo mafioso de financiamento eleitoral por empresas. Ou seja: nem tudo foram derrotas.

Uma agenda para o pós-crise

Parece inevitável que todos ficaremos, ao menos temporariamente, mais pobres do ponto de vista material. Porém, na vida, tudo pode servir de aprendizado. Sou convencido de que podemos sair do desastre humanitário da pandemia da Covid-19 mais ricos como cidadãos e, talvez, também espiritualmente. Para isso, para além da questão econômica, procuro alinhavar, em conclusão, uma agenda pós-crise, mas que já pode ser colocada em prática desde logo. Toda escolha dessa natureza tem alguma dose de subjetividade, mas eis a minha lista de propostas: integridade, solidariedade, igualdade, competência, educação e ciência e tecnologia.

A *integridade* é a premissa de tudo o mais. Ela precede a ideologia e as escolhas políticas. Ser correto não é virtude ou opção: é regra civilizatória básica. Não há como o Brasil se tornar verdadeiramente desenvolvido com os padrões de ética pública e de ética privada que temos praticado. Um pacto de integridade só precisa de duas regras simples: no espaço público, não desviar dinheiro; no espaço privado, não passar os outros para trás. Será uma revolução.

Solidariedade significa não ser indiferente à dor alheia e ter disposição para ajudar a superá-la. Ela envolve, para quem foi menos impactado pela crise, a atitude de auxiliar aqueles que sofreram mais. Como, por exemplo, continuar pagando por alguns serviços, mesmo que não estejam sendo prestados. Da faxineira à manicure. E, evidentemente, caridade e filantropia por parte de quem pode fazer.

A superação da pobreza extrema e da desigualdade injusta continua a ser a causa inacabada da humanidade. Vivemos num mundo em que 1% dos mais ricos possui metade de toda a riqueza. E num país no qual, segundo a organização Oxfam, seis pessoas somadas possuem mais do que 100 milhões de brasileiros. A pandemia escancarou o déficit habitacional, a inadequação dos domicílios e a falta de saneamento, em meio a tudo o mais. Já sabemos onde estão as nossas prioridades.

Quanto à *competência*, precisamos deixar de ser o país do nepotismo, do compadrio, das ações entre amigos com dinheiro público. Aliás, uma das coisas que mais dão alento no Brasil é o fato de que, quando se colocam as pessoas certas nos lugares certos, tudo funciona bem. Há exemplos recentes, no Banco Central, na Petrobras, na Infraestrutura e na Saúde. Precisamos derrotar as opções preferenciais pelos medíocres, pelos espertos e pelos aduladores. É hora de dar espaço aos bons.

O déficit na *educação básica* — que vai do ensino infantil ao ensino médio — é a causa principal do nosso atraso. No Brasil, ela só se universalizou cem anos depois dos Estados Unidos. Elites extrativistas e incultas escolheram esse destino. A falta de educação básica está associada a três problemas graves: vidas menos iluminadas, trabalhadores de menor produtividade e reduzido número de pessoas capazes de pensar soluções para o país. Ao contrário de outras áreas, os problemas da educação têm diagnósticos precisos e soluções consensuais. Há tanta gente de qualidade nessa área que é difícil entender o descaso.

E, por fim, há a urgente necessidade de mais investimento em ***ciência e tecnologia***. O mundo vive uma revolução tecnológica e está ingressando na quarta revolução industrial. A riqueza das nações depende cada vez menos de bens materiais e, crescentemente, de conhecimento, informação de ponta e inovação. Precisamos prestigiar e ampliar nossas instituições de pesquisa de excelência, assim como valorizar os pesquisadores. A democracia tem espaço para liberais, progressistas e conservadores. Mas não para o atraso.

Tem se falado que, depois da crise, haverá um novo normal. E se não voltássemos ao normal? E se fizéssemos diferente?

CAPÍTULO 3
AMAZÔNIA, CRIMES AMBIENTAIS E DESPRESTÍGIO GLOBAL

Com mudar a lógica da
destruição da floresta

> "A Amazônia é fundamental pelo equilíbrio do clima,
> pela água e pela diversidade cultural."
> BETO VERÍSSIMO

Em meados de 2019, recebi um convite da ONU para participar de um congresso em Quioto, no Japão, em abril do ano seguinte, com uma conferência sobre "Segurança Humana, Desenvolvimento Sustentável e Prevenção de Crimes". Dediquei o meu retiro de janeiro na Harvard Kennedy School ao estudo e à pesquisa sobre o tema. Nos primeiros meses de 2020, escrevi, em parceria com a Professora Patrícia Perrone Campos Mello, um artigo acadêmico para servir de base à minha apresentação. Como tudo o mais, o congresso foi adiado, em razão da pandemia da Covid-19. Mas ficou o artigo. Eis um breve resumo das ideias nele apresentadas.

A importância da Amazônia

A Amazônia ocupa uma área em torno de 7 milhões de quilômetros quadrados, correspondentes a cerca de 40% da América do Sul. A região, de densa floresta tropical, espalha-se por nove países, mas 60% de sua extensão situa-se no Brasil. A *Amazônia Legal* brasileira, onde vivem 27 milhões de pessoas, compreende todos os estados da região Norte (Acre, Amapá, Amazonas, Pará, Rondônia e Roraima), dois estados da região Centro-Oeste (Mato Grosso e Tocantins) e parte de um estado da região Nordeste (o oeste do Maranhão). A região amazônica desempenha um papel de grande relevância para o ecossistema global, por um conjunto de razões. Assinalo, aqui, três delas:

A extraordinária *biodiversidade*, constituindo a maior concentração de plantas, animais, fungos, bactérias e algas da Terra. A derrubada da floresta produz a extinção de espécies, com imprevisíveis consequências sistêmicas para o meio ambiente.

Seu papel no *ciclo da água e no regime de chuvas*, com implicações por todo o continente sul-americano, inclusive com a formação dos chamados "rios voadores" que vão irrigar outras regiões.

E sua função de grande significado na *mitigação do aquecimento global*, absorvendo e armazenando dióxido de carbono. Relembrando aqui: o aquecimento global tem como principal causa a emissão de gases de efeito estufa — que aumentam a retenção de calor na atmosfera —, decorrente, sobretudo, da queima de combustíveis fósseis.

Recuo e avanço do desmatamento

Entre 1970 e 1990, 7,4% da floresta foram desmatados. O desflorestamento seguiu de maneira progressiva até chegar ao seu ápice, em 2004, quando foi desmatada uma área equivalente a 27.772 km². Naquele ano, foi deflagrado um ambicioso programa denominado Plano de Prevenção e Controle do Desmatamento na Amazônia (PPCDAm), executado em diferentes fases, com medidas que incluíram monitoramento, fiscalização efetiva, combate à grilagem, criação de unidades de conservação, demarcação de terras indígenas e cortes de crédito. Os resultados foram notáveis: entre 2004 e 2012, o desmatamento caiu mais de 80%, passando para menos de 4.600 km². O sucesso das medidas alimentou o ideal do desmatamento líquido zero.

Lamentavelmente, contudo, a partir de 2013, a o número voltou a crescer, chegando a 7.536 km² em 2018. No ano de 2019, atingiu quase 10.000 km². No total, o desflorestamento acumulado nos últimos 50 anos é de cerca de 800.000 km², aproximando-se de 20% da área original da Amazônia brasileira. O desmatamento costuma seguir uma dinâmica constante: extração ilegal de madeira, queimada, ocupação por fazendeiros e produtores (gado e soja) e tentativa de legalização da área pública grilada. Cientistas consideram que se a derrubada da floresta chegar a 40% haverá um ponto de não retorno (*tipping point*), com irreversível "savanização" de boa parte da região.

As consequências de um mundo sem a Amazônia são catastróficas para o planeta e para o Brasil. Além do incremento do aquecimento global, haverá redução drástica das chuvas que, no caso brasileiro, são imprescindíveis para o agronegócio e para a geração de energia. A escassez de água comprometerá, ainda, a indústria, o abastecimento das populações e a vida nas cidades.

Crimes ambientais

A destruição e degradação da Floresta Amazônica decorrem, sobretudo, de atividades criminosas ali desenvolvidas. Os principais crimes praticados na região amazônica incluem:

Desmatamento e queimadas. O mais relevante agente de desmatamento da floresta é a pecuária, com a constituição de pastos em fazendas de gado. Também a agricultura contribui, embora em menor escala. Queimadas são, muitas vezes, de natureza criminosa, com o propósito de desfazer-se da vegetação nativa e permitir a pecuária e a agricultura.

Extração e comércio ilegal de madeira. Os madeireiros "lavam" a madeira ilegal usando documentação fraudulenta, criando a aparência de ter sido obtida em área de exploração legal. Assim conseguem acesso aos mercados internacionais.

Garimpo e mineração ilegais. A mineração ilegal, sobretudo de ouro, está presente em quase todos os estados da Amazônia Legal brasileira. São mais de 450 áreas nessa situação, várias delas com pistas de pouso clandestinas.

A esses crimes somam-se, ainda, a caça ilegal e tráfico de animais, o trabalho escravo e os crimes contra os defensores da floresta, vítimas frequentes de homicídio. A grilagem de terras acaba sendo incentivada por sucessivas leis que procuram regularizar a ocupação ilegal de áreas públicas.

O desgaste da política ambiental brasileira

O afrouxamento da fiscalização, a partir de 2013, fez com que o índice de desmatamento voltasse a crescer significativamente. A situação agravou-se ao longo de 2019, com elevação de 30%, em contraste com o ano anterior, atingindo a marca de 9.762 Km². Organizações ambientais, defensores da floresta e cientistas atribuíram este incremento a atitudes do novo Governo, apontando, em meio a outras queixas, declarações públicas de altas autoridades que sinalizaram desinteresse pela questão ambiental, associadas a atos concretos que implicaram em uma substancial alteração das políticas públicas necessárias à prevenção e ao controle do desmatamento. O desgaste internacional do país foi imenso. Alemanha e Noruega suspenderam as contribuições para o Fundo Amazônia.

O insucesso dos modelos de desenvolvimento adotados até aqui

Duas formas diametralmente opostas de lidar com a Floresta Amazônica foram adotadas do início dos anos 70 para cá. Foram elas:

O modelo desenvolvimentista, que consistia na derrubada pura e simples da floresta para ocupação da área com atividades econômicas como pecuária, agricultura, extração de madeira, mineração e usinas hidrelétricas. Trata-se de uma concepção que não leva em conta as consequências graves da destruição do bioma amazônico.

O modelo ambientalista, que tem como foco primário a preservação da floresta, sua fauna, flora, rios, povos e culturas tradicionais. Para tanto, procuram-se criar áreas intensamente resguardadas e reguladas, de modo que a maior parte do bioma amazônico esteja protegido perpetuamente.

Em um dos eixos do PPCDAm, tentou-se implantar um modelo híbrido, um meio termo entre as necessidades econômico-sociais dos produtores e trabalhadores da região e a necessidade premente de proteção da floresta. Porém, como demonstram os dados referidos acima, o modelo híbrido não foi capaz de conter a lógica econômica da destruição.

Um novo modelo de desenvolvimento: a quarta revolução industrial e a bioeconomia da floresta

Nenhum modelo trouxe mudança significativa no patamar econômico, social e humano da região, embora a devastação da floresta tenha chegado próxima a 20% da área total. Diante desse quadro, cientistas dedicados ao estudo da Amazônia têm procurado desenvolver novas ideias para velhos desafios, apostando na combinação da sociobiodiversidade com novas tecnologias. Uma dessas apostas é a bioeconomia, um modelo econômico que prioriza a sustentabilidade. Ela se funda em inovações no campo da tecnologia e das ciências biológicas, com vistas a diminuir a dependência de recursos não renováveis e a viabilizar processos produtivos e industriais de baixo carbono e baixo impacto ambiental.

A bioeconomia da floresta consiste em utilizar o conhecimento propiciado pelas ciências, pela tecnologia, pela inovação e pelo planejamento estratégico para a elaboração de novos produtos farmacêuticos, cosméticos e alimentos, bem como para a pesquisa de novos materiais e soluções energéticas. Exemplo: as plantas da Amazônia contêm segredos bioquímicos, como novas moléculas, enzimas, antibióticos e fungicidas naturais, que podem ser sintetizados em laboratório e resultar em produtos de valor agregado. Também há exemplos de frutos típicos, entre os quais se destacam o açaí e o cupuaçu.

É nesse contexto que se concebe o conceito de *Amazônia 4.0*, que visa agregar às potencialidades da sociobiodiversidade amazônica — fauna, flora e conhecimentos tradicionais — as novas tecnologias e possibilidades da quarta revolução industrial. A ideia é transformar os recursos naturais em produtos de maior valor agregado, gerados e consumidos de forma sustentável. Todo esse processo deve ter a justa preocupação de trazer benefícios substanciais para as comunidades locais. Como intuitivo, tudo o que se expôs até aqui envolve educação, ciência, tecnologia e atração de recursos humanos para a região, vindos de outras partes do Brasil e também de grandes centros internacionais.

A *participação internacional*

A participação internacional também pode ser um fator importante na contenção do desmatamento e na sustentabilidade da economia da Amazônia. Países desenvolvidos que destruíram suas próprias florestas e desejam a preservação da Amazônia devem contribuir financeiramente para tanto, através do aperfeiçoamento de mecanismos como o sistema de Redução de Emissões por Desmatamento e Degradação Ambiental (REED+), voltado para ajudar os países emergentes a alcançarem as metas de redução de emissões de gases estufa. Além disso, deve-se notar que boa parte da produção agrícola, pecuária, madeireira e mineral da Amazônia destina-se ao mercado de consumo internacional. Logo, esse mercado pode influenciar o comportamento dos produtores domésticos, exigindo práticas sustentáveis de produção e não adquirindo produtos associados ao desmatamento.

Conclusão

A Amazônia é um ativo precioso do Brasil. É um equívoco tratar a floresta como um empecilho ao desenvolvimento. Além de atrair para nós o desprezo universal, tal visão significa o desperdício de enormes potencialidades. Existe uma lógica econômica e social na devastação. É uma lógica perversa, mas poderosa. Para que ela seja derrotada, é necessário um modelo alternativo consistente, capaz de trazer desenvolvimento sustentável, segurança humana e apoio da cidadania. A ignorância, a necessidade e a omissão estatal são os inimigos da Amazônia. A ciência, a inclusão social e a conscientização da sociedade serão a sua salvação.

Capítulo 4
Livre iniciativa

Como superar a dependência do Estado

> "Se você colocasse o governo para administrar o deserto do Saara, em cinco anos haveria falta de areia."
>
> Milton Friedman

Éramos todos socialistas

Em 1978, quando era editor do jornal universitário na Faculdade de Direito da UERJ, escrevi um artigo intitulado *Socialismo e liberdade*. No texto eu afirmava, com a onisciência da juventude: "O mundo caminha decisivamente para o socialismo." Não preciso lembrar a ninguém que de lá para cá caiu o muro de Berlim, desfez-se a União Soviética, abriram-se todas as economias da Europa Oriental e até a China pratica capitalismo selvagem. Diante do fiasco que foi a minha primeira incursão no mundo da vidência, passei a me dedicar à atividade menos arriscada de comentarista de videoteipe. Depois que as coisas acontecem, eu compareço, explico e, geralmente, não erro o resultado.

Faço parte de uma geração que acreditava no Estado como o grande protagonista do processo social. A geração que perdeu o embate ideológico quando o muro caiu. Em um texto do início da década de 90, escrevi que "em meio aos escombros, existe no Brasil toda uma geração de pessoas engajadas, que sonhou o sonho socialista, que acreditou estar comprometida com a causa da humanidade e se supunha passageira do futuro. Compreensivelmente abalada, essa geração vive uma crise de valores e de referencial. De fato, onde se sonhou a solidariedade, venceu a competição. Onde se pensou a apropriação coletiva, prevaleceu o lucro. Quem imaginou a progressiva universalização de países, confronta-se com embates nacionalistas e étnicos. Mais surpreendente que tudo: os que viveram o sonho socialista não viam a hora de acordar e se livrar dele (...). É indiscutível: nós perdemos e eles venceram".

Em favor da nossa geração, há uma frase clássica do político francês George Clemenceau: "Um homem que não seja socialista aos 20 anos, não tem coração. Um homem que aos 40 ainda seja socialista, não tem cabeça." O tempo e a idade me tornaram um liberal igualitário, algo próximo a um social democrata. Há um ponto ótimo de equilíbrio entre o mercado e a política. Esse ponto está no cruzamento da livre iniciativa, de um lado, e serviços públicos de qualidade, do outro, juntamente com uma rede de proteção social para os que não são competitivos porque não podem ser. Na minha vivência brasileira, sou convencido de que o Estado, na sua atuação econômica, é quase sempre um Midas pelo avesso: o que ele toca vira lata. Em seguida, enferruja.

A tradição intervencionista do Estado na economia

Nos países de industrialização tardia, onde a iniciativa privada era frágil, somente o Estado detinha o capital ou, seu substituto desastrado, a máquina de imprimir dinheiro. Nesse cenário, a atuação econômica e empresarial do Estado tornou-se inevitável como instrumento do desenvolvimento e como alternativa à concessão de setores estratégicos à exploração da iniciativa privada estrangeira. Foi assim entre nós, a partir da década de 40, com a criação de empresas estatais como a Companhia Siderúrgica Nacional (CSN), a Fábrica Nacional de Motores (FNM), a Companhia Vale do Rio Doce (CVRD) e a Companhia Hidrelétrica do São Francisco (CHESF). Na década de 50, foram criados o Banco Nacional do Desenvolvimento Econômico (BNDE, e depois BNDES) e a Petróleo Brasileiro S.A. (Petrobrás).

Curiosa e paradoxalmente, o avanço e o agigantamento do Estado Econômico brasileiro se deu durante o regime militar iniciado em abril de 1964. Ao longo da década de 60 e, sobretudo, da década de 70, foram criadas mais de 300 empresas estatais: Eletrobras, Nuclebrás, Siderbrás etc. Foi a era das empresas "brás". Em setembro de 1981, um recenseamento oficial arrolava a existência, apenas no plano federal, de 530 pessoas jurídicas públicas, de teor econômico, inclusive autarquias, fundações e entidades paraestatais.[202]

A Constituição de 1988, embora tenha sido uma reação veemente ao regime político do governo militar, não confrontou — antes aprofundou — o modelo de atuação direta do Estado no domínio econômico, pelo controle de numerosas empresas. Além disso, foi mantida a fórmula protecionista que impunha diversas restrições à participação de empresas e capitais estrangeiros na economia nacional. A verdade é que um ano após a promulgação da Constituição, em 5 de outubro de 1988, o mundo passou por uma enorme reviravolta política e ideológica, representada pela simbologia radical da queda do Muro de Berlim. O descrédito do Estado como protagonista do processo econômico-social e a globalização retiraram o suporte ideológico de boa parte das disposições da Constituição econômica brasileira.

Como consequência, a década de 90, no Brasil, foi cenário do esforço em retirar do texto constitucional ideias que envelheceram rapidamente. De fato, por meio de emendas à Constituição e de legislação ordinária, produziram-se três ordens de mudança de grande relevância: a *extinção de parte das restrições ao capital estrangeiro* (recursos minerais, navegação de cabotagem, propriedade de empresas jornalísticas e supressão do conceito de empresa brasileira de capital nacional); a *flexibilização dos monopólios estatais* (gás canalizado nos Estados, petróleo e telecomunicações); e a *privatização* ou *desestatização*.

Sentido e alcance da ideia de livre iniciativa

A livre iniciativa está inscrita na Constituição como um dos fundamentos do Estado brasileiro, ao lado de outros valores essenciais como soberania, cidadania, dignidade humana, valores sociais do trabalho e pluralismo político. Ela é uma expressão da ideia geral de liberdade e faz parceria com outros princípios constitucionais, como o da autonomia da vontade. Nesse sentido, a ideia de livre iniciativa transcende uma dimensão puramente econômica, significando que a regra geral, em todos os domínios, é que as pessoas sejam livres para suas escolhas existenciais, profissionais, filantrópicas, de lazer e tudo o mais. O Estado não pode determinar onde um indivíduo vai morar, qual profissão vai seguir, o que vai fazer com o seu dinheiro ou a quem vai ajudar ou deixar de ajudar.

No seu sentido econômico, livre iniciativa significa a opção por um regime de economia de mercado — que gravita em torno da lei da oferta e da procura — e não de uma economia planificada, em que os agentes econômicos ou são estatais ou são obrigados a seguir as diretrizes estatais. Seus elementos essenciais são propriedade privada (apropriação privada dos bens e dos meios de produção), liberdade de empresa e de trabalho (livre exercício de qualquer atividade econômica ou profissional, desde que preenchidos os requisitos legais), livre concorrência (liberdade de preços e de lucro) e liberdade de contratar (autonomia da vontade dos contratantes). Os temperamentos que a própria Constituição impõe à livre iniciativa são a função social da propriedade e da empresa, a repressão ao abuso do poder econômico, a proteção do consumidor e a valorização do trabalho e normas para sua proteção.

Como o Estado interfere na economia

De acordo com a Constituição, o Estado pode intervir na ordem econômica por três vias: pela disciplina, pelo fomento e pela atuação direta. O Estado *disciplina* a economia mediante a edição de leis e regulamentos, assim como pelo poder de fiscalizar o seu cumprimento e punir a sua inobservância. O Estado interfere no domínio econômico por meio do *fomento* quando apoia a iniciativa privada e estimula determinados comportamentos, mediante financiamento público ou incentivos fiscais. Por fim, o Estado intervém no domínio econômico mediante *atuação direta*, que inclui a prestação de serviços públicos (como polícia, justiça, saneamento); e a exploração da atividade econômica (energia, petróleo, bancos).

Nos últimos anos, o contágio da corrupção atingiu as três modalidades de atuação do Estado na economia. Na disciplina, apurou-se que dispositivos em medidas provisórias eram obtidos mediante pagamento dos interessados. No fomento, financiamentos públicos de baixa transparência revelaram indícios de pouco republicanismo. E, na atuação direta, empresas como a Petrobras, a Eletrobras e a Caixa Econômica Federal, em meio a muitas, enfrentaram problemas graves de governança, com superfaturamentos, fraudes e propinas, em reprováveis conluios entre os setores público e privado. Por implausível que pareça, o combate à corrupção no Brasil passou a ser um capítulo da discussão sobre a intervenção do Estado na economia.

Necessidade de superação do preconceito contra o empreendedorismo

É preciso superar o preconceito e a desconfiança que ainda existem no Brasil em relação ao empreendedorismo e à iniciativa privada. Temos uma cultura excessivamente dependente do Estado para tudo. Ser progressista significa querer distribuir as riquezas de forma mais justa. Mas a história provou que, ao menos no atual estágio da condição humana, a iniciativa privada é melhor geradora de riquezas do que o Estado. Trata-se de uma constatação e não de uma opção ideológica. Precisamos aceitar essa realidade e pensar a vida a partir dela. Qual a origem dessa desconfiança e desse preconceito?

Basicamente, foram as distorções resultantes do capitalismo de Estado, do paternalismo governamental e da distribuição discricionária de benesses. O imaginário social brasileiro ainda associa o capitalismo doméstico a concessões com favorecimentos, obra pública com licitações duvidosas, golpes no mercado financeiro e latifúndios pouco produtivos. É uma percepção que vem do tempo em que as riquezas eram injustas, quando não desonestas. Nessa visão, o êxito empresarial e os lucros estariam ligados a relações com o governo, a negócios escusos ou, no máximo, à sorte. Não eram associados ao trabalho, à inovação e à assunção de risco.

Precisamos derrotar esse passado, que termina por alçar o Estado a protagonista de tudo. Governo é para garantir as regras do jogo, criar infraestrutura e ajudar os pobres, arrecadando tributos com eficiência e justiça fiscal, redistribuindo renda, bancando programas sociais e, sobretudo, prestando serviços públicos de qualidade. Seu principal papel é promover igualdade de oportunidades para todos. Excepcionalmente, em áreas estratégicas, é possível ter o Estado atuando diretamente em atividades econômicas. Mas, como regra, não em regime de privilégio, de exclusividade ou de monopólio. Para que se tenha segurança jurídica, progresso e eficiência são necessários marcos regulatórios claros, competição e incentivos ao empreendedorismo e à criatividade. Não há vergonha em ganhar dinheiro honesto. Por estranho que pareça, o sucesso empresarial ainda é muito malvisto no Brasil.

Para atingir os objetivos aqui delineados, será preciso derrotar a crença falsamente progressista de que a presença do Estado significa proteção aos pobres e é fonte de justiça social. Com frequência, ocorre justo o contrário. O Estado brasileiro é apropriado privadamente por muitos, aí incluídos grandes empresas que vivem do financiamento público, o corporativismo de órgãos e empresas estatais, os agentes públicos inescrupulosos, as elites extrativistas e os aliados de todos eles. O mercado regulado adequadamente é mais democrático do que este Estado privatizado. A defesa da livre iniciativa exige, no entanto, que a classe empresarial brasileira aceite os conceitos-chave do capitalismo: risco, concorrência e igualdade entre os atores econômicos. Um ambiente de negócios feito de financiamento público, reserva de mercado e favorecimentos não é capitalismo, mas socialismo para ricos.

Capítulo 5
Justiça social e desenvolvimento sustentável

Reforma tributária, habitação popular e saneamento básico

> "O crescimento econômico sem investimento no desenvolvimento humano é insustentável — e antiético."
>
> Amartya Sen

Uma agenda para o desenvolvimento exige múltiplos capítulos, de naturezas diversas. Muitos deles já foram tratados em diferentes tópicos deste livro. A seguir, uma breve conceituação de desenvolvimento, um retrato da crise que nos desviou do caminho e a análise concisa de três obstáculos que retardam nosso avanço econômico e social.

O desenvolvimento como meta

No tópico dedicado à pobreza e à desigualdade, foi destacada a importância do crescimento econômico para a melhoria de vida das pessoas e melhor distribuição de riquezas. Desenvolvimento, todavia, é um conceito muito mais abrangente e ambicioso. A seguir, uma breve definição dos seus contornos.

Desenvolvimento é um processo de aprimoramento das condições da sociedade, compreendendo diferentes elementos e dimensões. Em sua dimensão *econômica*, o desenvolvimento está associado à geração de riquezas, tendo como indicadores o Produto Interno Bruto, a renda per capita, o nível de endividamento do país e o saldo da balança comercial, entre outros. Em sua dimensão *social*, o desenvolvimento está ligado à distribuição de riquezas e à qualidade geral de vida da população em termos de habitação adequada, acesso à educação e à saúde básicas — incluindo alimentação e saneamento —, níveis de mortalidade infantil, expectativa de vida e serviços públicos adequados.

Ademais, é hoje consenso mundial que o desenvolvimento econômico e social deve ser *sustentável*, a significar que a satisfação das necessidades da geração presente não deve exaurir os recursos necessários às gerações futuras nem comprometer o meio-ambiente em que terão de viver. A verdade é que todas as dimensões do desenvolvimento — às quais se pode acrescentar o desenvolvimento político e cultural — somente se legitimam e se justificam na medida em que conduzam ao desenvolvimento *humano*, à elevação da condição humana no plano do bem-estar físico, mental e ético. Vale dizer: o desenvolvimento tem por fim promover a dignidade humana na sua expressão igualitária, libertária e compatível com a justiça intergeracional.[203]

O caminho da crise

Em algum momento da segunda metade dos anos 2000, viveu-se por aqui a euforia da perspectiva de ingresso no clube dos países desenvolvidos. Inúmeros indicadores sugeriam a possibilidade do salto histórico. Mas o destino foi caprichoso.

O escritor judeu austríaco Stefan Zweig refugiou-se no Brasil em 1940 e aqui escreveu um livro que se tornou célebre: *Brasil, o país do futuro*. Com uma visão romântica e ufanista do país, em plena ditadura Vargas, o livro dividiu a crítica. Muitas das previsões de Zweig não se confirmaram. Ainda assim, o título da obra virou um *slogan* nacional. Brasileiros se sentiam bem com essa promessa otimista de se tornar um país desenvolvido e relevante, ainda que só mais à frente na história.

O futuro parecia ter chegado, com atraso mas não tarde demais, no final da primeira década dos anos 2000. Em sua edição de 12 de novembro de 2009, a revista *The Economist*, uma das mais influentes do mundo, estampou na capa uma foto do Cristo Redentor elevando-se como um foguete, sob o título *Brazil takes off* (O Brasil decola). Tendo escapado da crise de 2007 com poucas escoriações, o país voltara a crescer a taxas anuais superiores a 5%. Exibindo prestígio internacional, havia sido escolhido para sediar a Copa do Mundo de 2014, as Olimpíadas de 2016 e pleiteava uma vaga no Conselho de Segurança da Nações Unidas. Investimentos internacionais abundavam e o preço das *commodities* bombava.

O foguete, porém, aparentemente, não conseguiu sair da atmosfera e libertar-se da gravidade das muitas forças do atraso. Quatro anos depois, a mesma *The Economist*, em sua edição de 28 de setembro de 2013, foi portadora das más notícias. Na nova capa, o Cristo Redentor dava um *looping* e descia em queda livre. A aterrisagem não seria suave. O ciclo de prosperidade parecia ter chegado ao fim, com a queda nos preços das *commodities* e do petróleo, a desaceleração da economia chinesa, a fuga dos investimentos, o aumento da inflação, do déficit fiscal e um intervencionismo estatal atabalhoado e ineficiente, que espantava os empreendedores

Os números desfavoráveis na economia alimentaram a perda de popularidade e o comprometimento da sustentação política da Presidente no Congresso. Uma vez mais, fomos do ufanismo à depressão. *Impeachment* viria a se tornar o tema do momento. Em uma terceira capa dedicada ao Brasil, a *The Economist* de 26 de março de 2016 estampou a Presidente Dilma Rousseff sob a frase título: *Time to go* (Hora de partir). E assim se passou: a presidente foi afastada em 31 de agosto de 2016, sob a acusação de crimes de responsabilidade de natureza orçamentária, sendo substituída pelo vice-presidente, Michel Temer. O novo presidente e seu grupo político, todavia, foram engolfados em denúncias graves de corrupção, não tendo condições políticas de fazer as reformas que estavam no imaginário dos apoiadores do *impeachment*.

Alguns gargalos a serem superados

O país precisa de uma agenda múltipla, em áreas diversas: política, econômica e social. Sobre a agenda política, dois textos deste livro se dedicam à atenuação do hiperpresidencialismo — tradicional usina de crises em toda a América Latina — e à mudança no sistema eleitoral para escolha dos membros do Poder Legislativo. Quanto à agenda econômica, outros textos enfatizaram a importância de se superar o preconceito contra a livre iniciativa e o empreendedorismo, bem como a necessidade de redimensionamento do Estado administrativo e econômico brasileiro. Não do Estado social. Ainda na ordem econômica, há uma pedra no caminho do desenvolvimento e da justiça social: o sistema tributário, que será objeto de reflexão a seguir. Quanto à agenda social, além dos aspectos já enfrentados, com especial ênfase na educação básica, há dois temas que merecem ser equacionados com preferência: habitação popular e saneamento básico.

Reforma Tributária

A Reforma da Previdência, que aparentava enfrentar resistências intransponíveis, foi finalmente aprovada em final de 2019. Foi a terceira em tempo relativamente curto: Fernando Henrique fez a sua na virada de 1998 para 1999, Lula fez a dele em final de 2003 e Bolsonaro também, em 2019. Já a Reforma Tributária não consegue sair do lugar. Todo mundo tem medo de perder alguma coisa. Há quem afirme que não temos mais um sistema — isto é, um conjunto harmônico —, mas sim um amontoado de tributos e regras. Nos idos de 1980, um professor gaúcho escreveu o livro clássico intitulado *Carnaval tributário*,[204] que não se desatualizou e, segundo outro autor, evoluiu para orgia.[205] Os dois maiores problemas são a complexidade e a regressividade, isto é, o sistema concentra riqueza, em lugar de distribuí-la.

De acordo com o Banco Mundial, o Brasil tem o sistema tributário mais complexo do mundo: as empresas gastam 1.500 horas anuais para cumprir suas obrigações com o Fisco.[206] Note-se bem: não se trata do valor dos tributos a serem pagos, mas do custo administrativo de se organizar para pagá-los. São 63 tributos, entre impostos, taxas e contribuições, que incidem sobre o consumo, a renda, a propriedade e a folha de salários. Os principais tributos do país são: sobre o *consumo*: ICMS (estadual), IPI (federal) e ISS (municipal); sobre a *renda*, o imposto de renda pessoa jurídica e pessoa física; sobre a *propriedade*, IPTU e IPVA; sobre a *folha de salários*, PIS/Confins. Em termos de simplificação, a ideia mais amplamente defendida é a fusão dos três impostos sobre o consumo e também o PIS/Cofins em um único tributo. Um dos vilões da complexidade tributária brasileira é o ICMS, que tem regulamentação diferente em cada uma das 27 unidades da Federação e dá margem à guerra fiscal entre elas.

O problema mais grave, todavia, é a regressividade do sistema, que faz com que, proporcionalmente, quem tem menos pague bem mais. A principal distorção está na ênfase nos impostos sobre consumo, que respondem por quase 50% da arrecadação do país. Sua característica é o fato de que ricos e pobres pagam o mesmo valor na compra de qualquer produto, de açúcar a automóvel. Nas principais economias do mundo, dos países que integram a OCDE, essa média é de 38%. A segunda distorção relevante é a pouca progressividade da tributação da renda de pessoas físicas (IRPF): estamos na faixa de 20%, quando nos países mais ricos ela beira os 40%. Também a tributação da propriedade (IPTU) é comparativamente modesta no Brasil, em relação a outros países.[207]

Às distorções apontadas soma-se a não tributação de lucros e dividendos, o que faz com que profissionais nas faixas mais rentáveis se organizem sob a forma de pessoas jurídicas, a "pejotização", pagando menos impostos que os trabalhadores comuns. E somam-se, também, os regimes especiais de tributação, a baixa tributação sobre o rendimento do capital e as alíquotas modestas para o imposto sobre heranças e doações (4 a 8%). O quadro é agravado por subsídios e desonerações nem sempre justificáveis ou republicanas. Aliás, o *rent seeking*, que identifica a apropriação privada do Estado para ganho próprio por elites extrativistas, é uma marca antiga e persistente da vida brasileira, num casamento nem sempre honesto entre a política e o mercado.

Habitação popular

Um dos capítulos dramáticos ligados à pobreza, à desigualdade e às políticas públicas de inclusão social é o da habitação popular. Há dois problemas que frustram a ambição de moradia digna para todos: o déficit habitacional e a inadequação dos domicílios. O *déficit habitacional* identifica a necessidade de construção de novas moradias e tem em conta pessoas que vivem em condições precárias (domicílios rústicos ou improvisados). Envolve situações nas quais um número excessivo de indivíduos ou de famílias convivem em um mesmo ambiente, sem condições de pagar aluguel. A *inadequação de domicílios* significa, principalmente, a carência de infraestrutura urbana, compreendendo itens como energia elétrica, água, esgotamento sanitário e banheiro. Domicílios que prejudicam a saúde e a qualidade de vida de seus moradores. E há também o problema da regularização fundiária e das áreas de risco.

Em números de 2017, último ano em que se tem um levantamento mais preciso, o Brasil tinha um déficit habitacional de 7,8 milhões de unidades, concentrado, sobretudo, na faixa de renda de até três salários mínimos. De acordo com estudo da Fundação Getúlio Vargas, o programa Minha Casa, Minha Vida ajudou a conter a expansão do déficit habitacional, sem ter conseguido ser suficiente.[208] A pandemia da Covid-19 e a impossibilidade de um grande número de pessoas de praticar o isolamento social lançou luzes ainda mais intensas sobre esse quadro. Apesar da grandeza do desafio, essa imensa demanda significa, também, uma grande oportunidade para todos os envolvidos: aquece a indústria da construção civil, gera grande quantidade de empregos e realiza um fim social importante. É preciso urbanizar, arborizar e levar infraestrutura às comunidades pobres do Brasil.

Saneamento básico

O saneamento básico é a principal política pública de saúde preventiva, conforme parâmetro mundialmente aceito, além de ser vital para impedir o comprometimento do solo, dos mananciais (fontes de água para abastecimento), rios e praias. Ele consiste em ações de abastecimento de água, coleta e tratamento de esgoto, bem como manejo das águas pluviais e dos resíduos sólidos. Nossos indicadores nessa área são muito ruins. Cerca de 33 milhões de pessoas não recebem água tratada. Metade dos domicílios brasileiros, onde vivem 104 milhões de habitantes, não tem acesso a uma rede de coleta de esgoto.[209] Além disso, mais de 70% dos municípios brasileiros não tem qualquer sistema de tratamento de esgoto instalado, despejando-o diretamente no meio ambiente. Na capital de São Paulo, estado mais rico da Federação, esses despejos *in natura* causaram a morte dos seus três principais rios: Tietê, Pinheiros e Tamanduateí.[210]

No tocante aos resíduos sólidos, mais de 50% das cidades os destinam a vazadouros a céu aberto, conhecidos como lixões. Epidemias associadas ao mosquito *Aedes aegypti*, como dengue, zika e outras, têm como uma de suas causas principais disfunções associadas ao saneamento básico. Por combinar política de saúde pública, proteção ambiental e condições mais dignas de vida, uma abrangente e ambiciosa política pública de saneamento básico deve ser uma opção prioritária para o país. A verdade inelutável é que o Estado não tem recursos para os investimentos necessários. Também aqui é indispensável a superação do preconceito contra a iniciativa privada. De nada adianta o apego a dogmas, nem tampouco a afirmação retórica de que este é um serviço público essencial, sendo dever do Estado prestá-lo. As pessoas estão morrendo de doenças facilmente evitáveis, e deixá-las morrer em nome de um discurso ideológico não pode ser uma opção legítima para pessoas de bem.

Em 15 de julho de 2020, foi sancionada a lei com o novo marco legal do saneamento, com a meta de alcançar a universalização até 2033, almejando que 99% da população brasileira tenha acesso à água potável e 90% à coleta e ao tratamento de esgoto.

Conclusão
Três pactos

> "O maior perigo, para a maioria de nós
> não é que o alvo seja muito alto
> E não se consiga alcançá-lo.
> *É que ele seja muito baixo*
> E a gente consiga."
> MICHELANGELO

Onde erramos

Segundo o Professor Armínio Fraga, em 1960, o PIB per capita do Brasil era 2,5 vezes o da Coreia do Sul. Em outras palavras, a renda média do brasileiro era mais do dobro da de um cidadão coreano. Nos dias de hoje, a renda média de um brasileiro é 1/3 da de um coreano. A primeira coisa a fazer é reconhecer que erramos muito nesses últimos 60 anos. É possível apontar três desses erros:

O não investimento prioritário e suficiente em educação básica. Essa é, provavelmente, a causa principal de nos havermos atrasado na história. Como assinalado em um dos capítulos deste livro, o déficit educacional produz vidas menos iluminadas, trabalhadores menos produtivos e uma elite intelectual menos qualificada. Desde meados de 1980, a produtividade do trabalhador brasileiro tem crescido menos do que em outros países, inclusive os emergentes. Mais grave ainda: em razão dos problemas com a educação básica, mais anos de escolaridade não tem significado maior produtividade.

O estatismo e a economia fechada. Desde o começo da industrialização no Brasil, a partir dos anos 40 e, especialmente, após 1960, desenvolvemos um modelo com ênfase no capitalismo de Estado, com muitas empresas estatais, financiamentos públicos para as empresas privadas e economia fechada, com medidas protecionistas. A estratégia, que se justificava no início do processo de industrialização, foi perpetuada, sem uma transição na hora certa. A consequência foi um Estado econômico e administrativo que foi se tornando grande e caro demais, com crônico déficit fiscal, e uma iniciativa privada que, com as exceções que confirmam a regra, tem dificuldade de competir no mercado internacional.

A apropriação privada do Estado. O Estado brasileiro sempre foi, historicamente, apropriado por elites extrativistas — econômicas, políticas e administrativas — que o colocaram a serviço dos seus próprios interesses. Desonerações, loteamento de cargos públicos e vantagens excessivas para servidores compõem, de longa data, a cena nacional. Sem falar no puro e simples saque ao Estado, por práticas de corrupção. Lembrando que, em relação à corrupção, mais grave do que o desvio de dinheiro é o conjunto de decisões erradas que são tomadas pelos motivos errados.

É importante enfatizar que essas constatações não têm qualquer caráter político ou ideológico. Baseiam-se em fatos objetivos. Até porque, é bom deixar claro, de 1960 até os dias de hoje tivemos o regime militar e diversos governos eleitos pelo voto popular, de todas as tendências. Em rigor, ninguém tem o direito de apontar o dedo para o outro. Essa é uma responsabilidade coletiva, a ser compartilhada pelo país como um todo.

Integridade, responsabilidade e educação

O Brasil vive um momento difícil e complexo. Além disso, encontra-se dividido, polarizado, com discursos agressivos de parte a parte. Devemos buscar consensos mínimos, capazes de aglutinar as pessoas em torno de alguns denominadores comuns patrióticos. Nessa linha, segue aqui a proposta de três pactos.

Pacto de integridade

Precisamos de um pacto de integridade que substitua o pacto oligárquico que tem vigorado até aqui. A integridade vem antes da ideologia. Uma democracia tem espaço para projetos conservadores, liberais e progressistas de sociedade. Mas não para projetos fundados na desonestidade, em que uma democracia desvirtuada é financiada com dinheiro desviado da sociedade. O Pacto de Integridade funda-se em duas regras elementares: na esfera pública, não desviar dinheiro; na esfera privada, não passar os outros para trás. Esta será a grande revolução brasileira.

O Pacto requer, no *Legislativo*, uma reforma política capaz de atender os objetivos tratados no capítulo deste livro voltado para a Reforma Política: baratear o custo das eleições, aumentar a representatividade do Congresso e facilitar a governabilidade. No *Executivo*, requer livrar-se da mentalidade de que agentes públicos são sócios do país e que podem ter algum tipo de vantagem em todos os contratos públicos. No *Judiciário*, requer derrotar a cultura de que a criminalidade do colarinho branco não tem maior gravidade, dando tratamento leniente aos crimes de rico em geral: corrupção ativa e passiva, peculato (desvio de dinheiro público), fraude em licitações, lavagem de dinheiro e sonegação de tributos.

Pacto de responsabilidade fiscal, econômica e social

Este é um pacto que tem três dimensões.

Responsabilidade fiscal: foi o descontrole nas contas públicas que nos trouxe a esse quadro de recessão, desemprego e desinvestimento. O gasto prolongado acima da arrecadação, com geração de déficits crônicos, prejudica sobretudo os mais pobres com inflação, juros altos e queda no mercado de trabalho. Não importa quão generosa seja a intenção, é uma questão aritmética: a conta um dia chega e é cara. A responsabilidade fiscal não tem ideologia, não é de esquerda ou de direita. Ela é uma premissa das economias saudáveis.

Responsabilidade econômica: precisamos de menos Estado econômico-administrativo, mais sociedade, mais livre iniciativa e mais movimento social. Isso significa menos cargos em comissão, menos financiamento público, menos desonerações, menos empresas estatais. Nós somos uma sociedade viciada em Estado. Capitalismo se faz com concorrência e risco. No Brasil, todo mundo quer financiamento público e reserva de mercado. Isso é socialismo às avessas. A responsabilidade econômica exige, além da Reforma Tributária referida a seguir, também uma reforma administrativa que diminua o peso do Estado. Não do Estado social, que fique bem claro.

Responsabilidade social: o país precisa voltar a crescer para ter emprego para as pessoas e recursos para promover justiça social. Justiça social se faz com um sistema tributário justo — o nosso, além de extremamente complexo, é regressivo, concentrador de renda, com ênfase nos impostos sobre consumo, em que o patrão e o empregado pagam o mesmo valor. Se faz com políticas públicas que não sejam concentradoras de renda, como era, até pouco tempo, a Previdência Social. E se faz com serviços públicos de qualidade e programas sociais que funcionem como rede de proteção para os que verdadeiramente precisem. Os níveis de desigualdade no Brasil são insuportáveis. Os 5% mais ricos detêm 95% da renda nacional. Negros e mulheres são as principais vítimas da desigualdade.

Pacto pela educação

Por fim, precisamos de um Pacto pela educação básica, suprapartidário, de curto, médio e longo prazo. A educação tem que ser conduzida por nomes institucionais, conhecidos e respeitados. Ao contrário de outras áreas, em tema de educação já temos alguns diagnósticos precisos dos grande problemas: a não alfabetização da criança na idade certa; a evasão escolar no ensino médio; e o déficit de aprendizado, isto é, os jovens terminam o ensino fundamental e o ensino médio sem terem aprendido o essencial. E há uma solução que tem sido chancelada por pesquisas recentes: a ênfase na educação infantil de zero a três anos, fase em que o cérebro da criança é uma esponja que absorve todas as informações que lhe são passadas. Esta é a hora de dar nutrição, afeto, respeito, valores e capacidades cognitivas. Mas para isso precisamos de creches públicas de qualidade, bem melhores das que existem atualmente, que por vezes até comprometem o desenvolvimento das crianças.

Apesar de tudo, uma história de sucesso

O Brasil só começou verdadeiramente como país em 1808, com a vinda da família real, fugindo de uma Europa à mercê de Napoleão. Até então, os portos eram fechados a todas as nações que não Portugal, isto é, não era permitido o comércio exterior com outros países. A metrópole proibia a construção de estradas e a existência de manufaturas. Inexistia moeda e as trocas eram feitas por escambo. Não havia escolas, sendo 98% da população analfabeta. Um terço dos habitantes da colônia eram escravos.[211] Mais que tudo, não éramos herdeiros da tradição cultural e política que produziu, por exemplo, a Magna Carta inglesa, ainda em 1215, mas, sim, do último país da Europa a acabar com a Inquisição, com o tráfico negreiro e com o absolutismo. Começamos lá atrás e percorremos um longo caminho, até nos tornarmos uma relevante democracia de massas e uma das dez maiores economias do mundo.

Em pouco mais de três décadas de democracia, conquistamos estabilidade institucional, estabilidade monetária, inclusão social e avanços importantes nos direitos de mulheres, negros, *gays* e populações indígenas. E se olharmos à nossa volta, temos dificuldades menos graves do que outros países que estão no mesmo estágio de desenvolvimento que nós: Rússia, Índia, África do Sul e China. Nações que têm problemas severos de autoritarismo crônico, questões raciais não resolvidas e ódio religioso. O que nos cabe fazer é empurrar a história na direção certa e servir à causa da humanidade, buscando justiça e prosperidade para toda a gente. Não custa lembrar: a ditadura militar parecia invencível. A inflação parecia invencível. A pobreza extrema parecia invencível. Já vencemos batalhas impossíveis anteriormente. E para os momentos de maior desencanto, compartilho aqui o meu *slogan* pessoal, que me traz paz interior e conforto espiritual: "Não importa o que esteja acontecendo à sua volta: faça o melhor papel que puder. E seja bom e correto, mesmo quando ninguém estiver olhando."

Notas

1. Steven Pinker, *Enlightenment now: the case for reason, science, humanism and progress*. N. York: Penguin, 2018.

2. O idealismo em sentido político, como empregado aqui, não se confunde com o idealismo como corrente filosófica, fundada na premissa de que a realidade somente existe na mente ou consciência de cada um. V. *Stanford Encyclopedia of Philosophy*, verbete *"Idealism"*. Disponível em https://plato.stanford.edu/entries/idealism/. Acesso em 26 jul. 2018.

3. Para um amplo e documentado painel de todo o período militar, v. a coleção de cinco volumes de Elio Gaspari, da *Coleção ditadura: A ditadura envergonhada* (2002), *A ditadura escancarada* (2002), *A ditadura derrotada* (2003), *A ditadura encurralada* (2004) *e a Ditadura acabada* (2016). Rio de Janeiro: Intrínseca, 2002-2016.

4. Em 2019, o Superior Tribunal de Justiça confirmou decisão do Tribunal Regional Federal da 2ª Região, trancando ação penal contra seis agentes do Exército acusados de envolvimento no atentado. http://www.stj.jus.br/sites/portalp/Paginas/Comunicacao/Noticias/riocentro.aspx. Acesso em 1º set. 2020.

5. A crítica severa não nega, por evidente, o passado de glórias de Portugal e o extraordinário Império marítimo que construiu. Não desmerece, tampouco, o grande progresso trazido ao Brasil com a vinda da família real. Nem muito menos interfere com os laços de afeto e de afinidade que ligam os brasileiros aos portugueses.

6. Sobre a sequência de fatos desse ano fatídico, v. Zuenir Ventura, *1968: o ano que não terminou*. Rio de Janeiro: Nova Fronteira, 1988. Um dos últimos atos de resistência política foi a "Passeata dos cem mil", no Rio de Janeiro. No plano cultural, foi o lançamento do disco-manifesto *Tropicália*, de Caetano Veloso e Gilberto Gil. O ano de 1968 foi agitado em todo o mundo: houve a insurreição estudantil na França, os assassinatos de Martin Luther King e Robert Kennedy nos Estados Unidos, a repressão à "Primavera de Praga" na Tchecoslováquia e o acirramento do "apartheid" na África do Sul, dentre muitos episódios.

7   Sobre o tema da tortura, v. *Brasil: nunca mais*, 1985, publicado pela Arquidiocese de São Paulo, com prefácio de D. Paulo Evaristo Arns, ex-Cardeal Arcebispo de São Paulo e figura proeminente na defesa dos direitos humanos durante o regime militar.

8   *A era dos extremos:* o breve século XX é o título do livro célebre de um dos mais proeminentes historiadores do século XX, Eric Hobsbawm, publicado em 1994.

9   Eric Hobsbawm, *The age of extremes:* a history of the world, 1914-1991. N. York: Vintage, 1995.

10 Steven Pinker, *Enlightenment now*, 2018.

11 Steven Pinker, *Enlightenment now*, 2018.

12 Na Agenda de Desenvolvimento Sustentável para 2030, das Nações Unidas, aprovada em 2015, o Objetivo 4 é o seguinte: "Assegurar a educação inclusiva e equitativa e de qualidade, e promover oportunidades de aprendizagem ao longo da vida para todos."

13 Steven Pinker, *Enlightenment now*, 2018, p. 13 e 163.

14 United Nations Development Programme. *Human development reports.* http://hdr.undp.org/en/content/human-development-index-hdi.

15 Por exemplo: onde o sistema de justiça funciona mal, aumenta a violência privada; onde a burocracia impõe ônus excessivos, desenvolvem-se esquemas alternativos de propinas; onde a tributação é desproporcional, multiplicam-se os artifícios para a sonegação. Assim é, porque sempre foi.

16 Douglass C. North, *Instituições, mudança institucional e desempenho econômico.* Trad. Alexandre Morales. São Paulo: Três Estrelas, 2018, p. 13.

17 Douglass C. North, *Instituições, mudança institucional e desempenho econômico*, 2018, p. 13, 16-17 e 197. North faz uma importante distinção conceitual entre instituições e organizações. Instituições, como visto, são as regras do jogo. As organizações (partidos políticos, empresas, sindicatos, universidades etc.) são os jogadores. As regras do jogo não se confundem com as estratégias dos jogadores.

18 Custo de transação é o custo de fazer negócios, comprando e vendendo bens ou serviços. Eles incluem despesas com comunicação, serviços jurídicos, obtenção de informações adequadas, controle de qualidade e mesmo transporte. V. "Transaction costs", *Business Dictionary.* Disponível em http://www.businessdictionary.com/definition/transaction-cost.html. Acesso em 14 jul. 2019. Se num dado mercado é difícil obter uma linha telefônica, comprar uma peça de reposição ou ver um processo judicial julgado em tempo razoável, o custo de transação aumenta significativamente. O trabalho considerado seminal nessa matéria é de Ronald Coase, *The nature of the firm*, 1937.

19 Daron Acemoglu e James A. Robinson, *Why nations fail:* the origins of power, prosperity and poverty. Londres: Profile Books, 2013.

20 Daron Acemoglu e James A. Robinson, em *Why nations fail*, 2013, p. 37, expõem, contrastando os Estados Unidos com a América Latina, o modo de distribuição de terras em um e outra: "Nos Estados Unidos, uma longa série de atos legislativos, desde a Lei

de Terras (*Land Ordinance*) de 1785 até a lei conhecida como Homestead Act, de 1862, deu amplo acesso às terras de fronteira. Embora os povos indígenas tivessem sido marginalizados, isso criou uma fronteira igualitária e economicamente dinâmica. Na maioria dos países latino-americanos, entretanto, as instituições políticas criaram um resultado muito diferente. Terras de fronteira foram alocadas para os politicamente poderosos e aqueles com riqueza e contatos, tornando essas pessoas ainda mais poderosas" (tradução livre).

21   Joseph Schumpeter, *Capitalism, socialism and democracy*. N. York: HarperCollins, 2008 (a 1ª edição foi publicada em 1942), p. 83: "O impulso fundamental que define e mantém o motor capitalista em movimento vem dos novos bens de consumo, dos novos métodos de produção ou transporte, dos novos mercados, das novas formas de organização industrial que a empresa capitalista cria."

22   O tear a vapor, marco da Revolução Industrial, retirou a indústria tradicional de algodão do mercado; na indústria da música, o CD abalou o vinil e foi praticamente erradicado pelos *downloads* e *streamings* digitais; os meios de comunicação impressos, como jornais e revistas, vivem a crise trazida pelo predomínio da informação *on-line* em tempo real; as empresas de telefonia sofrem a concorrência de meios alternativos de comunicação, como WhatsApp, Skype e outros.

23   Daron Acemoglu e James A. Robinson, *Why nations fail*, 2013, p. 432-433: "Conjunturas críticas são eventos importantes que rompem o equilíbrio político e econômico existente em uma ou várias sociedades. (...) As conjunturas críticas são pontos de inflexão históricos" (tradução livre).

24   Daron Acemoglu e James A. Robinson, *Why nations fail*, 2013, p. 111 e 431.

25   Douglass C. North, *Instituições, mudança institucional e desempenho econômico*, 2018, p. 18: "Ademais, as instituições comumente mudam antes de forma incremental que de modo descontínuo."

26   Mudança climática e aquecimento global são expressões frequentemente utilizadas como identificando o mesmo fenômeno. Porém, mais recentemente, tem se preferido a denominação mudança climática, por seu caráter mais abrangente. V. Joseph Romm. Is there a difference between global warming and climate change? *The Years Project*. Disponível em: https://theyearsproject.com/ask-joe/difference-global-warming-climate-change/. Acesso em 4 jul. 2019: "Mudanças climáticas ou mudanças climáticas globais são geralmente consideradas um termo mais cientificamente preciso do que o aquecimento global, como a NASA explicou em 2008, em parte porque as mudanças nos padrões de precipitação e no nível do mar provavelmente terão um impacto humano muito maior do que temperaturas sozinho."

27   As informações sobre a evolução cósmica e humana veiculadas nesse tópico foram colhidas, em sua maior parte, em: Yuval Noah Harari, *Sapiens*: a brief history of humankind. N. York: HarperCollins Publishers, 2015. *Homo Deus*: a brief history of tomorrow. N. York: HarperCollins Publishers, 2017. Marcelo Gleizer, *Criação Imperfeita*. Rio de Janeiro: Record, 2012. Stephen Hawking, *Brief answers to the big questions*. N. York: Bantam Books, 2018.

28   Stephen Hawking, *Brief answers to the big questions*, 2018, p. 76.

29 Yuval Noah Harari, *Sapiens*, 2015, p. 247.

30 Tom Goodwin, The battle is for the interface with the client, *Techcrunch*, 3 mar. 2015.

31 "The world's most valuable resource" e "Fuel of the future". *The Economist*, 6-12 mai. 2017, p. 9 e 19-22.

32 V. Siddhartha Mukherjee, *The gene*: an intimate history. N. York: Scribner, 2016, p. 9-10.

33 Klaus Schwab, *The fourth industrial revolution*. N. York: Crown Business, 2017. Klaus Schwab, *The fourth industrial revolution*: What it means and how to respond. *Snapshot*, Dec. 12, 2015.

34 Yuval Noah Harari, *Homo Deus*, 2017, p. 73 e 83, onde também assinala: "Algoritmo é um conjunto metódico de passos que pode ser usado para fazer cálculos, resolver problemas e tomar decisões" (tradução livre).

35 Por vezes, mesmo a interpretação do passado recente pode ser arriscada. Em 1º de julho de 1858, Charles Darwin expôs sua teoria da evolução por seleção natural, em reunião da *Linnean Society*, em Londres. Ao comentar as atividades daquele ano, o presidente da sociedade observou que nenhuma descoberta digna de nota havia sido apresentada. V. Siddhartha Mukherjee, *The gene*: an intimate history, 2016, p. 39.

36 Nicholas Confessore, Cambridge Analytica and Facebook: The scandal and the fallout so far. *New York Times*, 4 abr. 2018. Esse rumoroso escândalo eclodiu em março de 2018, quando uma empresa de consultoria política, que operou em diversas campanhas eleitorais, foi acusada de ter adquirido e utilizado dados pessoais de 87 milhões de usuários do Facebook, obtidos de um pesquisador externo que, alegadamente, os recolhia para fins acadêmicos.

37 Yuval Noah Harari, *21 lessons for the 21st century*. N. York: Spieger & Grau, 2018, p. 121-22.

38 Stephen Hawking, *Brief answers to the big questions*, 2018, p. 81 e 195; e Yuval Noah Harari, *21 lessons for the 21st century*, 2018, p. 75.

39 Patrick Henry Winston, *Artificial intelligence desmystified*. Mimeo. Minuta de 30 set. 2018, gentilmente enviada pelo autor, p. 2: "Eles (os programas) não percebem como nós e não pensam como nós; na verdade, eles não pensam nada". Para uma visão diferente nessa matéria, v. Jerry Kaplan, *Artificial intelligence:* what everyone needs to know. N. York: Oxford University Press, 2016, p. 69-88.

40 V. Mathias Risse, Human rights and artificial intelligence. *Publicum* 4:1, 2018, p. 10. V. tb. Steve Lohr, How do you govern machines that can learn? Policymakers are trying to figure that out. *New York Times*, Jan. 20, 2019.

41 Yuval Noah Harari, *21 lessons for the 21st century*, 2018, p. 55-56.

42 É o que se denomina "singularidade": a ideia de que em algum momento máquinas vão se tornar inteligentes, se autodesenvolverem e escapar de controle. V. Jerry Kaplan, *Artificial intelligence*, 2016, p. 138.

43 Stephen Hawking, *Brief answers to the big questions*, 2018, p. 184-186.

44 Em 2017, pesquisadores de áreas diversas — cientistas, economistas, filósofos e ju-

ristas —, sob os auspícios do Future of Life Institute, se reuniram e formularam os Princípios de Asilomar sobre Inteligência Artificial, voltados a assegurar que o seu desenvolvimento se dê para o *benefício* e o *bem comum* da humanidade. Os princípios incluem valores e preocupações éticas, dentre os quais dignidade humana, direitos e liberdades individuais, diversidade cultural, privacidade, prosperidade para todos, transparência no seu uso judicial e responsabilidade V. Max Tegmark, *Life 3.0:* being human in the age of artificial intelligence. N. York: Vintage, 2017, p. 329-331.

45 Palestra no YouTube sobre "How democracies die". Disponível em https://www.youtube.com/watch?v=nHr6Mcqq-Ek. Acesso em 12 jul. 2019.

46 V. Samuel P. Huntington, The third wave: democratization in the late twentieth century. *Journal of Democracy 2*:12, 1991. Huntington foi o primeiro a utilizar a ideia de "ondas de democratização": a primeira onda teria ocorrido na primeira metade do século XIX, quando os países crescentemente foram adotando a ideia de sufrágio universal; a segunda se deu após o fim da Segunda Guerra Mundial; e a terceira a partir dos anos 70. O texto é anterior ao florescimento de democracias após o fim do modelo comunista.

47 Larry Diamond, Facing up to the democratic recession. *Journal of Democracy 26*:141, 2015; Aziz Huq e Tom Ginsburg, How to lose a constitutional democracy. *UCLA Law Review 65*:78, 2018, p. 91 e s.

48 Steven Levitsky e Daniel Ziblatt, *How democracies die*. N. York: Crown, 2018, p. 3.

49 Aparentemente, o termo foi utilizado pela primeira vez por Fareed Zakaria, The rise of illiberal democracies. *Foreign Affairs 76*:22, 1997.

50 Kim Lane Scheppele, Autocratic legalism. *The University of Chicago Law Review 85*:545, 2018.

51 Sobre os diferentes fatores que deflagraram a onda populista conservadora, v. Manuel Castells, *Ruptura*: a crise da democracia liberal. Rio de Janeiro: Zahar, 2018; e Ronald F. Inglehart e Pippa Norris, Trump, Brexit, and the rise of populism: economic have-nots and cultural backlash. Working Paper Series 16-026, Harvard University, John F. Kennedy School of Government, 2016.

52 Nesse sentido, v. Stephen Holmes, How democracies perish. In Cass Sustein (ed), *Can it happen here:* authoritarianism in America. N. York: HarperCollins, 2018, p. 401: ""[D]epois que o eleitorado vota, os mercados votam ou os bancos votam ou Bruxelas vota. A segunda série de votos é a que conta".

53 Roberto Stefan Foa & Yascha Mounk, The democratic disconnect. *Journal of Democracy 27*:5, 2016, p. 8. V. tb. http://www.latinobarometro.org/lat.jsp.

54 *Democracia deliberativa* é uma expressão guarda-chuva que comporta inúmeras variações. Sobre o tema, v., especialmente, Jurgen Habermas, *Direito e democracia*: entre facticidade e validade. Trad. Flávio Beno Siebeneichler. Rio de Janeiro: Tempo Brasileiro, 1997.

55 Sobre a "polarização de grupos" e o surgimento de "enclaves deliberativos", v. Cass Sunstein: The law of group polarization. *The Journal of Political Philosophy 10*:175, 2002, p. 177.

56 DDHC: "Art. 16. A sociedade em que não esteja assegurada a garantia dos direitos nem estabelecida a separação dos poderes não tem Constituição".
57 Jon Elster (ed), Tocqueville: the Ancien Régime and the French Revolution. Trad. Arthur Goldhammer. N. York: Cambridge University Press, 2011, p. 170-85.
58 Sobre o conceito de *tragédia dos comuns* ou, talvez, mais propriamente, *tragédia dos bens comuns*, v. William Forster Lloyd, *Two lectures on the check to population*. Oxford: Oxford University, 1833.
59 Report of the World Commission on Environment and Development: Our Common Future. United Nations; 1987. https://sustainabledevelopment.un.org/content/documents/5987our-common-future.pdf.
60 Robert V. Percival, The climate crisis and constitutional democracy. In Mark A. Graber, Sanford Levinson e Mark Tushnet, *Constitutional democracy in crisis?* Oxford: Oxford University Press, 2018, p. 620-622.
61 Sobre as relações entre democracia e mudança climática, v. Halina Ward, The Future of Democracy in the Face of Climate Change: How might democracy and participatory decision-making have evolved to cope with the challenges of climate change by the years 2050 and 2100? *Foundation for Democracy and Sustainable Development*, 2012.
62 V. Yuval Noah Harari, *21 lessons for the 21st century*, 2018, p. 121.
63 Stephen Hawking, *Brief answers to the big questions*, 2018, p. 151 e 210. V. The next 50 years in space, p. 9, and Star laws, p. 50 e s, *The Economist*, July 20th-26th, 2019.
64 A frase é citada de memória. Não consegui localizar a fonte. Tenho o registro de tê-la lido em *O Pasquim*, há muitos anos. Penitencio-me de antemão se a memória me houver traído. Com o tempo, tem acontecido mais amiúde.
65 Susan Rose-Ackerman e Bonnie J. Palifka, *Corruption and government:* causes, consequences, and reform. N. York: Cambridge University Press, 2016.
66 Transparency International, *What's corruption*. https://www.transparency.org/en/what-is-corruption#. Acesso em 20.09.2020.
67 Piercamillo Davigo, Itália: um país resignado? In Maria Cristina Pinotti org.), *Corrupção:* lava jato e mãos limpas. São Paulo: Portfolio-Penguin, 2019, p. 108.
68 Maria Cristina Pinotti (org.), *Corrupção:* lava jato e mãos limpas. São Paulo: Portfolio-Penguin, 2019, p. 48 e s.
69 Sobre este ponto, denunciando o círculo vicioso que premia os piores, v. Míriam Leitão, *História do Futuro*. Rio de Janeiro: Intrínseca, 2015, p. 177-78.
70 Citado de memória. Na caricatura, o repórter entrevistava uma alta autoridade militar.
71 Yuval Noah Harari, *Sapiens:* a brief history of humankind, 2015, p. 122.
72 Luís Gustavo Grandinetti Castanho de Carvalho (org.), *Internet, Informação e Criação. A Quarta Revolução: A Revolução Tecnológica da Comunicação*. 2020 (no prelo).
73 Eduardo Bueno, *Brasil:* uma história. São Paulo: Ática, 2003, p. 33.
74 Lilia M. Schwarcz e Helosa M. Starling, *Brasil:* uma biografia. São Paulo: Compa-

nhia das Letras, 2015, p. 183.

75 Zuenir Ventura, *1968: o ano que não terminou*, Rio de Janeiro: Nova Fronteira, 1988, p. 285-86; e André Bernardo, Quais obras foram censuradas na ditadura? *Superinteressante*, 14 fev. 2020.

76 Tradução livre da frase: "In a time of universal deceit — telling the truth is a revolutionary act".

77 ADPF 130, Rel. Min. Ayres Britto, julgada em 30.04.2009.

78 AI 690.841, Rel. Min. Celso de Mello, julgado em 21.06.2011.

79 Recl.18638, Rel. Luís Roberto Barroso, julgada em 17.09.2014.

80 ADI 4815, Rel. Min. Cármen Lúcia, julgada em 10.06.2015.

81 HC 83996, Red p/ Acórdão: Min. Gilmar Mendes, julgada em 17.08.2004.

82 Recl. 38782, Rel. Min. Dias Toffoli, julgada em 9.01.2020.

83 SL 1248, Rel. Min. Dias Toffoli, julgada em 8.09.2019.

84 ADPF 187, Rel. Min. Celso de Mello, julgada em 15.06.2011.

85 Schenck v. United States, 249 U.S. 47, julgado em 1919.

86 Abrams v. United States, 250 U.S. 616, julgado em 1919.

87 Gilow v. New York, 268 U.S. 652, julgado em 1925.

88 Whitney v. California, 274 U.S. 357, julgado em 1927.

89 Brandenburg v. Ohio, 395 U.S. 444, julgado em 1969.

90 Near v. Minnesota, 403 U.S. 713, julgado em 1971.

91 New York Times v. United States, 403 U.S. 713, julgado em 1971.

92 New York Times v. Sullivan, 376 U.S. 254, julgado em 1964.

93 Texas v. Johnson, 491 U.S. 397, julgado em 1989 e United States v. Eichman, 496 U.S. 310, julgado em 1990.

94 Citizens United v. Federal Election Commission, 558 U.S. 310, julgado em 2010.

95 Corte Constitucional Alemã, BVerfGE 61, 1 1, julgado em 1982.

96 Corte Constitucional Alemã, BVerfGE 30, 173, julgado em 1971.

97 Corte Constitucional Alemã, BVerfGE 35, 202, julgado em 1973.

98 HC 82.424, Rel. Min. Maurício Corrêa, julgado em 19.03.2004.

99 ADO 26, Rel. Min. Celso de Mello, julgado em 26.06.2019.

100 Luna van Brussel Barroso, Mentiras, equívocos e liberdade de expressão. *Jota*, 29.05.2020.

101 Gustavo Binenbojm, *Fake news* como externalidades negativas. *Jota*, 23.06.2020.

102 ADPF 572, Rel. Min. Edson Fachin, julgado em 18.06.2020.

103 Max Roser, Global economic inequality. *Our world in data*, 2013.

104 Programa das Nações Unidas para o Desenvolvimento (PNUD), Objetivos do Desenvolvimento Sustentável. https://www.br.undp.org/content/brazil/pt/home/sustainable-development-goals/goal-1-no-poverty.html. Acesso em 15.08.2020.

105 The World Bank, Poverty. https://www.worldbank.org/en/topic/poverty/overview. Acesso em 15.08.2020.

106 The World Bank, Poverty. https://www.worldbank.org/en/topic/poverty/overview. Acesso em 15.08.2020.

107 Thomas Piketty, *Capital in the twenty first century*. Londres: Belknap, 2014, p. 1, 25, 571-573.

108 Credit Suisse, The Global Wealth Report 2019.

109 Oxfam, *Bilionários do mundo têm mais riqueza do que 60% da população mundial*. 20.01.2020. https://www.oxfam.org.br/noticias/bilionarios-do-mundo-tem-mais-riqueza-do-que-60-da-populacao-mundial/. Acesso em 16.08.2020.

110 Juliana Bezerra, *Desigualdade social*. https://www.todamateria.com.br/desigualdade-social/. Acesso em 16.08.2020.

111 Lucas Borges Teixeira, O Brasil é um país desenvolvido como dizem os Estados Unidos? *UOL*, 12.02.2020.

112 Carolina Aragaki, Economista afirma que Brasil caiu na armadilha da renda média. *Jornal da USP*, 22.05.2019.

113 IBGE, *Síntese dos indicadores sociais*. Rio de Janeiro: IBGE, 2019.

114 Desigualdade entre ricos e pobres é a mais alta já registrada no Brasil. *DW*, 16.10.2019.

115 Oxfam, Tombo duplo: Brasil está mais desigual e com desenvolvimento estagnado, diz ONU. *Oxfam*, 10.12.2019.

116 Bárbara Forte, Por que o Brasil é o sétimo país mais desigual do mundo. *Ecoa*, 20.02.2020. https://www.uol.com.br/ecoa/ultimas-noticias/2020/02/20/por-que-brasil-e-o-setimo-pais-mais-desigual-do-mundo.htm. Acesso em 16.08.2020.

117 PNUD, *Redução da pobreza*. https://www.br.undp.org/content/brazil/pt/home/post-2015/sdg-overview1/mdg1.html. Acesso em 19.08.2020.

118 PNUD, *Brasil sobe uma posição no ranking do IDH e fica em 79º entre 187 países*. https://www.br.undp.org/content/brazil/pt/home/presscenter/articles/2014/07/24/brasil-sobe-uma-posi-o-no-ranking-do-idh-e-fica-em-79-entre-187-pa-ses.html. Acesso em 19.08.2020.

119 Agência Brasil. *Extrema pobreza e desigualdade crescem há 4 anos, revela pesquisa*. https://agenciabrasil.ebc.com.br/economia/noticia/2019-11/extrema-pobreza-e-desigualdade-crescem-ha-4-anos-revela-pesquisa#:~:text=O%20%C3%8Dndice%20de%20Gini%2C%20um,mais%20igualit%C3%A1ria%20%C3%A9%20a%20sociedade.

120 Arminio Fraga Neto, Estado, desigualdade e crescimento no Brasil. *Novos Estudos — CEBRAP* 38:613, 2019, p. 621.

121 Luís Roberto Barroso, Do atraso prolongado à conquista do futuro. *Direitos Fundamentais e Justiça* 41:117, 2019.

122 Daniel de Barros, As raízes do nosso fracasso educacional. *Exame*, p. 35, 19.09.2018. Disponível em: https://exame.abril.com.br/revista-exame/as-raizes-do-

123 -nosso-fracasso-educacional/. Acesso em 11.08.2019. V. tb. Daniel de Barros, *País mal-educado*. Rio de Janeiro: Record, 2018. Digital, loc. 525.

123 Lu Aiko Otta. Futuro de 52% dos jovens do país está em risco, diz estudo. *Estado de São Paulo*, 8 mar. 2018. Disponível em: https://www.pressreader.com. Acesso em 11.08.2019.

124 *Quociente eleitoral* é a divisão do número de votos válidos de uma eleição pelo número de cadeiras a preencher. *Quociente partidário* é a divisão do número de votos válidos que o partido recebeu pelo quociente eleitoral.

125 https://www.camara.leg.br/radio/radioagencia/545965-nova-regra-do-quociente--eleitoral-diminui-eleicao-de-deputados-com-poucos-votos/.

126 São Paulo elege 70 Deputados Federais, Minas Gerais, 53 e o Rio de Janeiro, 46.

127 Luís Roberto Barroso, A Reforma Política: uma proposta de sistema de governo, eleitoral e partidário para o Brasil. *Revista de Direito do Estado* 3:287, 2006.

128 TSE entrega relatório sobre reforma eleitoral ao Presidente da Câmara. *Tribunal Superior Eleitoral*, 10.06.2019. https://www.tse.jus.br/imprensa/noticias--tse/2019/Junho/tse-entrega-relatorio-sobre-reforma-eleitoral-ao-presidente-da--camara

129 Há, inclusive, estudo que demonstra ser possível definir distritos sem manipulação a partir de dados do IBGE: <https://oglobo.globo.com/brasil/reforma--politica-divisao-das-cidades-viavel-aponta-estudo-16260917>.

130 Livia Barbosa, *O jeitinho brasileiro:* a arte de ser mais igual que os outros. São Paulo: Elsevier, 2005.

131 Sergio Buarque de Holanda, *Raízes do Brasil*. Rio de Janeiro: José Olympio, 1991 (a 1ª edição é de 1936); Roberto DaMatta, *Carnavais, malandros e heróis:* para uma sociologia do dilema brasileiro. Rio de Janeiro: Rocco, 1997 (a 1ª edição é de 1979); e *O jeitinho brasileiro*. Entrevista ao Blog *Mania de história*. https://maniadehistoria.wordpress.com/o-jeitinho-brasileiro/. Acesso em 22 mar. 2017; Leonardo Flach, O jeitinho brasileiro: analisando suas características e influências nas práticas organizacionais. *Revista Gestão e Planejamento* 12:499 (2012). Disponível em http://www.revistas.unifacs.br/index.php/rgb/article/view/1197. Acesso em 26 mar 2017; Keith Rosenn, Brazil's legal culture: the jeito revisited. *Florida International Law Journal* 1:1 (1984). Maria Cristina Ferreira, Ronald Fischer, Juliana Barreiros Porto, Ronaldo Pilati e Taciano L. Milfont, Unravelling the mystery of Brazilina jeitinho: a cultural exploration of social norms. *Personality and Social Psychology Bulletin* 38:1 (2012). Disponível em http://journals.sagepub.com/doi/abs/10.1177/0146167211427148. Acesso em 26 mar 2017.

132 A expressão é de Ribeiro do Couto e seu conteúdo foi aprofundado por Sergio Buarque de Holanda em *Raízes do Brasil*, 1991 (a 1ª edição é de 1936).

133 V. Roberto DaMatta, *O jeitinho brasileiro*. Entrevista ao Blog *Mania de história*. https://maniadehistoria.wordpress.com/o-jeitinho-brasileiro/. Acesso em 22 mar. 2017.

134 Sobre o ponto, v. Míriam Leitão, *História do futuro*, 2015, p. 177-78

135 Immanuel Kant, *Fundamentação da metafísica dos costumes*. São Paulo: Martin Claret, 2004, p. 33.

136 A frase se tornou de domínio público, sendo difícil reconduzi-la a um autor específico.

137 Citação colhida em Ilona Szabó, *Drogas:* as histórias que não te contaram. Rio de Janeiro: Zahar, 2017.

138 *Tragic choices* é o título de um livro clássico escrito por Guido Calabresi e Philip Bobbit, publicado em 1978, no qual os autores discutem os choques de valores e as escolhas morais e econômicas que uma sociedade precisa fazer diante de questões divisivas.

139 Drauzio Varella, Prefácio ao livro de Ilona Szabó, *Drogas:* as histórias que não te contaram. Rio de Janeiro: Zahar, 2017.

140 Pedro Abramovay, A Política de Drogas e a Marcha da Insensatez. In *SUR. Revista Internacional de direitos humanos* 9:198, 2012.

141 Randy Paige, *Entrevista com Milton Friedman acerca de la guerra contra las drogas*. Disponível em <http://www.liberalismo.org/articulo/350/53/entrevista/milton/friedman/acerca/guerra/>. Acesso em 16 jul. 2020.

142 Politize, *Quanto custa um preço no Brasil*. S.d. Disponível em https://www.politize.com.br/quanto-custa-preso-no-brasil/. Acesso em 16 jul. 2020. Não há informação precisa nessa matéria, havendo relatos de que varie entre R$ 1.800 e R$ 4.800. V. Fernando Trisotto, Prender mais e manter preso: o custo da proposta de Bolsonaro para a segurança. *Gazeta do Povo*, 25 nov. 2018.

143 INCA, *Consumo de cigarros per capita*, 13.07.2020. Disponível em https://www.inca.gov.br/observatorio-da-politica-nacional-de-controle-do-tabaco/consumo-cigarros-capita. Acesso em 16.07.2020.

144 Em 2018, o Comitê Nacional do Brasil do Programa Memória do Mundo da Unesco reconheceu essa decisão como patrimônio documental da humanidade.

145 ADI 4.277 e ADPF 132, Relator Min. Carlos Ayres, julgadas em 5.05.2011.

146 Paulo Daflon Barrozo, A ideia de igualdade e as ações afirmativas. *Revista Lua nova* 63:135, 2004, p. 135.

147 Algumas das ideias constantes desse texto foram extraídas do artigo *"Sabe com quem está falando?". Notas sobre o princípio da igualdade no direito contemporâneo*, e dos votos proferidos na ADC 41, no STF, e na Consulta 0600306, no TSE. Em todos esses trabalhos, contei com a ajuda valiosa de minha assessora, a jovem e brilhante professora Aline Osório.

148 Para um levantamento da contribuição negra para o Brasil, inclusive nas artes, literatura e esportes, v. Nei Lopes, *Enciclopédia brasileira da diáspora africana*. São Paulo: Selo Negro, 2011.

149 As informações desse parágrafo foram colhidas em Laurentino Gomes, *Escravidão: do primeiro leilão de cativos em Portugal até a morte de Zumbi de Palmares*, v. 1. Rio de Janeiro: Globo Livros, 2019, p. 12, 24, 25 e 422.

150 Laurentino Gomes, *Escravidão*, 2019, p. 75 e 339.

151 Sobre o tema, v. Adilson Moreira, *O que é racismo recreativo?* Belo Horizonte: Letramento, 2018.

152 V. Adílson Moreira, tese de doutorado apresentada na Universidade de Harvard,

intitulada *Racial justice in Brazil:* Struggles over equality in times of new constitutionalism. Mimeografada, 2013. V. tb,, do mesmo autor, *Pensando como um negro:* ensaio de hermenêutica jurídica. São Paulo: Contracorrente, 2019, p. 195 e s.

153   Silvio Luiz de Almeida, *Racismo estrutural.* São Paulo: Sueli Carneiro; Pólen, 2019. Posição 125 de 2930.

154   IPEA, *Retrato das desigualdades de gênero e raça,* 2011, p. 35.

155   IPEA, *Retrato das desigualdades de gênero e raça,* 2011, p. 31.

156   IPEA, *Políticas sociais:* acompanhamento e análise, 2014, p. 96.

157   Registre-se que, sem desconhecer as controvérsias a respeito do tema, optou-se aqui por utilizar os critérios do IBGE, considerando negros os pretos e os pardos. Nesse sentido: <https://www.geledes.org.br/entenda-as-diferencas-entre-preto-pardo-e-negro/>.

158   Os dados do IBGE e do Atlas da Violência aqui mencionados foram compilados por Nathália Afonso na reportagem "Dia da Consciência Negra: números expõem desigualdade racial no Brasil", da Agência Lupa, publicada em 20.11.2019 e disponível em <https://piaui.folha.uol.com.br/lupa/2019/11/20/consciencia-negra-numeros-brasil/>.

159   Djamila Ribeiro, *Pequeno manual antirracista.* São Paulo: Companhia das Letras, 2019, p. 107-108.

160   *Vigiar e punir: o nascimento da prisão* é o título de um livro clássico escrito por Michel Foucault, publicado originalmente em 1975.

161   Jurisprudência significa o conjunto de decisões judiciais emanadas de um tribunal, firmando uma linha de entendimento a respeito de determinada matéria.

162   Dalai Lama, Beyond religion. Londres: Rider, 2011, p. 1.

163   V. Thiago Magalhães Pires, *Entre a cruz e a espada:* liberdade religiosa e laicidade do Estado no Brasil. Rio de Janeiro: Lumen Juris, 2018.

164   Yuval Noah Harari, *Homo Deus,* 2017, p. 98.

165   V. Fernando Catroga, *Entre deuses e césares:* secularização, laicidade e religião civil, 2006, p. 35. E, tb., Thiago Magalhães Pires, *Entre a cruz e a espada:* o espaço da religião em um Estado democrático de direito, cit., p. 64-65.

166   Karl Marx, *Crítica da filosofia do direito de Hegel.* São Paulo: Boitempo, 2010 (1ª ed. 1843), p. 145-146.

167   *The Global Religious Landscape.* Disponível em http://www.pewforum.org/2012/12/18/global-religious-landscape-exec/, visitado em 27 ago 2017. Nada obstante isso, os 16% que não professam qualquer religião correspondem a 1,1 bilhão de pessoas. Isso faz deles o terceiro mais volumoso grupo no que diz respeito a opções religiosas, atrás apenas dos cristãos e dos muçulmanos, e de tamanho equivalente ao dos católicos.

168   Censo Demográfico 2010: Características gerais da população, religião e pessoas com deficiência. Disponível em: http://biblioteca.ibge.gov.br/visualizacao/periodicos/94/cd_2010_religiao_deficiencia.pdf.

169   Yuval Noah Harari, *Homo Deus:* a brief history of tomorrow, p. 279.

170 O Judaísmo em si tem um número pequeno de adeptos — são cerca de 13 milhões de judeus no mundo —, mas tem sua expressão potencializada ao integrar-se à tradição judaico-cristã.

171 Ronald Dworkin, *Religion without God*, Cambridge: Harvard University Press, 2013, p. 5-6; e Roberto Mangabeira Unger, *The Religion of the Future*. Londres: Verso, 2016.

172 Albert Einstein, in *Living Philosophies: The Reflections of Some Eminent Men and Women of Our Time*. New York : Doubleday, 1990, p. 6.

173 Walter Isaacson, *Einstein:* his life and universe. Londres: Simon & Schuster, 2007, p. 388-389. V. tb. *Religious and philosophical views of Albert Einstein*, disponível em https://en.wikipedia.org/wiki/Religious_and_philosophical_views_of_Albert_Einstein, acesso em 27 ago 2017.

174 V. Thomas Moore, *A religion of one's own*. N. York: Gotham, 2015.

175 Karen Armstrong, *Twelve steps for a compassionate life*. N. York, Random House, 2010; e Dalai Lama, *Beyond religion:* ethics for a whole world. N. York: Harcourt, 2011.

176 Immanuel Kant, *Groundwork of the metaphysics of morals*. N. York: Cambridge University Press, 1998, p. 31.

177 Jürgen Habermas. Notes on Post-Secular Society. *New Perspectives Quartely*, 25:17, p. 21.

178 John Rawsl. O liberalismo político. Trad. Dinah de Abreu Azevedo. Brasília: Editora Ática, 2000, p. 261.

179 List of religions and spiritual traditions. *Wikipedia*. Acessível em https://en.wikipedia.org/wiki/List_of_religions_and_spiritual_traditions. Visitado em 27 ago 2017.

180 A citação é das mais equivocadamente empregadas. Como lembra José Roberto Castro Neves, em *Medida por medida:* o direito em Shakespeare: "Trata-se de um elogio aos advogados, e não uma crítica. Na peça Henrique VI, alguns revoltosos pretendem destituir o rei e confrontar integralmente o sistema. Para tanto, é preciso promover a anarquia, afastar as leis e desmantelar o sistema vigente. Logo, devem matar todos os advogados. Os advogados, assim, seriam os alicerces do sistema, na medida em que protegem as leis em vigor".

181 TRF 4ª. Região, julgado em 15.10.2008. https://www.trf4.jus.br/trf4/controlador.php?acao=noticia_visualizar&id_noticia=5916.

182 Luís Roberto Barroso, Nós, o Supremo ("Operação abafa tenta barrar avanços do STF, escreve Barroso". *Folha de São Paulo*, 28.02.2018.

183 ADC 12, Rel. Min. Carlos Ayres Britto e RE 579.951, Rel. Ricardo Lewandowski. A cautelar na ADC foi concedida em 16.02.2006 e a decisão final em ambos os casos é de 20.08.2008.

184 ADI 3.510, Rel. Min. Carlos Ayres Britto, julgada em 29.03.2008.

185 ADPF 130, Rel. Min. Carlos Ayres Britto, julgada em 30.04.2009.

186 ADPF 132 e ADI 4277, Rel. Min. Carlos Ayres Britto, julgadas em 5.05.2011.

187 ADPF 186, Rel. Min. Ricardo Lewandowski, julgada em 26.04.2012.
188 ADC 41, Rel. Min. Luís Roberto Barroso, julgada em 8.06.207.
189 AP 470, Rel. Min. Joaquim Barbosa, julgada em 13.03.2014.
190 ADI 4.815, Rel. Min. Cármen Lúcia, julgada em 10.06.2015.
191 ADI 4.650, Rel. Min. Luiz Fux, julgada em 17.09.2015.
192 ADPF 378, Rel. Min. Luís Roberto Barroso, julgada em 18.12.2015.
193 ADPF 54, Rel. Min. Marco Aurélio, julgada em 12.04.2012.
194 HC 124.306, Rel. Min. Luís Roberto Barroso, julgado em 9.08.2016.
195 QO na AP 937, Rel. Min. Luís Roberto Barroso, julgada em 3.05.2018.
196 HC 143.641, Rel. Min. Ricardo Lewandowski, julgado em 22.02.2018.
197 ADI 5.617, Rel. Min. Edson Fachin, julgada em 15.03.2018.
198 ADO 26, Rel. Min. Celso de Mello; MI 4.733, Rel. Min. Edson Fachin, julgados em 13.06.2019.
199 ADPF 709, Rel. Min. Luís Roberto Barroso, julgada a medida cautelar em 3.08.2020.
200 Ana Paula Vescosi, Fernando Honorato, Leonardo Fonseca, Claudio Ferraz, Joaquim Levy e Mario Mesquita, Cenários pós-pandemia: os caminhos para a economia brasileira sair da crise. *Veja Insights*, https://veja.abril.com.br/wp-content/uploads/2020/08/VEJA-INSIGHTS-Cena%CC%81rios-Po%CC%81s-Pandemia.pdf, acesso em 24.08.2020.
201 Murillo Aragão, Uma visão crítica da década perdida. *Veja*, 26.08.2020.
202 Caio Tácito, O retorno do pêndulo: serviço público e empresa privada. O exemplo brasileiro. *Revista de Direito Administrativo 202/1*, 1995, p. 3.
203 Na formulação feliz de Amartya Sen, vencedor do prêmio Nobel de 1998, o desenvolvimento é um processo integrado de expansão das liberdades substantivas das pessoas. V. Amartya Sen, *Development as Freedom*. Oxford: Oxford University Press, 1999, p. 8.
204 Alfredo Augusto Becker, *Carnaval tributário*. São Paulo: Saraiva, 1989.
205 Condorcet Rezende, *Pandemônio tributário*. Rio de Janeiro: PUC/RJ, 2004.
206 World Bank, *Doing business in Brazil 2020*. Washington DC: World Bank Group, 2020.
207 Malu Delgado, Que impostos pagamos? *Valor Econômico*, 19.09.2009.
208 FGV Direito Rio, *MCMV desacelerou aumento do déficit habitacional do Brasil, que bateu recorde em 2017*. https://direitorio.fgv.br/noticia/mcmv-desacelerou-aumento-do-deficit-habitacional-do-brasil-que-bateu-recorde-em-2017. Acesso em 22.08.2020.
209 Editorial, Saneamento básico pode abrir ciclo de investimentos. *O Globo*, 26.06.2020.
210 Rodrigo Caetano, O saneamento básico é fundamental para garantir o S do ESG (Environmental, Social and Governance). *Exame*, 21.08.2020.
211 Sobre o período, v. Laurentino Gomes, *1808*. São Paulo: Editora Planeta do Brasil, 2007.

1ª edição	DEZEMBRO DE 2020
reimpressão	FEVEREIRO DE 2021
impressão	LIS GRÁFICA
papel de miolo	PÓLEN SOFT 80G/M²
papel de capa	CARTÃO SUPREMO ALTA ALVURA 250G/M²
tipografia	ADOBE CASLON